알바부터 대기업까지! 명쾌하게 펼쳐지는 자소서 이야기

꿀잡job 자소서

알바부터 대기업까지! 명쾌하게 펼쳐지는 자소서 이야기

꿀잡job 자소서

초판 1쇄 발행 2013년 9월 5일

펴낸이 정광진
지은이 이성빈
펴낸곳 ㈜봄풀출판
인쇄 예림
제책 바다

신고번호 제406-2010-000089호
신고년월일 2009년 1월 6일

주소 413-756 경기도 파주시 문발로 115 세종출판벤처타운 304호
전화 031-955-5071~2
팩스 031-955-5073
이메일 spring_grass@nate.com

ISBN 89-93677-55-3 13320

책값은 뒤표지에 있습니다.
잘못된 책은 바꾸어 드립니다.

이 도서의 국립중앙도서관 출판시도서목록(CIP)은 서지정보유통지원시스템 홈페이지(http://seoji.nl.go.kr)와 국가자료공동목록시스템(http://www.nl.go.kr/kolisnet)에서 이용하실 수 있습니다.(CIP제어번호: CIP2013015054)

알바부터 대기업까지!
명쾌하게 펼쳐지는 자소서 이야기

| 이성빈 취업컨설턴트 지음 |

꿀잡 Job 자소서

김희성 _ 28세

지방 사립대 경영학과 4학년. 학점 3.68, 토익 640점,
컴퓨터활용능력 2급, 운전면허 1종 보통, 봉사활동 동아리, 농구 동아리,
필리핀 어학연수 2개월

한지원 _ 25세

이번에 같이 졸업하는 희성의 학과 후배. 학점 4.01,
토익 890점, MOS mater. 다양한 외부활동 경험과
외국 어학연수 경험이 있음. 활발하고 적극적인 성격이면서도
남을 배려하는 모습이 있어 인기가 좋다

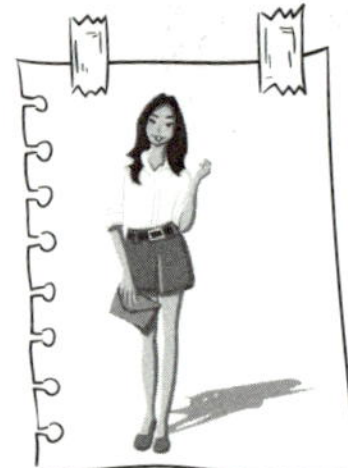

김수아 _ 24세

희성의 동생. 서울소재 명문대 졸업을 앞두고 있음.
영문학을 전공하였고, 영어 토익 970점, 중국어 HSK 5급.
작년에는 대기업 인턴까지도 경험하였으며 취업 전망이 매우 밝음

최동석 _ 28세

희성의 친구. 같은 학교지만 과는 다르다. 전기전자 전공.
작년 하반기 공채 때 취업에 성공함.

자소서 작성 시 주의사항

1, 맞춤법, 띄어쓰기는 몇 번이고 검토하라,

틀린 맞춤법이 눈에 보이기 시작하면 내용이고 뭐고 눈에 들어오지 않는다. 경솔한 사람으로 보이고 싶지 않다면 맞춤법에 신경 써라.

2, 모든 글에는 제목을 달아라,

인사담당자는 바쁘다. 그리고 피곤하다. 글의 내용을 요약하면서도 호기심을 자극하는 제목으로 눈길을 끌어라.

3, '저는, 제가, 저의' 라고 글을 시작하지 마라,

가장 식상한 표현 1위이다. 절대로 쓰지 마라. '저는' 이라고 시작되는 글을 보는 순간 더 이상 읽기 싫어진다.

4, 요구한 분량은 반드시 지켜라,

일반적인 항목 당 글자 수는 400~600자 정도이다. 하지만 기업에서 요구하는 글자 수가 있다면 최대한 맞춰 써야 한다(요청하는 분량의 80% 이상).

5, 편집에 신경 써라,

내용이 바뀐다면 엔터키를 눌러 줄을 바꿔라. 필요하다면 빈 줄을 넣어 시각적으로 보기 좋게 만들어라. 읽기 편해야 끝까지, 자세하게 읽을 수 있다.

6, 다른 사람이 쓴 자소서를 읽어라,

인터넷을 둘러보면 다른 사람들이 쓴 자소서를 손쉽게 구해 볼 수 있다. 또 기회가 된다면 자신이 쓴 자소서를 주위 친구나 학교 관계자, 전문가 등에게 보여주고 조언을 구하라.

7, 한 번 제출한 자소서는 버려라,

Ctrl C+Ctrl V로 똑같은 자소서를 제출한 것을 눈치 채지 못할 것이라 생각하지 마라. 그 정도는 쉽게 알아채기 때문에 인사담당자들이다.

한국고용정보원에서는 매년 각 직업들에 대해 '직업만족도'를 발표합니다. 그런데 의사나 변호사, 대기업 임원처럼 흔히들 매우 좋다고 생각하는 직업들이 결코 만족스러운 직업은 아니라는 사실에 사람들은 예상 밖이라는 반응을 보이곤 합니다.

실제로 몇 해 전에 이 조사에 직접 참여해 본 적이 있었는데, 질문 항목을 보니 '자신의 직업에 대해 얼마나 만족하는가'를 적도록 되어 있더군요. 그때 저는 제 직업에 대해 '매우 만족'이라고 응답하였습니다. 연봉이 높은 것도 아니고, 안정된 큰 직장에 다니는 것도 아니며, 남들이 대단하다며 알아주는 일을 하는 것도 아니지만 제 스스로 느끼는 만족도는 정말 대단히 높기 때문입니다.

'상담전문가'로 분류되는 취업컨설턴트라는 제 직업은 취업과 관련된 전반적인 컨설팅과 교육을 진행하며 비전수립, 직무분석, 취업전략수립, 경력관리는 물론이고, 취업에 필요한 스피치, 프레젠테이션, 이미지컨설팅, 심리분석까지 하고 있습니다. 만나는 사람들도 다양해서 가정과 학교에서 어려움을 겪고 있는 위기의 청소년, 북에서 온 새터민, 동남아시아에서 온 다문화가정 주부, 쉼터에 머물고 있는 노숙자, 제2의 인생을 계획하시는 어르신들까지 취업에 도움이 필요한 많은 분들을 만나 상담과 지원을 해왔고, 현재는 주로 대학에서 학생들을 만나고 있습니다.

이 일은 휴일이나 근무시간은커녕 안정된 급여나 정년도 보장되지 않습니다. 실제로 저와 비슷한 일을 하시던 분들이 열악한 근무조건 때문에 일을 그만두는 경우를 종종 봐왔고, 심지어는 다른 사람의 취업을 도와주는 상담자 본인이 생활보호대상자인 경우도 본 적이 있습니다. 하지만 근무조건이 어떻든, 남들이 어떻게 생각하든 적어도 저는 이 일을 할 때 큰 기쁨을 느낍니다.

사람마다 좋아하는 것은 다릅니다. 신체적인 특징이나 고유의 강점도 다르고, 성격도 제각각입니다. 제가 상담 업무에 만족하고 있다고 해서 모든 사람들에게 저와 같은 일을 하라고 얘기할 수 없는 것도 이러한 이유입니다. 그렇기 때문에 취업컨설턴트로서 제가 여러분께 드릴 수 있는 최고의 조언은 '행복'한 일을 하라는 것입니다.

일생에서 가장 중요한 결정이 될지도 모르는 직업을 구하는 데 조금이라도 도움이 되었으면 하는 마음에서 이 책을 쓰게 되었지만, 어떤 곳에 있더라도 여러분이 '행복한 일'을 할 수 있기를 기원하겠습니다.

이성빈

Contents

차 례

아, 막막한 자소서

취업에 중요한 건 뭐?

"엄마 잠깐 나갔다 온다."

나는 대답하지 않는다. 잠시 후 "딸칵" 문이 닫히고 발걸음 소리가 멀어진 후에야 짧게 한숨을 내쉰다. 죄 지은 건 없지만 엄마 목소리만 들으면 주눅이 든다.

'아, 언제부터 이렇게 된 거지?'

1월 12일 금요일 오후 2시. 연일 기록적인 한파 소식이 텔레비전을 통해 흘러나오는 가운데 한겨울 날씨 답지 않게 오랜만에 포근하고 화창한 날이다. 이런 날에는 반가운 친구들을 만나 즐거운 시간을 보내도 좋으련만, 특별히 아픈 곳도 없는 스물여덟 살짜리 남자가 침대에 누워 핸드폰 게임이나 하고 있는 건 아무래도 보기 좋은 모습이 아니라는 걸 나도 이미 알고 있다. 때문에 엄마가 부르는 소리에 죄인처럼 대답조차 하지 못했다. 점심 먹으라는 엄마의 말도 못 들은 척 흘려버렸다.

잠시 멈췄던 손을 움직인다. 느지막이 눈을 뜬 이후로 계속 핸드폰을 만지작거리며 게임을 하는 중이다. 다시 손을 부지런히 움직이자 몇 번인가 연속으로 콤보가 뜬다. 최고 점수는 아니지만 이 정도면 괜찮다.

작년 하반기 공채 때 취업에 성공한 몇몇 친구들을 보면 나는 지지리도 운이 없는 것 같다. 작년에 세 곳이나 지원했는데, 나보다 스펙이 떨어지는 친구는 떡하니 붙고 나는 전부 떨어졌으니 말이다. 졸업은 코앞으로 다가왔고, 나는 이제 얼마 후면 영락없는 백수다. 사실 눈이 높은 것도, 대기업을 바라는 것도 아니다. 연봉은 한 2,500만 원쯤, 경영을 전공했으니 중견기업 사무직 정도면 되는데……. 그놈들은 대체 어떻게 붙은 걸까? 나보다 확연히 나은 뭔가가 있는 것도 아니고, 학점이나 토익 성적도 내가 더 좋은데……. 아무리 생각해도 모르겠다.

아, 또 아쉽게 최고 점수에 도달하지 못했다. 시작 버튼을 눌러 다시 한 번 게임에 도전한다. 오늘은 끝까지 가봐야겠다.

집 밖으로 나온 게 얼마 만인가. 겨울이 시작되면서부터 집안에만 틀어박혀 지냈다. 여자친구도 없으니 크리스마스가 되어도 나올 일이 없었다. 연말에 고등학교 친구들이 술 한잔하자고 연락을 해오긴 했지만 나가지 않았다. 그놈들에게 예비 백수인 처지를 알리고 싶지도 않았고, 엄마에게 술값을 달라고 할 염치도 없었기 때문이다. 하지만 오늘은 사정이 다르다. 대학 동기놈인 동석이가 한잔 쏜단다. 이미 작년 가을에 제법 괜찮은 회사에 취업을 확정하고 얼마 전부터 출근을 시작했으니 아마 첫 월급 턱일 거였다. 친구가 먼저 취업을 하니 솔직히 배가 아프기도 했지만, 얼마나 잘난 곳에 들어간 건지 확인해 보고 싶은 생각도 들어 나가보기로 했다.

약속시간보다 조금 늦은 8시 10분, 호프집에는 동석이 말고도 후배 철호가 이미 와 있다. "어, 왔어", "형, 안녕하세요" 같은 짧고 의례적인 인사에 고개만 까딱하고는 자리에 앉았다. 올해 4학년이 되는, 한 살 아래 철호는 원래 붙임성 좋고 싹싹한 놈으로, 지금은 뭐에 정신이 팔렸는지 동석이 옆에 착 달라붙어 눈을 반짝이며 이것저것 묻느라 정신을 못 차리고 있다. 나 따위는 안중에도 없다는 듯이.

"그래서 비결이 뭐였어요?"

"결국 중요한 건 영어더라고. 어차피 학점은 최대한 관리한다고 해봐야 4점 넘긴 어렵잖아. 그러니까 학점은 3점 중반대 정도로만 유지하고, 학점에 투자할 시간에 영어를 하라고."

동석이놈은 영어가 얼마나 중요한지 후배에게 침을 튀기며 설명한다.

"영어는 저도 준비하고 있어요. 그런데 얼마나 돼야 하는지 몰라서요."

"최소한 800은 넘겨야 해. 토스(Toss)나 오픽(OPIc)도 많이 보긴 하는데, 그래도 아직은 토익이 대세야. 그냥 토익에 올인해."

"전공도 중요하지 않아요? 요즘은 학점도 많이 본다던데?"

"야야, 말도 마. 학교에서 배운 거 어차피 회사에서는 하나도 못 써먹어. 처음부터 다 다시 배워야 돼. 전공 살려서 취업하는 건 의사나 변호사 같은 전문직 아니면 거의 불가능한 거야. 그러니까 전공은 학점관리만 하는 정도로 하고 영어에 올인을 하라고. 그런데 얘는 왜 안 와? 오늘 온다고 한 거 맞지?"

"네, 아까 출발한다고 했어요."

나 말고도 누가 또 오기로 한 모양이다. 동석이가 따라주는 술을 받아 마시며 분위기 파악을 시도해 본다. 보아하니 술은 동석이가 사는 게 분명한데, 나야 그렇다 치고 철호는 왜 불렀는지 의문이다. 누구한테 그렇게 잘 베푸는 놈이 아닌데 말이다. 게다가 누굴 또 불렀을까? 여자인가?

"제가 좀 늦었죠? 죄송해요."

얼굴 가득 환한 미소를 지으며 지원이가 들어오자 동석이놈이 그녀를 반기며 큰 소리로 웃는다. 내가 들어올 때와는 달라도 너무 다른 모습이다. 놈은 그녀에게 포크며 술잔이며 이것저것 챙겨주느라 호들갑이다. 하긴 어제 오늘 일은 아니다. 남학생들 사이에서 지원이는 평소에도 늘 빛나는 존재였으니까.

2년 전 그녀가 우리 학교에 편입해 들어온 순간부터 학교 전체가 들썩이기 시작했다. 객관적으로 냉정하게 평가한다 해도 확실히 눈에 띄는 미모를 지닌 지원이에게 많은 남학생들의 관심이 쏠리는 것은 당연했다. 그러면 나는, 잘 모르겠다. 적당히 친한 오빠와 동생 관계이긴 한데 개인적으로 연락하거나 만나지는 않는다. 기회가 없다. 아니, 생각해 보면 기회는 있었다. 단둘이는 아니지만 몇 번인가 같이 밥을 먹은 적도 있고, 지난 학기에는 재무관리 수업도 같이 들었다. 말을 먼저 걸지는 않았지만, 그렇다고 친하지 않다고 딱 잘라 말할 정도로 밋밋한 사이도 아니다.

"오빠, 취업 축하드려요. 회사 생활은 재미있어요?"

"재미야 뭐, 그냥 일이지. 생각해 보면 학교 다닐 때가 좋았어. 사회 나오니까 만날 야근하고 술 마시느라 힘들어. 하하하!"

방금 전까지만 해도 철호에게 영어의 중요성을 목소리 높여 떠들던 놈이 그녀 앞에서는 겸손함을 가장해 은근히 직장인임을 자랑한다. 오늘 술자리의 진짜 목적이 뭔지 빤히 보였다. 씁쓸한 기분에 혼자 술을 따르며 연속으로 몇 잔을 비웠다.

"아, 오빠. 왜 혼자 마셔요?"

"어? 어……."

지원이는 술병을 들고 빨리 한잔 받으라는 손짓을 했다. 나는 그제야 자세를 고쳐 앉으며 술을 받았다.

"아, 아무튼 부럽다! 오빠, 다시 한 번 취업 축하해요."

그녀의 건배 제의와 함께 우리 넷은 술잔을 부딪쳤다.

늦은 시간. 버스에는 빈자리가 많았다. 승객 중 몇몇은 나처럼 술이 좀 불콰해 보인다. 나는 비틀거리며 버스 맨 뒷자리로 가 창가 쪽에 자리를 잡았다. 그러고는 창문틀에 머리를 쿵쿵 찧었다.

'바보, 바보! 내가 미쳤지!'

방금 전 술자리에서의 일을 생각하자 얼굴이 확 달아올랐다.

분위기는 괜찮았다. 동석이는 술자리 초반부터 자신의 취업 성공담을 늘어놓았고, 철호와 지원이는 갖가지 리액션을 취해 가며 열심히 귀담아 들었다.

"취업이란 건 말이지 백 번을 실패해도 한 번만 성공하면 된다고. 그럼 거기서 다 끝나는 거야. 그동안 실패한 건 다 잊히는 거고 성공한 한 번만 기억되는 거지. 그러니까 힘들어도 진짜 이 꽉 앙다물고 계속 도전해야 해."

"진짜 그런 거 같아요."

철호와 지원이가 동석이 이야기에 연신 고개를 끄덕이는 동안 나는 바지 주머니에 손을 찔러 넣은 채 의자에 비스듬히 기대 앉아 있었다. 친구놈 이야기가 아니꼽게만 들렸다. 그깟 취업 조금 일찍 한 게 뭐 큰 자랑이라고 선배답지 못하게 후배들 앞에서 떠벌이는 건지……. 게다가 아까부터 놈의 이야기에 눈을 반짝대며 웃는 그녀 모습이 자꾸만 신경을 건드렸고, 저러다 겉만 번지르르한 놈의 말에 홀딱 넘어가지나 않을까 불안했다.

"그러니까 니들도 진짜 열심히 해서 이번 상반기에는 꼭 취업해라. 알았지? 한잔 들자!"

"넵!"

동석이의 건배 제의에 다 같이 잔을 높이 들었다, 나만 빼고. 순간 세 사람의 눈길이 일제히 나에게로 향했다.

"왜? 술 많이 마셨어? 힘들면 한 번 쉴래?"

"휴우……."

나는 고개를 숙인 채 한숨을 내쉬었다. 잠깐 정적이 흐르는 듯하더니 세 사람은 다시 잔을 부딪쳐 비우고는 안주를 집어 들었다.

"오빠, 괜찮아요?"

그녀가 걱정스러운 말투로 내 안색을 살폈다.

"애 몸이 안 좋은가 본데…… 철호야, 약국 가서 술 깨는 약 좀 사와라."

동석이가 지갑에서 만 원짜리 한 장을 꺼내 철호에게 건넸다.

철호가 자리에서 일어서려는 찰나에 나는 테이블을 짚으며 벌떡 일어났다. 그러고는 다시 한 번 한숨을 크게 내쉬었다.

"휴우……."

"어어, 왜 이래? 취했어?"

나를 붙잡으며 애써 너털웃음을 짓는 동석이를 노려보며 나는 결코 해서는 안 될 한마디를 내뱉었다.

"야, 최동석! 니가 그렇게 잘났냐? 그래봤자 월급쟁이 주제에!"

어이가 없다는 듯 멍하니 쳐다보는 그들을 뒤로 한 채 나는 술집을 나왔다. 놀랍고 불쾌한 동석이의 일그러진 표정과, "저게 미쳤나!"라며 고함치는 소리, 그런 동석을 말리는 철호의 목소리가 등 뒤로 생생하게 들려왔다.

그랬다. 자리를 박차고 나오느라 그녀의 얼굴을 제대로 보지는 못했지만, 아마 무척이나 한심하다는 표정으로 이런 말을 하지 않았을까 싶다.

"자기는 그 잘난 월급쟁이도 못 돼 아등바등하는 주제에 누구 보고 뭐라는 거야, 어이없게!"

한숨만 나오는 자기소개서

지난 금요일 사건 이후로 연락을 피하고 있다. 철호에게서 몇 번의 전화와 메시지가 왔지만 의연하게 모두 씹어주는 중이다. 지난밤 동석이한테서 전화가 왔을 때는 심장이 덜컥 내려앉는 줄 알았다. 한동안 울리는 전화벨 소리를 듣고 있자니 식은땀이 삐질삐질 흘러내렸고, 술자리에서의 동석이 얼굴이 계속 떠오르며 등골마저 서늘해졌다. 그 후로는 의욕이 사라져 밥맛도 잃은 채 억지로 잠만 퍼질러 잔다. 진상 짓을 한 내 모습을 후회하면서……

그때 스르르 방문이 열렸다.

"오늘 아빠 온대. 어디 나가지 마."

경고라도 하듯 문을 삐죽 열고 목만 내민 채 자기 할 말만 툭 던진 동생이 방 안으로 들이민 목을 빼내고는 다시 문을 탁 닫았다. 머리가 멍했다. 제 정신이 아니다. 아, 가뜩이나 심란한데 아버지까지 오시다니……

작은 건설하청업체를 운영하고 계시는 아버지는 늘 지방으로 돌아다니면서 일을 하는지라 일주일에서 열흘에 한 번 꼴로 집에 오신다. 어려서부터 자주 떨어져 지낸 터라 아버지를 대하는 일은 늘 서먹하게 느껴졌다. 둘이서만 있게 되기라도 할 것 같으면 어떻게든 핑계를 대서라도 빠져나오곤 했지만, 집에 오시는 날에는 꼼짝 없이 저녁식사를 같이 해야만 했다. 게다가 작년부터는 취업에 대한 은근한 압박이 느껴져 그 시간이 더욱 힘들었다.

저녁식사 분위기는 역시나 어색하고 무거웠다. 엄마가 사촌누나 결혼식 얘기를 꺼내 간신히 침묵을 면하는 정도에서 우리 네 식구는 별 말없이 밥을 먹었다. 오늘은 그냥 이렇게 넘어가는구나 싶어 한편으로는 약간의 안도감이 들었고, 빨리 내 방에 누워 게임이나 해야지 하는 생각이 머릿속을 메우기 시작했다. 몇 판만 더 하면 렙업해서 새로운 무기도 장착할 수 있고, 스킬도 새로 찍을 수……

"어떻게 돼 가고 있냐?"

아무런 예고 없이 던져진 아버지의 질문에 나는 순간 멈칫하며 아버지를 쳐다보았다. 엄마와 동생은 식탁에 눈을 고정시킨 채 묵묵히 밥만 먹고 있다. 딱히 누구를 지목한 건 아니었지만 다들 나에게 던져진 질문이란 걸 안다.

"……."

입이 떨어지지 않는다. 식사 중에 아버지가 분명 취업 얘길 꺼내리라는 걸 어느 정도 예상했음에도 딱히 대답할 말이 없다.

"잘 먹었습니다."

동생 수아는 자기가 비운 그릇을 들고 일어나 씽크대에 던져두고는 뒤도 돌아보지 않고 방으로 들어가 버렸다. 아버지가 그런 동생을 턱 끝으로 가리키며 엄마에게 물었다.

"쟤는 요즘 뭐하고 있대?"

"몇 군데 면접 보러 다닌다더니, 요즘은 학원 다녀요."

"학원? 졸업하는 애가 무슨 학원이야?"

"영어를 좀 더 배우고 싶대요. 지금 정도로는 성에 안 차나봐요."

"그래?"

　나는 잠자코 두 분의 대화를 듣기만 했다. 다행히 화제가 동생에게로 옮겨진 것에 의지하며 이대로 말없이 지나가기만을 바랐지만 기대는 여지없이 어긋났다. 아버지가 숟가락을 내려놓으며 다시 한마디를 던지신 것이다.

　“이력서 좀 줘봐라.”

　“네? 무슨……?”

　“같이 일하는 김 사장 줘보게. 거기서 사람을 뽑는다니 허튼 데 시간 낭비하지 말고 가서 일이나 배워. 남들은 벌써 취업을 했다던데, 넌 도대체…… 쯧쯧!”

　“…….”

　아버지는 뒤로 물러나 앉으며 텔레비전을 켰다.

　나는 죄인마냥 고개를 떨궜고, 엄마는 슬쩍 아버지와 내 눈치를 살피고는 조용히 한숨을 내쉬었다. 슬그머니 자리에서 일어나 방으로 향하는 나의 등 뒤로 아버지를 나무라는 엄마의 목소리가 들렸으나 못 들은 척 방문을 닫고는 책장에 꽂혀 있는 파일에서 몇 달 전 써둔 이력서를 꺼냈다.

이 력 서

1. 기본사항

	성 명	한글		한자
		김 희 성		金 熙 星
	주민등록번호	******-*******	생년월일	19**.**.**
	전화번호	031-000-2616	휴대폰	010-0000-0000
	우편번호	430-701	E-mail	00000@naver.com
	주소	경기도 안양시 만안구 박달2동 ○○아파트 ○○○		
호주관계	호주성명	김 용 선	호주와의 관계	부
결혼여부	미혼	취미	독서	특기	없음

2. 병역 및 보훈사항

병역	필/미필/면제/복무중	군별	공익	계급		복무기간	10.01.15 ~ 11.12.09
보훈대상	대상( ) , 비대상(∨)			보훈번호			

3. 학력사항

년/월/일	학교명	전공	학력
2004.03 ~ 2007.02	안양고등학교	문과	졸업
2007.03 ~ 2013.02	○○대학교	경영학과	졸업예정

4. 개인능력사항

	구분	점수		구분	능력정도
어학시험	TOEIC	620	어학능력	회화	중
				번역	중

	구분	활용정도		구분	취득일	자격인증기관
컴퓨터	파워포인트	상	자격증	컴퓨터활용능력2급	2012.01	
	한글/워드	상				
기타사항						

5. 경력사항

기간	회사명	부서	주요업무/성과

6. 가족사항

연번	관계	성명	연령	연번	관계	성명	연령
1	부	김용선	57				
2	모	최경희	55				
3	동생	김수아	25				

성장 과정	저는 어려서 근면하게 사시는 부모님을 보면서 성실한 삶의 자세를 자연스럽게 배우게 되었습니다. 이른 새벽부터 해질 무렵까지 무더위에도 구슬땀을 흘리며 저를 돌보아 주시고, 묵묵히 일하시는 부모님께 자연스럽게 효를 배웠습니다. 또 생명과 사람의 소중함을 느끼면서 감사하는 마음을 가지게 되었습니다. 그리고 그런 부모님께 기쁨을 드리고자 운동과 공부 모두 열심히 하였으며, 그 결과 책임감과 열정이 가득한 젊은이로 성장했습니다.
성격과 장점	저의 장점은 상대의 행동과 말에 집중하며, 그 사람 입장을 잘 이해하고, 진심으로 같이 생각하는 넓은 사교성과 주변인을 실망시키지 않는 책임감을 갖고 있다는 것입니다. 한 친구는 책임감 있는 저의 모습을 보고 나중에 성공하면 국회로 보낸다고 하였습니다. 이런 저의 모습으로 인해 중학교, 고등학교 때 학교 임원을 여러 번 맡았으며, 대학교 때 학과 소모임의 총무를 맡았습니다. 이런 저의 모습에 공익시절, 직원들이 저를 공익요원이 아닌 직원처럼, 그리고 가족처럼 대해 주었습니다.

특기 사항	저는 갑작스럽게 문제가 발생하여도 유연하게 대처할 수 있는 융통성과, 맡은 일에 책임감을 가지고 일에 몰두할 수 있는 집중력을 가지고 있습니다. 공익요원 시절 국회의원 선거가 있었습니다. 개표를 하는 상황에서 개표기가 고장이 났습니다. 하지만 저는 혹시나 하는 마음에 선거 준비기간에 개표기에 대해서 꼼꼼히 공부하고 준비하여, 개표를 처음부터 다시 해야만 할 수도 있는 상황에서 기계를 고쳐냈고, 큰 문제없이 개표를 마무리할 수 있었습니다. 저는 그 일을 계기로 부분이 아닌 전체를 보며 대처하는 방법을 알게 되었습니다.
생활 신조	저의 생활신조는 '순간에 충실하며 신의를 저버리지 말자'입니다. 과거의 실수에 연연하거나 너무 미래에만 몰두하다 보면 현재에 충실하지 못합니다. 그래서 저는 순간에 충실하고, 돈으로 절대 살 수 없는 사람들의 신의를 저버리지 않는 책임감 있는 행동을 하는 것이 신조입니다.

"휴, 다시 쓰자."

이력서를 들여다보다가 나도 모르게 한숨과 함께 혼잣말이 튀어나왔다. 도무지 어디에 내놓기가 부끄럽다. 뭐 한 줄이라도 더 채워 넣고 싶은데 쓸 말이 없다. 자소서도 엉망이다. 솔직히 말하면 뭘 어떻게 고쳐야 하는지도 모른다. 자소서를 읽다 보면 비참하기만 하다.

아버지께 이력서를 드리지 않았다. 그리고 그 다음날도, 또 그 다음날도 이력서를 새로 쓰는 일은 없었다.

취업은 하고 싶은데 자소서는 쓰기 싫다

"띠링~."

문자가 왔다. 이번 주 금요일 국제관 대회의실에서 미취업자를 대상으로 자소서 특강을 진행한다는 학교의 공지사항이다. 자소서를 보완해야 할 필요는 있지만, 아무 도움도 안 되는 그깟 특강 들으려고 왕복 네 시간이나 걸리는 학교까지 가는 건 시간 낭비다. 게다가 기분이 영 좋지 않다. 미취업자라니…… 왠지 능력도 없고, 의욕도 없는 사회의 낙오자가 된 느낌이다. 난 가지 않으리라 결심했다. 창피한 것도 있다. 방학이긴 하지만 혹시라도 학교에서 후배들을 만나게 된다면 '취업에 실패한 무능력자'라고 광고하는 꼴이나 마찬가지가 아닌가! 추한 모습 보이고 싶지 않다.

"카톡왔쇼~."

지난 주말 일 때문이 아니라면, 요즘 계속 잠수를 타고 있는 나에게 카톡을 보낼 사람은 별로 없는데……. 아니면 기껏해야 게임에 초대하는 스팸 메시지 정도일 것이었다. 그래도 확인은 해야 했다.

"이번 주 금요일 자소서 특강 같이 가실 분 모십니다. ^^*"

생각과 달리 지원이가 보낸 단체 카톡에는 순식간에 답글이 달리기 시작했다.

"오! 언젠데?"

"ㅋㅋㅋㅋㅋ 나 지금 면접 대기 중이야."

"불참이요~."

"ㅇㅇ"

"나!! 같이 가!!!"

대화창이 쉴 새 없이 올라간다.

뭔 말이라도 쓰고 싶었지만 지난 주 술자리에서의 일이 마음에 걸려 선뜻 손이 움직이지 않는다. 술에 취했다는 것 말고는 당시 행동을 정당화할 만한 마땅한 명분이 없다. 카톡 창이 올라가는 것을 보다가 닫아버리고 핸드폰을 침대 위로 던졌다. 내친 김에 그 위로 몸도 내던졌다. 머리가 복잡하고 씁쓸하다. 뭔가 복잡하게 엉킨 거 같은데 어디서부터 풀어나가야 할지 모르겠다. 답답한 마음에 베개 위에 얼굴을 묻는다. 그런데도 자꾸만 떠오르는 건 그녀뿐이다. 윤기 나는 빨간 사과처럼 아주 해맑게 웃는 지원이의 얼굴!

지금은 연애할 때가 아니란 걸 나도 잘 안다. 또 연애를 하고 싶다고 해도 나 같은 놈을 좋아할 여자는 없을 것이다. 더군다나 지원이처럼 예쁘고 성격 좋은 아이와의 연애라니, 말도 안 된다. 그럼에도 가슴 한 귀퉁이에서 두근대며 모락모락 피어 오르는 못 말리는 걱정은 어떻게 할 수가 없다. 혹시 그날 동석이와 무슨 일이 있었던 건 아닌지, 내가 가고 나서도 술을 많이 먹었을 거 같은데 혹시 무슨 일이 생긴 건 아닌지……. 아니다. 아니어야 한다. 기분 나쁜 상상을 털어버리려 고개를 절레절레 흔든다.

"카톡왔쑈~."

평소에는 하루에 한 번이나 울릴까 말까 하던 휴대폰이 오늘따라 자주 울어댔다. 메시지를 확인하면서도 무척이나 심란하다.

"오빠도 오실 거죠?"

아, 단체 카톡이 아닌, 나에게만 따로 보낸 지원이의 메시지였다. 그녀가 나를 콕 집어서 보낸 거다.

'설마……?'

두근거리는 심장을 억눌러가며 답장을 쓴다.

"ㅇㅇ"

바보! 말도 먼저 못 거는 주제에 기껏 대답한 게 'ㅇㅇ'이라니……. 아, 이건 뭐 찌질한 것도 정도가 있지. 차라리 꿈이었으면 좋겠다.

지원이로부터 어제 단체 카톡이 한 번 더 왔다. 특강에 이력서와 자기소개서를 가져오면 강사에게 컨설팅을 받을 수 있는 기회가 있을 거라는 내용이었다. 하지만 내가 써놓은 자소서는 누구에게 보여줄 수 있는 수준이 아니다. 누군가가 내 자소서를 캡처해서 온라인 게시판에 웃긴 짤방으로 올리면 추천 수 100만 개는 충분히 받을 수 있을 것이다. 시간이 없어 대충 급하게 쓴 거라고 핑계를 댈 수는 있겠지만, 시간을 들여 다시 쓴다고 해도 그보다 더 잘 쓸 자신은 없다. 게다가 또다시 자소서 쓰느라 골머리 앓고 싶지도 않다. 자소서를 들여다보면 왠지 내 자신이 비참해진다.

'취업은 하고 싶은데 자소서는 쓰기 싫다…….'

나지막이 혼잣말을 내뱉는다. 정말 답이 없는 무책임한 말이지만 싫은 걸 어떻게 한단 말인가! 아무리 생각해도 지극히 평범하기만 한 내가 뭘 얼마나 더 잘 쓸 수 있는지, 그럴 만한 뭐가 있기는 한 건지 도대체 감을 잡을 수가 없다. 손과 눈으로는 습관적으로 새로 다운받은 게임을 하면서 자소서에 대한 이런저런 생각들을 떠올린다.

지방 사립대에, 학점도 내세울 만큼이 못 되는데다가 토익은 부끄러워서 말도 못할 수준이다. 다행히 군복무 전에 컴활 2급을 따놓긴 했지만 그건 아무 도움

도 안 된다. 한 가지 내세울 수 있는 거라곤 필리핀 어학연수 넉 달인데, 그렇다고 해서 영어를 잘하는 것도 아니니 오히려 어학연수 다녀왔다고 말하기가 부끄러운 수준이다. 굳이 장점을 꼽자면 성격 좋다는 이야기를 몇 번 들어보았고, 따르는 후배들이 꽤 된다는 것 정도이다. 그럼 리더십이 뛰어나다고 써볼까? 근데 그걸 어떻게 증명하지? 그 정도는 누구에게나 다 있는 것 아닌가? 그러면 지금까지 했던 아르바이트 얘기를 해볼까? 그래봐야 호프집, 노래방, 피시방에서의 경험이 전부로, 전공과 동떨어진 이야기만 늘어놓게 될 뿐이다.

마음이 답답해지고 머리가 아파온다. 어느새 핸드폰에는 'You Lose'라는 핏빛 글씨가 떠오른다.

'아, 자소서도 게임도 답이 없네…….'

나는 핸드폰을 던져 버리고 다시 베개에 얼굴을 묻는다. 취업은 하고 싶은데 자소서는 쓰기 싫다는 말이 자꾸 귓가를 맴돈다. 기분이 좋지 않다. 세상이 미워진다. 그러다 문득 쓴웃음이 절로 나온다.

'연애는 하고 싶은데 먼저 말은 못 걸겠다라니…… 멋지군!'

내 맞은편에 지원이가 앉았다. 쿵쾅거리는 심장박동을 느끼며 그녀의 얼굴을 애써 외면하고 있는 중이다.

한 조에 여섯 명씩 모두 일곱 개 조인데, 지원이와 같은 조가 된 것은 단지 내가 강의장에 일찍 도착했기 때문이었다. 자소서 특강은 두 시였지만, 나는 열두 시가 조금 넘어 도착했다. 밖에서도 핸드폰 게임만을 하는 건 마찬가지지만, 집에 있으면 인생 낙오자라는 생각이 자꾸 머릿속을 흐트리는 바람에 일찍 나올 수밖에 없었다.

오랜만에 학교에 왔지만 갈 곳도, 만날 사람도 없다. 오히려 얼굴 아는 사람은 되도록이면 피하고 싶은 심정이다. 단 한 명 '나의 소중한 그녀 한지원'을 제외하고 말이다. 사실 오늘 내가 학교까지 온 이유도 지원이가 특별한 카톡 메시지를 보냈기 때문이었다. 단체 채팅에 우연히 낀 게 아니라 나에게만 따로 메시지를 보낸 일은 나로 하여금 '혹시나' 하는 생각에서 벗어나지 못하게 만드는 족쇄 같았다.

대회의실은 여섯 명이 한 조가 되어 강의를 듣도록 세팅되어 있었는데, 그걸 보는 순간 문득 지원이와 같은 조가 될 수도 있겠다는 생각이 들었다. 앞을 바라보며 나란히 앉는 강의식 배치라면 지원이의 옆자리에 앉는다는 것은 거의 불가능에 가깝지만, 그룹 식으로 앉는다면 어느 정도 가능성이 있었다.

나는 몇 가지 시나리오를 짜 보았다. 먼저, 앉아서 기다리고 있다가 지원이가 들어오면 반갑게 인사하며 옆으로 오라고 손짓을 한다. 아니, 이 시나리오는 안 된다. 일단 나에게는 지원이를 보고 반갑게 인사할 용기가 없다. 다음은 내 옆자리를 끝까지 비워놓았다가 지원이가 오면 어쩔 수 없이 내 옆자리에 앉게 만든다. 이것도 가능성이 없다. 내가 억지로 옆자리를 비워 둔다고 해도 지원이가 맨 마지막으로 온다는 보장이 없다. 모처럼 좋은 기회를 놓칠 수 없다는 생각에 어떻게 하면 그녀와 같이 앉을 수 있을지 고민에 빠져 있는데, 등 뒤에서 누군가 나를 불렀다.

"희성 오빠?"

지원이다.

머릿속에서 상상하고 있던 그녀가 내 등 뒤에 서 있다니 이게 무슨 시추에이션인지 잘 파악이 되질 않는다.

"어? 어!"

"일찍 왔네. 뭐하고 지내느라 연락도 없어요?"

뜨끔했다. 지난 주 술자리에서 사고 친 것에 대해 사과라도 하라는 힐책처럼 느껴졌다. 하지만 내 생각과는 달리 그녀의 웃는 눈은 여전히 맑고 빛이 난다.

그런 지원이에 비하면 나는 정말 피곤에 찌든 40대 후반 샐러리맨 같은 눈빛이다. 오늘 아침 거울을 보며 몇 번이나 그런 생각을 했다.

"오빠, 요즘 자소서 쓰고 있어요? 난 요즘 매일 자소서 쓰느라 진짜 죽을 거 같아. 머리 엄청 쥐가 나요."

인상을 찌푸리는 지원이의 그런 표정마저도 사랑스럽고 귀엽다.

"얘는 친구 강희. 법학과인데 내가 같이 듣자고 꼬드겼어요."

그제야 옆에 있는 그녀 친구가 눈에 들어왔다.

우리 셋은 자연스럽게 한 테이블에 앉았고, 그렇게도 고대하던 그녀와 얼굴을 마주하게 되었다. 그렇지만 정작 두 사람의 대화에는 끼어들 수가 없다. 취업콘서트, 해외인턴십, 청년인턴제, 인적성, HSK 등 취업 준비과정에서 대부분 들어본 말들이 주 내용이기는 했지만 그 중에는 전혀 모르는 이야기도 몇 가지가 나왔다. 친한 친구끼리, 또 여자들끼리의 이야기인데다가, 섣불리 끼어들었다가는 망신을 당할 수도 있겠다는 생각에 나는 관심 없는 듯한 표정을 지으며 입을 굳게 다물고는 핸드폰을 꺼내 게임 스타트 버튼을 눌렀다.

게임 속에서 현란한 그래픽이 돌아가기 시작하자 문득 뭔가 잘못되고 있다는 느낌이 들었다. 게임은 평소처럼 잘 되고 있는데…… 뭘까? 캐릭터를 이리저리 움직여 배치를 하면서도 생각은 멈추지 않는다. 눈과 손은 휴대폰을 주시하면서 바쁘게 움직이고 있지만 귀만큼은 두 사람이 쉴 새 없이 나누는 이야기 속으로 점점 빠져 들어간다. 어느덧 게임과 현실의 경계는 사라지고 머릿속이 하얘지기 시작했다.

얼마나 시간이 지났을까. 문득 사방이 고요해짐을 느꼈다. 살짝 고개를 들어 앞을 살펴보니 그녀가 무심한 얼굴로 나를 쳐다보고 있다. 지원이와 눈이 마주치자마자 재빨리 핸드폰으로 다시 시선을 돌렸다. 무슨 큰 죄라도 지은 것처럼 심장이 벌렁댄다. 이런 자리에서까지 핸드폰 게임이나 하고 있는 내 모습이 그녀에겐 어떻게 보였을까? 불쌍하게 봤을까? 형편없다고 느꼈을까? 아니면 짜증이 났을까?

나를 바라보는 그녀의 눈빛이 마치 '그러면 그렇지. 네까짓게……'라고 말하는 것 같다. 너무나도 부끄럽다.

'아. 이건 아닌데…….'

자소서에 무엇을 이야기하지!?

무엇을 이야기하지? - ❶

경험에 관한 워크시트 작성하기

밝은 노랑 가죽 재킷에 검푸른 면바지, 갈색 구두를 신은 강사는 30대 초반 정도로 보였다. 푸른빛이 도는 체크무늬 셔츠에, 넥타이를 매지 않아서인지 전체적으로 가볍고 자유로운 느낌이다. 왁스를 발라 넘긴 짧은 머리와 숯덩이처럼 짙고 굵은 눈썹이 매우 강렬했다. 하지만 그의 전체적인 모습에서 가장 눈에 띄는 곳은 바로 눈이었다. 맑고 빛나는 눈빛이 마치 지원이의 그것과도 같았다.

친구들이 들어오며 나에게 아는 척을 하는 것도, 여기저기 모여 앉아 그동안 쌓인 얘기로 떠드는 것도, 지원이가 나를 쳐다보는 것도 알고 있었지만, 나는 한참 전부터 핸드폰 게임에 몰두하는 모습만을 보여주었다. 이 강의장이 왠지 어색했고, 무엇을 어떻게 해야 좋을지도 모르기 때문이었다. 그냥 나를 그대로 내버려 두었으면 좋겠다는 생각만 들었다.

강의 시작 시간이 되어 어떻게 할까 고민하고 있을 때 마침 강사의 말이 들렸다.

"잠시 핸드폰을 내려놓고 저를 봐주시겠습니까!"

나를 포함한 몇몇 학생들이 아쉽다는 표정으로 핸드폰을 책상 위에 내려놓았다.

"지금부터 약 두 시간 정도 자소서 작성에 대한 이야기를 할 텐데요. 이 두 시간은 여러분이 앞으로 직장생활을 하시게 될 30~40년 동안 매우 큰 도움이 될 겁니다. 그러니 저의 강의에 집중해 주시길 부탁드립니다."

강사의 말에 고개를 끄덕이며 "네"라고 대답하는 이들이 몇몇 보인다. 그 중에는 노트를 꺼내 벌써부터 뭔가를 받아 적는 사람도 있다. 나를 뺀 대부분은 초롱초롱한 눈빛으로 이 강의에 큰 기대를 걸고 있는 듯했다. 강사에게 다들 집중하는 분위기 때문에 일단 나도 그의 말에 집중하는 척이라도 해야겠다고 생각했다.

"오늘 강의는 자소서에 관한 것입니다. 그런데 자소서라는 건 '자기소개서', 바로 자신을 누군가에게 소개하는 글이잖아요. 그렇다면 우선 저부터 여러분께 소개해야 순서가 맞는데, 어떤 식으로 해야 할지 모르겠더라고요. 해서 일단 제 어린 시절 사진으로부터 시작을 해볼까 합니다."

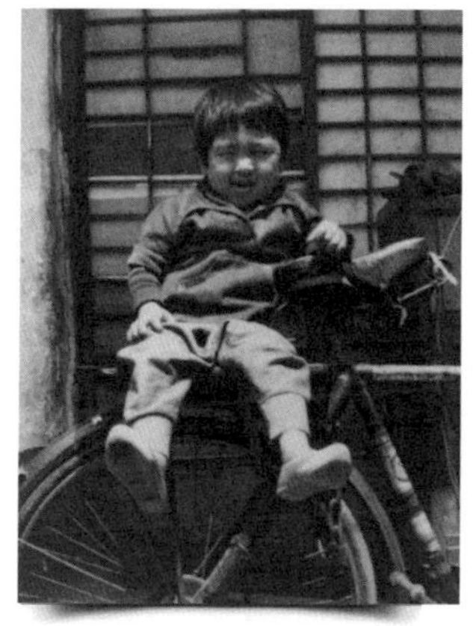

"사진을 보면 어느 정도 짐작하시겠지만 저는 가난한 집에서 태어났고, 다른 사람들 앞에 내세울 만한 경험도 해보지 못했습니다. 고등학교 때까지만 해도

여행이라고 해봐야 학교에서 간 수학여행이 전부였고, 피아노 학원이나 태권도 학원은 다녀본 적도 없습니다. 어렸을 때 무슨무슨 대회에 나가서 수상해 본 경험도 없죠. 그야 말로 평범하게 살아 왔습니다. 그렇다고 또 마냥 평범한 것만은 아닙니다. 나름 특별한 경험도 있기는 합니다. 아무튼 저의 평범한, 혹은 평범하지 않은 이야기를 어떻게 해야 하나 많은 고민을 했습니다.”

첫 번째 – ‘무엇을 이야기하지?’

두 번째 – ‘어떻게 이야기하지?’

세 번째 – ‘결론은 뭐라고 해야 하지?’

“우선 여러분이 관심을 가질 만한 이야기를 하는 것이 좋겠다는 생각이 들어 몇 가지 특별한 이야기를 생각해 봤습니다. 바로 고등학교 때의 사진동아리 활동과 대학시절 대만 어학연수 경험 두 가지입니다. 그런데 이것을 단순히 ‘저는 고등학교에서는 사진부 활동을 했고, 대학 때는 대만으로 어학연수를 다녀왔습니다’라고 하면 뭔가 너무 부족할 것이라는 생각이 들더군요. 여러분을 앞에 두고 두 시간을 떠들어야 하는데, ‘사진부 활동했고, 대만 어학연수 다녀왔습니다’라고 10초 동안 얘기하고 1시간 59분 50초를 멀뚱멀뚱 있을 수는 없으니까요. 그래서 여기에 뭘 더하면 좋을까 고민하다가 성과를 추가해서 이야기를 만들어 보았습니다.”

경험	성과
대만 어학연수	중국어 실력
사진부 활동	학교 축제에 참가했다

"성과를 추가했더니 약 5초 정도 더 길게 말할 수는 있게 되었지만, 두 시간 동안 떠들기에는 여전히 역부족인데다가, 이렇게만 얘기해서는 여러분의 흥미를 자극할 수 없을 것 같았습니다. 여러분들은 보다 구체적이고 현장감 넘치는 생생한 이야기를 원하기 때문이죠. 그래서 이번에는 위의 경험에 행동을 추가해 보았습니다."

경험 = 행동 + 성과

"대만 어학연수를 다녀왔으니 중국어 실력이 어느 정도 갖춰졌으리라는 건 제가 이야기 안 해도 상식적으로 알 수 있을 겁니다. 그걸 이렇게 얘기하려 했습니다. '대만 어학연수 기간 동안 열심히 노력해서, 최선을 다해 배워서 중국어 실력을 향상시켰다'고요. 헌데 '열심히, 최선을 다해'와 같이 막연하고 두루뭉술한 표현들로는 정확하게 뭘 어떻게 했다는 건지 도저히 알 수가 없고, 듣는 여러분도 답답해할 것 같다는 생각이 드는 겁니다. 때문에 보다 구체적인 표현을 동원해서 행동부분을 써보고, 성과에 대해서도 몇 자 더 추가해 보았습니다."

경험	행동	성과
대만 어학연수	language Exchange 홈스테이	중국어 실력(HSK 6급)
	외국 친구들과 함께 여행을 다녔고, 음식도 같이 만들어 나누어 먹음	200명의 외국인 페이스북 친구
	외국인 자원봉사 단체활동	현지 문화에 대한 이해
사진부 활동	작품 전시 및 홍보	학교 축제에 참가했다

"뭔가 좀 구체적이고 흥미를 끌 만한 내용인지 모르겠지만, 대만 어학연수의 경험, 행동, 성과를 나열해서 하나의 표를 만들었습니다. 그럼 이 내용을 바탕으로 이야기를 한 번 만들어보겠습니다."

어학연수 경험

사람이라면 누구나 가지고 있는 보편성이 있다고 생각합니다. 저는 이것을 대만 어학연수를 통해 배울 수 있었습니다.

어학연수는 기본적으로 외국어를 배운다는 목적이 있지만, 이 외에도 다양한 사람들을 만나 시야를 넓힐 수 있는 기회라고 생각했습니다. 때문에 어학원 기숙사가 아닌, 대만 현지인인 리웨이 씨 댁에 머물며 함께 음식을 만들어 나누어 먹기도 하면서 현지의 의식주를 체험했고, 지금도 기념일마다 안부 편지와 선물을 주고받는, 진짜 가족과도 같은 정을 쌓을 수 있었습니다. 또한 타이베이 외곽에 있는 작은 교회의 봉사활동 프로그램에 참가하여 아이들 교육에 필요한 교육 기자재 마련을 위한 모금활동과 한국어 교사 역할을 하기도 했는데, 해맑게 웃는 아이들과 함께 지내는 동안 문화의 장벽은 전혀 문제가 되지 않았습니다.

이러한 경험을 통해 사람 사는 곳은 모두 같다는 것을 깨달았고, 피부색과 관계없이 있는 그대로 상대방을 바라볼 수 있는 열린 마음을 갖게 되었습니다.

"이야기가 그럴 듯한가요?"
"네."
몇몇이 고개를 끄덕이며 대답하자 강사는 그 중 한 명을 지목하며 묻는다.

"왜 그럴 듯하게 느껴질까요?"

"아…… 글쎄요. 말씀을 잘하셔서요."

갑작스런 질문에 당황했는지 얼굴이 빨개진다. 그 학생에게 미소를 보이며 강사는 말을 이었다.

"저는 강의 도중에 여러분께 계속 질문을 던질 겁니다. 그러니 긴장을 풀지 말고 들으셔야 합니다. 누구한테 질문이 갈지 몰라요."

준비된 기본 멘트였겠지만 좀 더 강의에 집중하려는 듯 학생들 몇몇이 자세를 고쳐 앉는다.

"자, 지금 대만 어학연수 이야기가 그럴 듯하게 느껴진 것은 바로 '구체적인 표현'을 했기 때문입니다. 사람 이름이나 지명도 언급했고, 생각이나 행동, 표정 같은 것도 상세하게 했죠. 바로 이런 점들 때문에 제 이야기가 그럴 듯하게 느껴지신 겁니다. 이해되시나요?"

일리가 있는 말이다. 나도 모르게 고개가 끄덕여진다.

"그런데 동아리 활동은 뭔가 내세울 만한 게 없어요. 아무리 생각해 봐도 특별한 경험이라고 말할 수 있는 게 결코 아닙니다. 최대한 멋있게 꾸미려 해도 기억에 남는 거라고는 사진 몇 장 찍어본 것과, 그걸 갖고 축제에 참가해 본 것뿐이거든요. 게다가 그 학교 축제란 것도 사실 별 볼일 없었어요. 다른 동아리들은 정말 신나고 멋있게 축제를 즐겼지만 저희 사진부는 아무것도 한 게 없었거든요. 솔직히 말하면 학교 축제의 기억은 아무것도 한 게 없는 창피하고 후회되는 경험일 뿐입니다. 하지만 이렇듯 부끄럽고 후회만 남는 경험일지라도 구체적인 표현을 한다면 자소서에 훌륭한 소재로 쓰일 수 있습니다. 이렇게 말이죠."

동아리 활동 경험

후회를 남기지 않겠다는 것이 저의 좌우명입니다. 그런 제가 가장 큰 후회를 남겼던 경험은 고등학교 때 사진부로 활동하며 참가한 학교 축제였습니다. 당시 3학년 선배들은 입시 준비로 바빴기 때문에 2학년 선배들과 함께 축제를 준비했습니다. 사진작품과 카메라 등의 기자재를 전시하는 것으로 계획을 세우고 각자 작품과 카메라를 준비해 축제 당일 모이기로 하였습니다.

그런데 축제날에 모인 사진부원들은 너무도 달라진 학교 풍경에 당황할 수밖에 없었습니다. 학교 바깥에서부터 온갖 포스터와 현수막이 붙어 있었고, 각 동아리에서는 전단지를 나누어 주며 이색적인 퍼포먼스를 보여주고 있었습니다.

영화동아리에서는 유명 영화의 주인공을 코스프레하기도 하였고, 댄스동아리에서는 커다란 스피커로 음악을 틀어놓고 잘 짜인 안무로 방문객들의 시선을 사로잡았습니다. 그에 비해 사진부는 각자 사진 한 점과 카메라 하나씩 들고 온 것이 고작이었습니다. 동아리를 홍보할 전단지도, 사람을 끌어모을 구호나 안무도 없었습니다. 아무런 준비 없이 축제에 참가한 우리들은 결국 손님도 없는 빈 테이블을 지키고 앉아 있다 헤어지는 걸로 평생 단 한 번뿐이었던 고등학교 축제를 마감해야 했습니다.

그 후로도 평범한 학창시절을 보낸 저에게 축제의 아쉬움을 만회할 수 있는 기회는 없었지만, 그 축제 이후로 다시는 후회의 기억을 만들지 않겠다는 의지가 생겼고, 당시 후회의 경험은 현재 매 순간을 사랑하며 최선을 다해 살아가고자 하는 힘이 되고 있습니다.

"자, 어떤가요. 정말 내세울 것 없는 별 볼일 없는 경험이죠? 평생 단 한 번뿐인 고등학교 축제에서 그냥 몇 시간 동안 앉아만 있다가 온 것입니다. 그럼에도 불구하고 그 당시의 상황과 분위기, 감정, 행동 등을 자세하게 묘사했습니다. 이러한 구체적이고 상세한 묘사 덕분에 '학교 축제에서 아무것도 준비하지 못해 아쉬움을 남겼고, 그 결과 후회 없는 삶을 살아야겠다는 의지를 갖게 되었다'는 이야기가 생동감 있게 느껴지는 겁니다."

글 쓰기의 포인트 = 상황, 행동, 생각, 느낌을 매우 구체적으로 적는다.

"물론 이렇게 완결된 하나의 이야기를 만드는 것도 중요하지만, 일단은 여러분이 가진 경험, 성과, 그리고 가장 중요한 행동을 떠올리며 이야기 소재를 발굴하는 것부터 하셔야 합니다. 지금 할 일은 소재를 찾아내는 것입니다. 최대한 많은 소재를 떠올려보세요. 그럼 나누어 드린 워크시트 첫 페이지를 이용해서 지금부터 작성해 보시길 바랍니다."

무엇을 이야기하지? - ❷

워크시트를 바탕으로 나의 경험 쓰기

뭔가 홀린 기분이다. 10분 남짓한 시간에 내가 느낀 것은 '이게 대체 뭐지?'라는 당혹감이었다. 저 정도의 경험은 나도 있기 때문이다. 나도 어학연수를 다녀왔고, 학교 봉사동아리에서도 활동했다. 필리핀 어학연수를 갔을 때는 여러 나라의 친구들과 지내며 음식을 만들어본 경험도 있고, 끝 무렵에는 함께 여행을 다녀오기도 했다. 봉사동아리에서는 다문화 사회복지시설 아이들의 멘토 역할도 해보았고, 독거노인분들께 도시락 배달을 해본 적도 있다. 다문화 축제에 참가해서는 갖가지 안무와 기타 연주 등으로 많은 사람들의 주목을 끌기도 했다.

이런 경험들은 너무도 평범해서 도무지 써먹을 수 없는 이야깃거리라고 생각했는데, 강사는 나보다도 평범한, 아니 평범한 수준도 안 되는 경험을 소재로 무척이나 멋있어 보이게 표현을 해내고 있었다.

나만 당황스러운 건 아닌가 보았다. 주위를 둘러보니 넋이 나가 입을 벌린 채 멍하니 앉아 있는 몇몇 친구들이 보였다. 나 같은 놈들인 듯하다. 그에 비해 맞은편에 앉아 있는 지원이는 책상 위에 닿을락말락한 긴 머리를 한 손으로 쓸어 넘기며 벌써 뭔가를 적느라 바쁘다.

"제가 지금 저의 어학연수와 동아리 경험을 소재로 삼았지만, 이 외에도 여러 분들이 해봤을 법한 경험들은 매우 많습니다. 아르바이트, 여행, 장학금 받았던 것, 학생회장이나 동아리회장 경험, 공모전이나 경진대회 참가, 물론 거기서 무슨 상이라도 받았으면 더 좋았겠지만, 그렇지 못했어도 크게 상관은 없겠죠. 그 것도 없다면 전공 중의 실습프로젝트라든가, 자격증 취득을 위해 노력했던 것이라든가, 국토대장정 등도 있을 것입니다.

여러분들 중에는 매우 특별한 경험을 하신 분들도 있겠지만, 대부분은 제가 지금 말씀드린 것들과 다르지 않은 경험들을 해보셨을 겁니다. 그렇죠? 일단 자신의 경험을 간략하게 적고 구체적으로 어떤 행동을 했는지, 성과는 어떠했는지를 적으시는 겁니다."

추가로 이어지는 강사의 말에 멍한 표정으로 있던 친구들도 무언가 생각났다는 듯 적어 내려가기 시작했다. 나도 일단 적어보기로 했다.

경험	행동	성과
필리핀 어학연수	기초어학과정 수료	토익 640점, 간단한 회화 가능
봉사활동 동아리	다문화 가정 아이들 지도, 독거노인 분들께 도시락 배달	???
통계학 수업 프로젝트	팀장을 맡아 리더십 발휘	A^+
PC방, 호프집 아르바이트	친절함, 성실함	용돈

일단 쓰긴 했지만 이건 뭐 너무나 허접하다는 생각만 든다. 강사가 이야기할 때는 뭔가 될 거 같았는데, 막상 써놓고 보니 도무지 말도 안 되고 내놓기도 부끄럽다. 괜히 썼다는 생각이 든다.

“아, 아르바이트를 하셨네요?”

강사가 건너편 그룹의 한 학생이 쓴 것을 보면서 말한다. 자신이 쓴 글이 남에게 보여진다는 게 부끄러웠는지 학생의 얼굴은 물론 귀 끝까지 빨개졌다.

“부끄러워할 필요 없어요. 음…… 경험에는 아르바이트를 쓰셨는데, 행동과 성과는 왜 공란일까요? 성과부터 얘기해 볼까요? 어떤 성과가 있었나요?”

학생은 선뜻 대답을 하지 못한다.

“성과라고 해서 대단한 게 아니에요. 솔직히 말해 고작해야 아르바이트잖아요. 거기에서 나오는 성과라고 해봐야 손님으로부터 친절한 종업원이라고 칭찬을 들어봤다거나, 혹은 약간의 팁을 좀 받아본 경험일 수도 있고, 일 잘한다고 사장님으로부터 칭찬을 받았다든가, 인센티브를 받았다든가, 그렇게 돈을 모아 등록금을 충당했다든가, 어학연수 자금을 마련했다든가 하는 그런 정도이죠.”

“등록금은 아니고요. 아르바이트해서 제 용돈으로 썼고요. 일할 때 성실하다는 얘기는 들었어요.”

“아, 그랬군요. 용돈도 마련했고, 성실하다는 말도 들었군요. 그런데 아르바이트를 어떻게 했길래 성실하다는 얘기를 들었죠?”

“별다른 건 없는데…… 한 곳에서 워낙 오래 했으니까…….”

“오래? 얼마나 오래요?”

“호프집인데요. 1학년 때부터 해서 1년 조금 넘게 했어요. 1년 반 정도?”

“아, 1년 반! 아르바이트를 보통 한 곳에서 1년 넘게 하는 경우는 드문데, 그렇게 오래 하신 이유라도?”

“일단 제 용돈을 직접 벌기 위해서였고요. 일도 재미있었어요.”

“손님들 대하는 일이 주 업무였을 텐데, 그게 적성에 맞으셨던 거군요?”

“적성은 잘 모르겠고, 같이 일하는 분들이 잘해 주셨거든요”

"그렇게 1년 넘게 오래 일하다 보면 사장님 대신 매장관리를 한다거나, 신입 아르바이트생 오면 교육을 시킨다거나 하지 않나요?"

"네, 뭐 그렇죠."

"자. 그렇다면 이렇게 써보면 어떨까요?"

경험	행동	성과
호프집 아르바이트	1년 6개월간의 장기 근무 / 친절한 손님 접대, 직원 간의 친밀함 형성 / 신입직원 교육 / 매장 관리	장기근무로 인한 성실함, 책임감 / 서비스 마인드 / 커뮤니케이션 & 조직 적응력 / 소규모 매장 운영 능력

"이분은 아르바이트를 통해 이렇게나 칭찬받을 만한 행동들을 했고, 그에 따른 성과도 만들어냈어요. 그렇죠? 여러분도 모두 이 정도의 내용은 적을 수 있을 겁니다."

아. 또 뭔가 당한 것 같다. 나도 PC방에서 무려 3년을 일했다. 1년 반 정도가 아니다. 1년 일하다 군대 가느라 줄곧 일한 것은 아니지만, 제대 후에도 그곳에서 계속 일을 했으니 합치면 3년이나 마찬가지다. 신입직원이 들어오면 내가 교육을 시켰고, 돈 관리도 내가 했고, 음료수나 사발면 등 물품을 주문하는 일도 내가 했다. 게다가 같이 일하는 사람들하고도 친하게 지냈으며, 특히 PC방 사장님하고는 형, 동생할 정도로 가깝게 지냈는데, 지금도 종종 연락을 주고받는 사이가 되었다.

저 정도는 나도 쓸 수 있다. 서둘러 펜을 들어 몇 가지 내용을 추가했다.

경험	행동	성과
필리핀 어학연수	기초어학과정 수료 / 외국인 친구들과 여행 / 주말농구시합	토익 640점, 간단한 회화 가능, 페이스북 친구들(인맥)
봉사활동 동아리	다문화 가정 아이들 지도, 독거노인분들께 도시락 배달	리더십, 친화력, 긍정
통계학 수업 프로젝트	팀장을 맡아 리더십 발휘	A^+, 통계 프로그램활용 능력
PC방, 호프집 아르바이트	친절함, 성실함(3년간), 사장님과 매우 친해짐	용돈, 어학연수 자금 마련, 인맥

　몇 개 붙여 보긴 했지만 아직도 뭔가 좀 부족해 보인다. 하지만 살을 좀 붙이니, 다른 사람들보다 떨어지기는 하지만, 어느 정도 모양새가 나는 것도 같다. 조금만 손을 보면 나도 그럴싸한 자소서를 쓸 수 있을지도 모른다. 아, 과연……!

무엇을 이야기하지? - ③

성격에 관한 워크시트 작성하기

"자, 그만! 고개 드세요."

워크시트 작성에 주어진 시간은 7, 8분 정도였다. 실제로도 긴 시간은 아니었지만 체감시간은 그보다 훨씬 짧게 느껴졌다. 그 정도 시간에 뭔가를 짜내는 일은 쉽지 않았다.

지원이도 아쉬웠는지 강사와 워크시트를 번갈아 쳐다보며 계속해서 뭔가를 더 적고 있었다. 하긴 지원이는 워낙 열심히 살았으니까 쓸 게 많을 것이다. 전문대에서 편입해 왔음에도 학점이 좋아 장학금을 여러 번 받았고, 우리 학교에 오기 전에는 어학연수, 배낭여행 등도 많이 다녀온 것으로 알고 있다. 또 성격이 밝아서 친구도 많다. 분명 나와는 달리 성실한 삶을 살아온 게 틀림없다. 그녀가 부럽다.

"지금 여러분은 완성된 무언가를 만드는 것이 아닙니다. 단지 자소서는 이렇게 써야 한다는 간단한 방법에 대해서 알아보고 연습을 하는 정도이죠. 너무 심각하게 무리해서 작성하지 않아도 됩니다. 자. 제가 지금 무엇을 하고 있죠?"

"강의요."

어느 학생의 대답에 강사가 호탕하게 웃는다.

“네 맞습니다. 자소서 강의를 하고 있죠. 그런데 저는 지금 여러분께 제 소개를 하고 있기도 합니다. 여러분에게 ‘무슨 말을 해야 할지’, ‘어떻게 이야기할지’, ‘어떠한 결론을 이끌어낼지’를 고민하며 이야기를 나누고 있는 거죠. 그리고 방금 전 것은 그 중 ‘무슨 말을 해야 할지’에서 ‘경험’이라는 소재에 대해 말한 것이고요. 그러면 지금부터는 성격이라는 소재에 대해 이야기해 보겠습니다. 학생 성격 어때요?”

강사는 대뜸 손가락을 뻗어 한 학생을 가리켰다. 지원이다.

갑작스럽게 지목받은 그녀는 잠시 머뭇거리다가 입을 뗐다.

“일어서서 말씀드릴까요?”

“편한 대로 하시면 됩니다.”

“그럼 일어서서 말씀드릴게요. 음, 저는 일단 책임감이 강한 편이고요, 성실하기도 하고요. 음, 또 쾌활하기도 하고 낙천적이기도 하고, 또…….”

“그건 장점으로 꼽는 성격인 것 같은데, 단점은 없나요?”

“단점은…… 좀 소심하고 우유부단한 면이 있어요.”

“네, 그렇군요. 주위에서는 학생의 성격에 대해서 뭐라고 하던가요?”

“네? 뭐, 그냥 성격 좋다고…….”

“진짜 성격 좋아요. 주위 사람들을 정말 잘 챙겨줘요”

갑자기 강희가 끼어들며 지원이를 칭찬한다.

“아, 친구예요? 이 학생이 실제로 잘 챙겨주고 그래요? 뭘 그렇게 챙겨주던가요?”

질문의 방향이 갑자기 바뀌자 강희는 약간 당황한 듯했다.

“뭐. 간식 같은 것도 잘 싸오고, 후배도 잘 챙겨주고…….”

“아하, 그렇군요. 꼭 엄마 같네요. 주위 사람을 잘 챙겨주는 모습이…… 혹시 별명이 엄마 아니에요?”

"예? 진짜 그러네요! 호호호."

강사의 말에 강희는 크게 웃으며 좋아한다. 지원이도 그 별명이 싫지 않은 듯 얼굴은 빨개졌지만 표정은 밝았다. 그런 그녀가 정말 좋아 보인다.

"자, 여길 보세요. 강의 계속 진행하겠습니다. 방금 저 친구의 성격에 대해서 몇 가지 이야기를 들어보았는데요. 이번엔 제 성격에 대해서 말씀드리겠습니다. 저는 성실하고요, 책임감 강하고요, 리더십이 뛰어납니다."

강사는 잠시 말없이 학생들을 바라본다.

"저는 성실하고, 책임감 강하고, 리더십이 뛰어나다고요. 진짜 그래 보여요?"

"네. 그래 보여요."

몇몇 학생이 대답한다. 강사는 그 중 한 명에게 물었다.

"뭘 보고 그렇게 판단하셨나요?"

"인상이 그렇게 보이세요. 분위기도 그렇고요."

"하하하, 감사합니다. 그렇게 보였다니 정말 다행이네요. 아마 이 학생이 저를 그렇게 판단했다면 그건 저의 표정, 몸짓, 말투, 행동, 옷차림 같은 것에서 느껴지는 분위기가 영향을 끼쳤을 겁니다. 그렇지만 이렇게 직접 마주 대하는 것이 아니라 자소서라면 어떨까요? 지금 얘기한 것과 마찬가지로 자소서에 성격의 장단점을 적으면서 '저는 성실하고요, 책임감도 강하고요, 리더십도 뛰어납니다'라고 쓴다면 인사담당자가 '과연 그렇군요'라면서 믿어줄까요? 직접 대면해서 설명하는 것과는 달리 글로써 이야기할 때는 좀 더 '객관적인 사실'을 '구체적으로 묘사'해야 합니다. 주위의 평가라든가, 실제로 그 성격이 잘 드러났던 사례 등을 함께 이야기해야 설득력이 있다는 거죠."

내가 생각하는 나의 모습	주변 사람들이 하는 말	실제 행동과 성과
성실하다		
책임감 강하다		
리더십이 있다		
게으르다		
고집이 세다		
자기 주장이 강하다		

나는 이런 성격 ___________________________________

나를 한 마디로 표현하면 ___________________________________

　

"방금 말씀 드린 대로 위와 같은 것들이 저의 대표적인 성격입니다. 그런데 제가 항상 이런 면만 가지고 있을까요? 아닙니다. 어떨 때는 우울하기도 하고, 때로는 힘이 넘치기도 하고, 가끔은 짜증을 낼 때도 있습니다. 그것들 모두 저의 성격입니다. 그럼 여기에 적은 제 세 가지 성격은 뭐죠? 여러 가지 성격 중 주로 나타나는 대표적인 성격인 거죠. 상황에 따라 성격은 다르게 나타나지만, 그 중에서도 자주 나타나는 성격을 적어본 겁니다. 그런데 성격은 다음과 같은 그림자를 갖고 있습니다."

성실하다 → 게으르다

책임감 강하다 → 고집이 세다

리더십이 뛰어나다 → 자기주장이 강하다

"이렇게 말이죠. 혹시 성실하다와 게으르다가 상황에 따라서 같은 말이 된다는 것을 알고 계신가요?”

여기저기서 웅성거리는 소리도 들리고, 뭔가 반박을 하고 싶어 하는 표정들도 보인다. 나도 그렇다. 어떻게 성실한 것이 게으를 수 있는 것인지, 이번엔 강사가 틀렸다는 생각이 든다.

“자, 방금 얘기한 것과 같이 저는 매우 성실한 사람입니다. 어떤 일을 하더라도 A부터 Z까지 하나도 빼놓지 않고 맡은 일을 꼼꼼하게 해냅니다. 그래서 그 결과물을 보고 사람들이 칭찬을 많이 하지요. 성실하다고! 그런데 상황에 따라서는 완벽하게 일을 해내는 것보다 빠르게 하는 것이 중요할 때가 있습니다. 예를 들어 마감이 얼마 남지 않은 상황에서 급하게 제안서를 만들어 제출해야 하는 그런 일이죠. 이럴 때는 A, B, C, D, E, F, G…… 이렇게 모든 일을 차례대로 할 수 없습니다. 가장 중요한 것들 위주로 먼저 해야 합니다. A, C, F, G…… 이런 순서로 말이죠. 아마 제 성격대로 시간이 급하든 말든, 마감이 언제든 신경 쓰지 않고 원칙대로 A, B, C, D, E, F, G 순으로 일을 하고 있으면 주위 사람들이 볼 때는 게으르다고 느낄 수 있다는 겁니다. 저는 원칙을 지켜 성실하게 행동하는 것이지만 남들이 볼 때는 게으른 거죠. 이해하셨나요?”

이번에도 강사가 맞는 것 같다. 강사의 말이 끝날 때마다 뭔가 머릿속이 혼란스러워지면서도 한편으로는 해결점을 찾아나가는 것 같기도 하다. 생각을 정리할 조금의 시간도 주지 않고 그는 계속 말을 이어나간다.

“그럼 주위에서는 제 성격을 어떻게 평가하고 있는지, 실제로 그런 성격이 잘 드러난 사건은 어떤 것이 있는지 구체적인 표현과 사례들을 적어보겠습니다.”

내가 생각하는 나의 모습	주변 사람들이 하는 말	실제 행동과 성과
성실하다	"넌 참 착해."	아르바이트를 한 곳에서 2년 동안 하고 있다
책임감 강하다	"믿음직해서 좋아."	12년간 개근을 했다
리더십이 있다	"참 싹싹한 친구네."	학과 학생회장을 역임했다
게으르다	"아직도 하고 있어?"	원칙대로 하려고 하지만 주위에서 반대를 한다
고집이 세다	"왜 이렇게 고집을 부려."	아픈 것을 참다가 응급실에 실려 갔다
자기 주장이 강하다	"다른 사람 생각은 안 하니?"	많지는 않지만 진짜 친한 친구들이 있다

나는 이런 성격 ____________________________________

나를 한 마디로 표현하면 ____________________________________

"여기 가득 써 있는 내용들은 모두 제 성격을 나타내는 말들입니다. 모두가 다 저의 성격을 나타내는 단어들이고, 주변에서 자주 듣는 이야기이고, 실제로 경험해 본 사례들입니다. 그렇다고 누군가에게 제 성격을 소개할 때마다 매번 '저는 성실하고, 책임감 강하고, 리더십이 뛰어나지만, 한편으로는 게으르고, 고집이 세고, 자기주장이 강하고, 주위에서는 착하다는 소리도 듣지만……'이라고 할 수는 없잖아요. 이 중에서 가장 빈번하게 나타나면서도 전체 내용을 아우를 수 있는 간결한 표현이 필요합니다. 그게 바로 '성격'입니다.

예를 들면, '원칙을 지킨다'는 어떨까요? 성실하고, 책임감 강한 저의 성격과 주위의 평가, 또 실제 사례들을 보았을 때 '원칙을 지킨다'라는 표현이 적당하다는 생각이 드는군요. 더해서 이렇게 직설적이지 않고 비유적으로 제 성격을 표현한다면 이렇게 해보고 싶습니다. 해시계.”

　해시계? 잠시 정적이 흐른 후에 강사는 가까운 자리에 앉아 있는 학생 한 명을 지목했다.

　“해시계와 전자시계의 차이점이 뭐죠?”

　“예? 일단 손목에 찰 수 있다? 또…….”

　다른 학생을 지목하며 묻는다.

　“해시계와 전자시계의 차이점은 뭐죠?”

　“부피? 무게?”

　강사는 웃으며 말을 이었다.

　“여러 가지 차이가 있겠죠. 그런데 제가 원하는 답이 나오지 않으니 말씀드리겠습니다. 제가 생각하는 해시계와 전자시계의 차이는 성실함의 정도입니다. 전자시계는 건전지가 떨어지면 멈춥니다. 태엽시계는 태엽이 풀리면 멈추겠죠. 하지만 해시계는 지난 40억 년 동안 단 한 번도 멈추지 않는 성실한 모습을 보였습니다. 저 또한 마찬가지입니다. 제 심장이 뛰는 한 저의 성실함도 멈추지 않을 것이라는 뜻에서 해시계라는 표현을 생각해 낸 것이죠. 그럼 저의 성격에 대해서는 다음과 같이 정리를 할 수 있겠네요.”

내가 생각하는 나의 모습	주변 사람들이 하는 말	실제 행동과 성과
성실하다	“넌 참 착해.”	아르바이트를 한 곳에서 2년 동안 하고 있다
책임감 강하다	“믿음직해서 좋아.”	12년간 개근을 했다
리더십이 있다	“참 싹싹한 친구네.”	학과 학생회장을 역임했다
게으르다	“아직도 하고 있어?”	원칙대로 하려고 하지만 주위에서 반대를 한다

| 고집이 세다 | "왜 이렇게 고집을 부려." | 아픈 것을 참다가 응급실에 실려 갔다 |
| 자기 주장이 강하다 | "다른 사람 생각은 안 하니?" | 많지는 않지만 진짜 친한 친구들이 있다 |

나는 이런 성격 ______ 원칙을 지킨다 ______

나를 한 마디로 표현하면 ______ 해시계 ______

　"자, 잘 보셨죠? 여러분들도 스스로 생각하는 성격의 장단점을 모두 적고, 그에 따른 주위의 평가와 그러한 성격이 잘 드러났던 실제 사례를 적어보는 겁니다. 그리고 이 모든 것을 종합한 하나의 표현과 그에 어울리는 별명까지 지어보는 겁니다. 아셨죠? 이제 두 번째 워크시트를 펴시고 자신의 성격에 대해서 써 보시길 바랍니다."

무엇을 이야기하지? — ❹

워크시트를 바탕으로 나의 성격 쓰기

이번 건은 좀 더 쉬운 것 같다. 일단 생각나는 대로 몇 가지 적어본다.

내가 생각하는 나의 모습	주변 사람들이 하는 말	실제 행동과 성과
성실함	???	아르바이트
책임감	??	다문화어린이 지도, 독거 노인 도시락 배달
리더십	??	A$^+$, 통계 프로그램 활용 능력

못 쓰겠다. 아무리 쉬워 보여도 실제로 쓰려고 하면 마땅히 쓸 만한 말들이 도통 떠오르질 않는다. 펜만 이리저리 굴리면서 머리를 책상에 박아본다. 답답하다.

'아, 난 왜 이런 것도 못 쓰는 걸까?'

그때 강사의 말이 귀에 들어온다.

"첫 번째 항목인 내가 생각하는 나의 모습은 쓰기 쉽죠? 하지만 주변 사람들의 평가는 적기 어려울 겁니다. 실제로 사람들은 남을 평가하는 데 조심스럽거든요. 특히 우리나라 문화에서는 타인의 성격을 언급하는 걸 대단한 실례라고 생각하니까요. 여기서는 그럴 필요 없습니다. 각 조원들은 서로 돌아가면서 자신을 소개하고, 자신의 성격이 어떤지 평가받길 바랍니다. 옆 사람하고만 하지 말고 여섯 명이 돌아가면서 서로의 성격을 평가해 주고 평가받도록 하세요.”

‘아, 이런 그룹 활동은 익숙지 않은데…….’

낭패다. 여섯 명 중 지원이와 그녀의 친구 강희, 한 학년 후배인 동규는 알지만 나머지 두 명은 모른다. 낯선 사람들 앞에서 말을 꺼내는 것도 익숙지 않다. 난감한 것은 나만이 아닌 듯 다른 사람들도 눈치만 보고 있다.

“먼저 한 명이 자신을 소개하는데, 이름과 전공 등을 말씀해 주시고, 앞서 했던 경험, 행동, 성과 등을 위주로 자신을 소개하면 됩니다. 나머지 조원은 그 소개를 모두 듣고 난 다음 발표자의 성격이 어때 보이는지 한마디씩 하고, 그에 어울리는 별명도 지어주면 됩니다. 이해됐나요?”

“네.”

대답소리가 시원치 않다. 아무래도 이런 그룹 활동은 우리 학교 학생들에게는 낯설다.

“발표는 잘 생긴 순서대로 하시면 됩니다. 시작하세요.”

“아. 그럼 제가 먼저 하겠습니다”라면서 옆 그룹에서는 한 남학생이 호기롭게 나선다. 평소 활발하고 외향적인 성격으로 인기를 끄는 준수다. 너무 나대서 부담스럽다고 생각했는데, 이럴 때는 저렇게 선뜻 나서는 준수의 성격이 부럽기만 하다. 이어 다른 그룹에서도 “제가 먼저 할게요, 형이 먼저 하세요”라는 말이 오가며 하나둘 발표가 시작되었다. 우리 조만 빼고.

“내가 할까?”

강희를 쳐다보며 지원이가 말문을 열었다. 강희가 고개를 끄덕이자 그녀가 발표를 시작한다.

‘이럴 때 여자를 먼저 나서게 만드는 놈이 무슨 연애를…….’

다시 한 번 내가 작아지는 느낌이다.

"그럼 제가 먼저 발표하겠습니다. 제 이름은 한지원이고요. 올해 경영학과를 졸업합니다. 강사님이 말씀하신 대로 경험에 대해 적어보았는데, 제 경험으로는 호주 어학연수와 작년에 했던 국토대장정, 그리고 패밀리레스토랑 아르바이트가 있습니다. 좀 더 자세하게 말씀드리면 호주는 6개월간 워킹홀리데이로 다녀왔습니다. 다른 친구들은 농장에 간다는데, 농장에 들어가면 영어를 배울 수 없을 것 같아 레스토랑에서 일을 했고, 두 달 후에는 매니저로 진급을 하기도 했습니다. 제가 잘해서 그런 것이 아니라 다들 빨리 그만두는 바람에 제가 매니저를 맡게 된 거예요. 호주 어학연수가 끝난 다음에는 바로 집으로 오지 않고 친구들과 뉴질랜드 여행을 다녀왔습니다. 그 성과는…… 부끄럽지만 토익이 9백 점 조금 안 되고 스피킹은 6급입니다. 그리고 외국에서 일을 하면서 지냈기 때문에 독립심을 기를 수 있었다고 생각합니다. 또 다음으로는 국토대장정이 있는데, 이건 2학년 때 했어요. 15일 동안 서울에서 부산까지 6백 킬로미터를 걸었습니다. 다른 분들도 많이 하시는 거긴 하지만 체력적으로나 정신적으로 쉽지는 않았습니다. 때문에 저는 국토대장정을 통해 체력과 인내력을 기를 수 있었다고 생각합니다. 그리고 마지막으로 패밀리레스토랑 아르바이트인데, 이건 딱히 쓸 건 없는 거 같아요. 그저 제 용돈 벌어 쓰려고 한 것뿐이라……. 이것 말고도 여러 가지 아르바이트를 했는데요. 총 2년 정도 한 것 같습니다. 단기 아르바이트가 많네요. 성과라면 경제적인 능력? 호호호. 그래서 제 성격은…… 잘 모르겠어요. 이상으로 발표를 마칩니다."

그녀가 발표를 마치자 나머지 조원들이 그녀에게 열렬한 박수를 보낸다. 대단하다. 어쩌면 이렇게 전혀 떨지 않고 자신의 생각을 말할 수 있는 걸까? 나도 모르게 진심으로 박수를 칠 수밖에 없었다.

"제 성격이 어때 보이는지 말씀해 주세요. 그리고 별명도 지어주시면 고맙겠습니다.”

지원이가 발그레한 얼굴로 환하게 웃으며 말했다.

“정말 열심히 사시는 거 같아요. 저는 진짜 하나도 한 게 없는데…… 부럽네요.”

처음 보는 남학생이 그녀를 보고 이야기한다. 수상한 눈빛으로 보아 아무래도 지원이에게 호감을 가진 모양이다. 나도 모르게 발끈한다. 그냥 놔둘 수 없다. 저놈보다 멋진 말을 해줘야겠다.

“얘는 진짜 열심히 살아요. 그리고 아까 강사님이 말씀하셨듯 엄마처럼 주위를 잘 챙겨주기도 해요.”

강희가 끼어드는 바람에 타이밍을 놓쳤다. 내가 나서야 한다. 하지만 이번엔 후배 동규가 나를 앞질렀다.

“노력을 아끼지 않는 성격? 영어도 그 정도면 어학연수 6개월치고는 잘하는 거 아닌가? 뭔가 노력을 많이 한 거 같으니. 노력파 어때?”

연이어 다른 조원이 또 내 앞에 나섰다.

“글쎄, 그냥 되게 멋진 거 같아요. 뭔가 자기 생각대로 일을 해나가는 것 같고…… 씩씩하다고 해야 하나? 하하하.”

“호호호, 감사합니다!”

계속되는 칭찬에 밝아진 얼굴의 그녀가 나를 쳐다본다. 뿐만 아니라 모든 조원의 시선이 나를 향해 있다. 마지막 내 차례만 남은 것이다.

“음…….”

뭔가 말을 해야 하는 상황이지만 막상 사람들이 쳐다보니 말문이 막혀 나오질 않는다. 앞서 나온 이야기를 반복해서는 안 될 것 같고, 뭔가 대단한 얘길 해야 할 것 같은 의무감마저 든다.

“어, 글쎄. 내가 보기엔 욕심이 많은 거 같은데…… 영어도 배우고, 아르바이트도 하느라 본인도 힘들 텐데 주위 사람들까지 챙겨주려는 건 너무 욕심이 많은 거 아닌가?”

그녀의 얼굴이 상기된다. 아, 내가 실수를 한 건가? 남들보다 더한 칭찬은 못할망정 욕심이 많다는 말로 깎아내리다니 내가 미친 게 틀림없다. 수습을 해야 한다.

“아, 내 말은…… 어…… 많은 것은 동시에 놓치지 않으려고 하는 것이 적극적이긴 한데, 한편으로는 그렇게 노력하는 건 굉장히 힘든 일이잖아. 좀 더 자신을 편하게 내버려둬도 되는데 욕심을 부려서 무리하고 있는 건 아닌가 하는 느낌이 든다는 거지.”

지원이 얼굴은 더욱 붉어져 가고 조원들은 나를 뚫어져라 쳐다본다. 마무리가 안 된다. 이젠 나도 모르겠다.

“맞아요. 그런 거 같아요.”

약간 떨리는 목소리로 지원이가 입을 열었다. 모든 시선이 나를 떠나 그녀에게로 향했다. 얼마나 다행인지 모르겠다.

“사실 제가 남한테 지는 걸 정말 싫어하거든요. 그렇다고 누구에게 미움 받는 것도 싫어하고요. 그래서 남 몰래 열심히 노력은 하는데 생각만큼 결과물이 잘 나오지 않아 속상할 때도 있고…… 하지만 겉으로는 잘 내색하지 않아요. 힘들 때가 있는데도 말이죠.”

모두가 충분히 공감한다는 듯 고개를 끄덕인다. 그리고 잠깐 정적이 흐르는가 싶은 순간 동규가 나섰다.

“주위 사람들을 잘 챙겨주는 친절한 사람이지만 실제로는 남 몰래 열심히 노력한다…… 뭔가 핵심이 나온 거 같은데. 그런 내용으로 별명도 지을 수 있지 않을까?”

“복숭아.”

무심코 뱉은 한마디에 시선이 다시 나에게 집중되었다. 아, 부담스럽다.

"어, 그게 무슨 뜻이냐면…… 복숭아는 껍질도 얇고 속살도 부드럽잖아. 그런데 그 안에는 크고 단단한 씨앗이 있으니까…… 음, 그러니까 내가 하고 싶은 말은 외유내강, 뭐 이런 거지. 이해가 되나?"

"오!"

모두가 감탄한다. 내가 생각해도 그럴 듯하다. 뭔가 한방 터트린 기분이다. 아직 상기된 얼굴의 그녀도 밝은 표정으로 환하게 웃는다. 정말 탐스럽게 잘 익은 복숭아 같다.

"이제 오빠 차례예요."

지원이가 즐겁다는 듯 웃으며 내게 발표를 권한다. 조금 전 그녀에게 나름 멋진 별명을 지어준 것에 나도 기분이 좋아졌다. 조원들을 둘러보고는 발표를 시작한다.

"저는 경영학과 김희성입니다. 발표를 시작하겠습니다. 제 소개를 하자면…… 솔직히 딱히 내세울 건 없어요. 다른 분들이 말씀하셨던 경험들과도 비슷하고요. 제가 적은 것은 어학연수, 아르바이트, 통계학 수업, 봉사동아리입니다. 성과와 행동을 적으라고 하는데 무엇을 적어야 할지 모르겠더라고요. 적긴 적었는데 발표하기가 좀 그러네요."

앞서 발표한 사람들에 비해서 결코 부족한 경험은 아니라는 생각이 들었지만, 그렇다고 뭐 하나 내세울 게 없는 거 같다. 이것저것 하고 싶은 말은 있는데 무엇을 얘기해야 할지도 모르겠다. 내가 끝을 얼버무리며 발표를 마치려 할 때 등 뒤에서 누군가 불쑥 나타났다.

"그게 다예요?"

강사였다.

"아, 예…… 발표할 게 딱히 없어서요."

"음, 그럼 학생은 뭘 좋아하죠?"

"예? 좋아하는 거?"

내가 좋아하는 건 바로 한지원. 하지만 지금 이 자리에서 그렇게 말할 수는 없다. 그렇다고 핸드폰게임이라고 말하면 웃음거리가 될 게 뻔하다.

"평소에 시간 남으면 뭘 해요?"

"게임도 하고 인터넷도 하고 그러죠. 뭘 별거 없어요."

"책이나 운동은?"

"어렸을 때는 책 많이 읽었는데요. 요즘은 별로고…… 운동은 농구 가끔 하고요."

"많이? 얼마나 읽었는데 많이 읽었다고 하는 거죠?"

"학교에 도서관이 있었거든요. 거기에 있는 권장도서는 다 읽었어요."

"권장도서를 전부 다? 그게 몇 권이나 되는데요?"

"글쎄, 잘 기억이 나질 않는데…….”

"대략 몇 권?"

"한 2천 권쯤 되지 않을까요?"

"헉!"

강사도 조원들도 모두 놀란 표정이다. 뭐가 놀라운 거지? 2천 권이 많은 건가? 그래봐야 고작 초등학교 때 도서관에 있는 책을 읽은 것뿐인데.

"2천 권이면 꽤 많은 양인데?"

"아, 어린이 권장도서라 두껍지가 않았거든요. 동화책이나 그림책도 많고."

"요즘도 책 읽어요?"

"자주는 아니고 관심 가는 분야는 읽죠."

"어떤 분야에 관심이 있는데요?"

"최근에 읽은 건 물리학 분야인데, 양자물리학을 초보자들도 알기 쉽게 풀어 놓은 책이 있어요."

"오, 그거 대단한데요. 어쩌다 그렇게 어려운 책을 읽게 됐죠?"

"그냥 이론이 재미있어서요. 불확정성의 원리라고, 주위에서 몇 번 들어봤는데 관심이 좀 생겨서요. 인터넷에서 검색하다 보니 제대로 한번 알고 싶더라고요."

"아, 대단하군요. 문득 한 가지 이야기가 생각나는데, 이 학생에게 잘 맞는 이야기일 거 같네요. 혹시 중국의 순(舜) 임금이라고 아세요?"

이름은 들어봤다. 하지만 누구라고 설명할 수 있을 정도는 못 된다. 조원들 모두 마찬가지였는지 고개를 끄덕이지도 젓지도 않는다.

"순 임금은 고대 중국의 성왕(聖王)이에요. 매우 훌륭한 왕이었죠. 그런데 이 순 임금의 아버지는 왕이 아니었어요. 말하자면 왕의 아들이라서 왕위를 세습한 것이 아니라, 한 나라의 왕이 될 수 있었던 세 가지 중요한 자질을 인정받아 왕으로 추대된 사람인 거죠. 이 순 임금의 세 가지 자질 중 가장 최고로 꼽히는 것을 바로 호문(好問)이라고 해요. 좋아할 호, 물을 문. 묻는 것을 좋아한다는 말이죠. 그런 순 임금은 항상 귀를 열고 자세를 낮춰 좋은 가르침이 있으면 누구에게서라도 배우곤 했는데, 그 열의가 마치 거대한 양자강의 둑이 무너져 쏟아질 것처럼 기세가 대단했다고 합니다. 좋은 것이 있으면 그것을 배우지 않고는 못 배기는 거죠. 이 학생도 순 임금 같은 배움의 열망이 있다고 봐야 합니다. 몇 천 권이나 되는 책을 읽고, 궁금한 것이 있으면 어떻게든 찾아서 공부하는 모습만으로도 충분히 그것을 알 수 있습니다. 순 임금은 이미 4천 년 전 사람이지만, 배우고자 하는 의지는 그에 못지않다고 볼 수 있겠네요."

강사의 말을 들으니 왠지 가슴이 뜨거워진다. 내가 그런 자질을 갖고 있었던가? 정말 남들보다 뛰어난 배움의 열망을 가진 사람인가? 듣고 보니 그런 것 같기도 하다. 나는 뭔가 궁금한 게 있으면 몇 시간이고 인터넷을 뒤져 기어이 샅샅

이 알아내고야 만다. 그러다 관심이 더 깊어지면 직접 책을 사서 보기도 한다. 내 책장에는 전공과는 전혀 상관없는 심리학이나 과학, 영화 관련 책들이 꽤나 모아져 있다. 생각해 보니 정말 난 배우기를 좋아하는 그런 사람인 것 같다. 한참을 혼자서 고개를 끄덕이고 있는데 그녀가 부른다.

"오빠. 네이버 검색창 어때요?"

"응?"

"왜, 네이버는 검색하면 뭐든 다 나오잖아요. 오빠도 책을 많이 읽어서 다양한 분야를 잘 알고 있고, 그래서 제 별명도 금방 지어줬잖아요."

"오, 딱이네, 딱이야!"

그녀의 의견에 강희가 맞장구를 치는 바람에 내 성격은 '호기심 많은 사람', 별명은 '네이버 검색창'이 되었다.

특강 2
어떻게
이야기하지!?

어떻게 이야기하지? - ①

성장배경에 관한 기승전결 훈련하기

"지금 저는 제 이야기를 여러분께 소개하고 있는 중입니다. 제 이야기를 여러분께 어떻게 전달하는 게 좋을까 많은 고민을 하고 있다고 했습니다. 때문에 무슨 이야기를 할지 소재도 찾고 성격에 대한 고찰도 해봤습니다. 이전 단계에서 일단 어느 정도 이야깃거리(소재)는 갖추어진 것 같습니다. 그렇다면 다음으로 생각할 게 있습니다. 바로 어떻게 전달할 것인가 하는 문제입니다. 아무리 좋은 소재가 있다고 해도 그것을 제대로 표현해 내지 못한다면 그것은 효과적인 이야기가 될 수 없겠죠. 지금부터는 효과적인 전달에 대해서 이야기해 보겠습니다."

"여기 그림이 있습니다. 이 그림에 얽힌 이야기를 해보겠습니다. 보시다시피 그림의 배경은 꽤 오래 전이죠. 여러분이 요즘 흔히 볼 수 있는 풍경은 아닙니다. 지저분한 벽지, 낡은 장판. 장롱도 없어서 서랍장 위에 개어 올려 둔 이불. 제가 어렸을 때는 이렇게 살았습니다. 그렇다고 당시 모두가 저처럼 살았던 것은 아닙니다. 저희 집이 가난했던 거죠. 아무튼 저는 낡은 판잣집들이 모여 있던, 소위 달동네라고 불렸던 곳에서 어린 시절을 보냈습니다. 이 그림에는 두 사람이 있죠? 둘은 어떤 관계일까요?"

"엄마와 아들이요."

모두가 한 목소리로 대답한다.

"네. 맞습니다. 이 분은 바로 저의 어머니이시고 어린 소년은 바로 접니다. 그리고 보시다시피 저는 바지를 걷은 채 종아리 맞을 준비를 하고 있고, 어머니는 회초리를 들고 계시죠. 이 그림은 제가 기억하는 어릴 적 모습을 그대로 담고 있습니다."

강사는 어린 시절 기억이 생각나는지 잠시 그림을 바라보더니 다시 학생들을 보며 말을 잇는다.

"제 성격을 한마디로 표현하면 어떻다고 했죠?"

"원칙을 지키는 거요."

"네, 맞습니다. 결론부터 이야기하면 저는 원칙을 지키는 사람입니다. 그런데 어쩌다 그런 성격을 갖게 되었는가 하면, 바로 이 그림 속과 같은 장면에서부터 시작된 겁니다. 이렇게 회초리를 맞기 전에는 저는 원칙과는 거리가 멀었습니다. 오히려 도벽이 심해서 부모님께 걱정을 끼쳐드리곤 했죠. 도벽이 뭔지는 아시죠?"

"훔치는 거요."

"그렇습니다. 훔치는 거죠. 일곱, 여덟 살 무렵부터 도벽이 생겨 문방구에 진열되어 있는 장난감 총을 훔치기도 했고, 부모님 지갑에서 몰래 돈을 꺼내다 쓰기도 했습니다. 백 원, 2백 원씩 훔쳐 오락실에 갔어요. 그런데 꼬리가 길면 밟힌다고 자꾸 훔치다 결국엔 부모님께 걸렸죠. 그리곤 아버지한테 죽도록 맞았습니다. 몽둥이로 얻어맞으면서 다시는 훔치지 않겠다고 울면서 빌었어요. 그러고는 며칠 지나지 않아 또 훔치기 시작했습니다. 액수가 커져 5백 원, 천 원. 또 걸려서 얻어맞고, 안 훔치겠다며 엉엉 울고 나서 또 천 원, 2천 원. 훔치는 금액은 점점 늘어갔고, 아버지로부터 그렇게 맞으면서도 도벽은 고쳐지지 않았습니다.

그런데 어느 날 어머니가 회초리를 드셨습니다. 저는 그때까지 어머니가 누구에게 욕을 한다거나, 얼굴을 찌푸린다거나, 화내는 것을 한 번도 본 적이 없었습니다. 말 그대로 자애롭고 온화하신 분이죠. 제가 40년 가까이 옆에서 지켜봐 왔지만 그때 말고는 지금까지도 그런 적이 없습니다. 그런 분이 회초리를 드신 겁니다. 플라스틱 파리채 아시나요? 본 적 있어요?"

학생들은 고개를 끄덕인다. 요즘은 통 보기가 힘들지만 어릴 적에는 나도 본 적이 있다.

"그 파리채를 거꾸로 드시고 제 종아리를 '촥' 때리신 겁니다. 따끔하긴 했지만 별로 아프지는 않았어요. 그 전까지 아버지한테 몽둥이로 워낙 많이 맞아봤으니까요. 그저 몇 대나 더 맞을지 생각하고 있었어요. 그런데 한 대 때리신 후에 더 때리질 않으시는 거예요. 이상하다 싶어 어머니를 돌아봤죠. 어머니는 두 손으로 얼굴을 가리고는 몸을 부들부들 떨며 울고 계셨습니다. 양 손가락 사이로 눈물이 줄줄 새어 나왔어요. 온몸이 떨릴 정도로 통곡하고 계셨지만 소리를 내지는 않으셨던 겁니다. 얼마나 마음이 아프겠어요. 도둑놈으로 커가는 아들을 보는 것도, 어린 아들 종아리를 때린 것도 어머니로서 가슴이 미어지는 일 아니겠습니까.

그런 어머니의 눈물을 보는 순간 깨달았습니다. '아, 내 잘못으로 인해 내가 가장 사랑하는 사람이 상처를 받는구나'라고요. 아버지에게 아무리 얻어맞아도 고쳐지지 않던 도벽은 그렇게 어머니의 눈물을 통해 고쳐졌습니다. 그 후로 저는 원칙을 지키며 살고자 노력했습니다. 지금도 올바르다고 믿는 것을 행하려고 하며 성실하게 수행합니다. 그게 바로 저와 제 주변 사람들의 행복을 지키는 길이라는 사실을 믿기 때문이죠."

강사의 말은 끝났지만 모두 조용했다. 어머니가 회초리를 떨구고 눈물 흘리시는 모습이 방금 내 눈앞에서 펼쳐진 것 같아 강사에게 뭐라 위로의 말이라도 해 주어야겠다는 생각이 들었다. 우리 모두가 이야기에 빠져 있었다. 순간 잠깐의 정적을 깨고 강사가 말을 이었다.

"자, 방금 제가 한 이야기를 지금 글로 옮겨 볼까요? 모든 글은 기승전결을 갖추어 표현해야 합니다. 그리고 자소서는 두괄식입니다. 결론부터 말해야 한다는 거죠. 저도 방금 결론부터 이야기했습니다. 결론이 뭐죠? '나는 원칙을 지키는 사람이다'라는 거죠. 정리해 보자면 이렇습니다."

기. 나는 원칙을 지키는 사람이다.

승. 도벽이 있었고, 아버지의 폭력적인 훈계에도 도벽은 점점 심해지기만 했다.

전. 어머니가 회초리를 드셨고, 나는 어머니의 눈물을 보았다.

결. 어머니의 눈물과 함께 도벽은 사라졌고, 나는 현재 원칙을 지키며 성실히 살아가고 있다.

"이해가 되셨나요? 제가 한 말을 그대로 글로 옮긴 겁니다. 순서도 같아요. 그리고 이 글에 어울리는 제목도 한번 붙여보겠습니다. 지금 이 이야기에는 많은 소재들이 나왔죠. 도벽, 종아리, 회초리, 아버지, 어머니…… 그 중에서 저는 제목을 이렇게 지어보았습니다. '어머니의 눈물!' 호기심을 자극하면서도 이야기의 가장 중심이 되는 소재이죠."

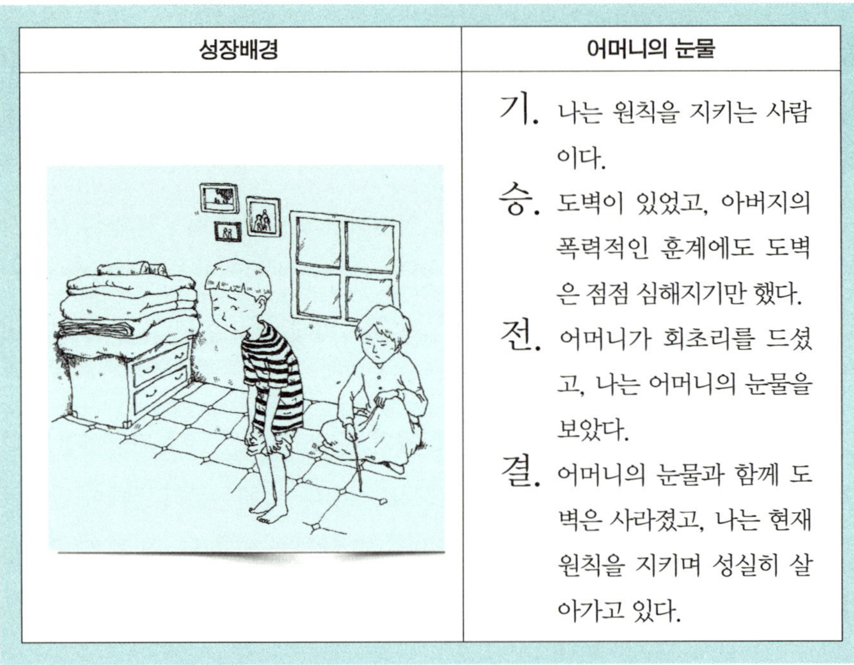

성장배경	어머니의 눈물
	기. 나는 원칙을 지키는 사람이다. **승.** 도벽이 있었고, 아버지의 폭력적인 훈계에도 도벽은 점점 심해지기만 했다. **전.** 어머니가 회초리를 드셨고, 나는 어머니의 눈물을 보았다. **결.** 어머니의 눈물과 함께 도벽은 사라졌고, 나는 현재 원칙을 지키며 성실히 살아가고 있다.

"이게 바로 자소서의 성장배경을 쓰는 요령입니다. 그런데 저와 비슷한 경험을 하신 분들이라도 정작 자소서에는 이렇게 씁니다. '엄하지만 강직하신 아버지와 자애로운 어머니 밑에서 1남 2녀의 장남으로 태어나 예의 바르게 컸고, 평범하지만 성실한 학창시절을 보냈다'라고요. 이건 아니죠!

시간 순서에 따라 일어난 일을 차례대로 쓰는 것이 아니라, 자신의 현재 성격 형성에 영향을 끼친 매우 구체적인 하나의 사건을 눈에 보일 듯 세세하게 묘사하는 겁니다. 지금부터 여러분도 지금 자신의 성격이 시작되었던 사건에 대해서 쓰시는데요, 일단 저처럼 그 사건을 그림으로 나타내 주세요. 직접 그리시면 됩니다. 그림으로 먼저 장면을 묘사한 다음 기승전결을 갖추어 써보시

길 바랍니다."

성장배경을 쓰는 요령

자신의 대표적인 성격을 정한다.

그 성격이 시작된 사건을 떠올린다

그 사건을 구체적으로 묘사한다

어떻게 이야기하지? -②

나의 성장배경 기승전결 맞춰 쓰기

저 강사는 정말 대단하다는 생각이 든다. 강의내용을 명쾌히 다 이해할 수 있는 것은 아니지만 열정이 느껴지는데다 말도 잘한다. 게다가 내가 어떤 고민을 하고 있는지 정확하게 알고 있다는 생각도 든다. 사실 자소서의 성장배경을 너무 식상하고 재미없게 쓰는 것 같아 제대로 시작도 못하고 있었는데, 강사의 말을 들으니 어떻게 써야 하는지 바로 감을 잡을 수 있을 것 같다. 방금 알게 된 나의 '호기심이 많다'는 성격이 언제, 어떻게 시작된 것인지를 생각해 내면 되는 거다. 주위를 둘러보니 그림을 그리고 있는 친구들도 있고, 뭔가를 써 내려가는 친구들도 있다. 나는 일단 강사의 지시대로 해보기로 한다.

나의 성격. 호기심이 많다. 어렸을 때 책을 많이 읽어서 그런 건가? 그것 말고 다른 것 때문에 호기심이 많아졌나? 나는 왜 도서관에 다니기 시작했지? 어렸을 때 친구가 없었나? 아, 그렇지. 친구들은 모두 학원에 다니고 있었고, 집이 가난한 편이어서 어울릴 친구도, 다닐 학원도 없었던 나는 학교 도서관에서 늦게까지 남아 있다가 집에 가곤 했지. 맞다, 그랬다! 원래 내가 호기심 많은 성격으로 태어난 건지는 모르겠지만 환경적인 영향도 분명 컸던 것 같다.

그림부터 그려보자. 어릴 때는 교과서에 낙서깨나 했었는데, 오랜만에 그림이란 걸 그리려니 마음처럼 안 된다.

"그림을 그리려니 잘 안 되죠? 여러분들께 그림을 그려보라고 하면 보통은 졸라맨을 그리더라고요. 뭐 좋습니다. 졸라맨 좋아요. 그렇지만 웬만하면 졸라맨에 옷도 입혀주고요, 표정도 넣고요, 머리 모양도 만들어주세요. 그 사건의 배경이 되는 장소에 대해서도 자세하게 묘사해 주고, 주변 사람들도 그려주세요. 당시의 날씨, 조명 같은 것도 상세하게 그려보고, 들려오는 소리들, 이를테면 '와~' 하는 함성이나 '쏴~쏴~' 하는 파도소리, '휘휘~' 하는 바람소리도 넣어주세요. 일단 자세하게 그림으로 표현해 보고 그것을 글로 옮기는 겁니다."

적절한 타이밍에 강사의 추가 설명이 이어진다. 강의 경험이 엄청 많은 것 같다는 생각이 들었다. 그림에 대한 팁을 받으니 마음이 편해진다. 일단 도서관에서 책을 읽고 있는 내 모습을 그려본다.

성장배경	
	기. 승. 전. 결.

많은 생각들이 떠오른다. 도서관의 조명, 냄새, 책상의 촉감, 책을 읽으면서 했던 생각들. 내가 특히 좋아했던 건 위인전이었다. 지금은 이름도 잘 떠오르지 않지만 에디슨, 라이트 형제, 이순신, 강감찬, 김구, 링컨 같은 사람들의 전기를 읽었다. 과학전집도 생각난다. 빛, 소리, 공룡, 태양계, 식물의 성장 등 책에서 보았던 그림들도 떠오른다. 또 '소년소녀문학전집'이라고 고딕체의 라벨이 붙어 있던 몇십 권이나 되는 소설들도 있었다. 《오 헨리 단편집》, 《키다리 아저씨》, 《호밀밭의 파수꾼》, 《해저 2만리》……. 내용은 잘 기억 나지 않지만 그런 책들을 읽었다.

아, 그때는 하루에도 몇 권씩 읽곤 했었는데……. 사실 가난했던 우리 집엔 책이 별로 없었다. 그에 비해 부자였던 외갓집에는 커다란 서재에 책이 가득했다. 언젠가 방학 때 놀러가서는 《영웅문》이라는 수십 권이나 되는 두꺼운 무협소설을 며칠 밤을 새서 다 읽어 버리기도 했다. 당시 나는 정말 책에 대한 열망이 가득했다. 집에는 읽을 책이 부족했기 때문에 간혹 책을 접할 수 있는 환경이 되면 정말 미친 듯이 책에 빠져들었다. 그게 바로 나였다.

아련히 떠오르는 기억에 잠시 잠겨 있던 나는 곧 지우개로 그림을 지워 버리고 책을 쌓아 놓고 읽고 있는 내 모습을 새로 그렸다. 그리고 글로 옮겨본다. 먼저 결론부터 써야 한다.

뭐라고 쓰지? 호기심이 많다? 너무 단순해 보인다. 뭐를 더 붙여야 하나 고민된다. 그림으로 그리는 건 쉬웠는데, 막상 글로 옮기려니 또 막막해진다. 다시 주위를 둘러보았지만 모두들 자기 것 쓰기 바쁘다. 사각거리는 펜 소리만 들린다. 일단 써넣자.

성장배경	
	기. 호기심이 많다
	승. 우리집은 가난해서 집에 읽을 책이 별로 없었다
	전. 학교 도서관, 외갓집에서 책을 많이 읽었다
	결. 호기심이 많다

그림 옆에 내용도 써넣었지만 아무리 봐도 이상하다. 이야기가 완성될 것 같지 않다. 실마리를 찾은 것 같아 열심히 달려왔는데 또다시 막다른 골목 담벼락과 마주친 느낌이다.

"휴!"

나도 모르게 고개를 뒤로 젖히고 큰 한숨을 쉬었다.

"도와드릴까요?"

한숨 소리에 강사의 눈에 띈 모양이다. 내게 다가온 그가 그림과 글을 살펴본다. 너무 창피해서 보여주고 싶지 않았지만 가리지는 못했다. 가슴 속 한구석에 뭔가 도움을 받고 싶은 마음도 있었기 때문이다. 그런 내 마음을 아는지 스윽 3초 정도 그림과 글을 살펴본 강사가 말문을 연다.

"상당히 잘 쓰셨네요. 이제 이 내용을 뼈대로 자소서를 작성하시면 됩니다."

"말이 쉽죠."

나도 모르게 퉁명스러운 대답이 나왔다. 강사는 씽긋 웃으며 말한다.

"제가 도와드려요?"

"네."

대답이 끝나기도 전에 강사는 내 워크시트를 들고 강단으로 나가더니, 화이트보드에 내 그림과 글을 대충 따라 쓰고는 큰 소리로 강의장 안 학생들을 집중시켰다.

"자, 여기 어떤 학생이 쓴 내용을 소개해 드릴게요."

기. 호기심이 많다.

승. 우리 집은 가난해서 집에 읽을 책이 별로 없었다.

전. 학교 도서관, 외갓집에서 책을 많이 읽었다

결. 호기심이 많다.

"아주 잘 썼는데요, 이것을 바탕삼아 제가 하나의 완결된 이야기를 만들어 보겠습니다. 일단 승과 전. 집이 가난해서 도서관 같은 데서 책을 많이 읽었다는 것은 하나의 이야기니까 합치도록 하고, 여기에 전개부분을 새로 넣어보겠습니다. 그리고 좀 더 그럴 듯한 구체적인 내용들을 써보겠습니다. 우리 집이 얼마나 가난했는지, 내가 왜 도서관에서 책을 읽게 되었는지에 대한 상황 같은 구체적인 내용들 말입니다. 특히 책을 많이 읽었다는 두루뭉술한 표현보다는 정확하게 몇 권을 읽었는지 숫자를 적어주시면 좋습니다. 숫자는 상상력을 자극해서 구체적인 장면을 떠올리게 하는 데 도움을 주거든요. 아까 이 학생이 하는 얘기를 들었는데, 어렸을 때 책을 정말 많이 읽었답니다. 초등학교 때 읽은 책이 무려 2천권이 넘는다는군요."

"와~!"

2천 권이라는 말에 이번에도 놀랍다는 반응이 나온다.

"바로 이겁니다. '정말 책을 많이 읽었다'라고 말씀드렸을 때는 아무런 반응이 없다가 '2천 권'이라는 말에 바로 반응이 나왔죠. 2천 권이라는 말을 듣는 순간 아마 여러분의 머릿속에는 산더미처럼 쌓여 있는 책이나 서점에 빼곡히 꽂혀 있는 책들이 떠올랐을 겁니다. 이처럼 숫자는 글을 읽는 사람으로 하여금 상상력을 자극하게 만드는 힘이 있습니다."

숫자는 상상력을 자극하는 효과가 있다.

강사는 나의 기승전결을 바탕으로 다음과 같은 이야기를 만들었다.

더 나은 내일

기. 배움에 대한 열망만큼은 누구에게도 뒤지지 않습니다. 왜냐하면 저에게 있어 배움은 내일에 대한 희망이기 때문입니다.

승. 동네 어귀 리어카에서 호떡을 파시는 부모님 밑에서 자랐습니다. 가난한 호떡집 막내 아들이었지만 책만큼은 넉넉하게 구해 주시는 부모님 덕에 일찍부터 책을 읽는 습관을 기를 수 있었습니다.

전. 어느덧 친구들이 학원에 다닐 나이가 되자 갈 곳도, 같이 놀 친구도 없었던 저는 학교에 혼자 남겨지게 되었습니다. 그러다 보니 자연스럽게 도서관에서 책을 읽으며 지내는 시간이 많아졌고 세계위인전집, 청소년과학백과, 소년소녀문학전집 등 그렇게 매일 학교도서관에 남아 읽은 책들이 2천 권이 넘습니다. 그리고 그 독서의 시간들은 가난 때문에 어렵고 외로웠던 어린 시절을 풍요롭고 가치 있는 시간으로 만들어 주었습니다.

결. 지금도 저는 여전히 양자물리학, 심리학, 동양철학, 영화와 문학에 관한 책들을 읽고 있습니다. 비록 제가 읽은 책들이 지금 당장의 이익이 되지는 못한다 하더라도, 이러한 배움의 노력은 현실을 이기고 더 나은 미래를 만들기 위한 기초가 될 것이라고 생각합니다.

오래 걸린 것도 아니다. 음, 음, 하며 몇 초 고민하더니 쓱싹 나와 버렸다. 강사의 이야기가 끝나자 아이들은 알겠다는 듯 고개를 몇 번 끄덕이고 나서 다시 자신의 내용을 계속 쓰기 시작했다. 입을 벌리고 멍하니 쳐다보고 있는 나에게 강사가 다가온다.

"어때요? 크게 골격을 바꾸지 않는 선에서 이야기를 꾸며봤는데, 마음에 들어요?"

"진짜 잘 쓰시네요."

"혹시 마음에 안 드는 부분이 있거나 사실과 다른 것이 있다면 그 부분만 고치면 됩니다."

"네."

어떻게 이야기하지? - ③

성격의 장단점에 관해 기승전결 훈련하기

"짝짝. 여기 보세요. 그만! 그만 쓰시고 여기 보세요."

강사가 손뼉을 치며 학생들을 집중시킨다. 아직 완성이 덜 된 듯 몇몇은 여전히 고개를 숙인 채 뭔가를 열심히 적어 내려가고 있다. 사실 나는 강사가 다 해 주었기 때문에 딱히 손 댈 것이 없었다. 부모님이 호떡집을 하신 것은 아니지만 아버지는 일하느라 지방으로 다니고, 어머니는 식당 일을 하셨다. 어쨌든 가난했던 것은 사실이고, 딱히 놀 거리도 없어 책만 읽으면서 지냈던 것도 사실이다. 강사는 부족하면 고치라고 했지만 아무리 봐도 내가 손 댈 부분이 없다. 완벽하다. 그냥 저 강사가 내 자소서를 다 써주면 좋겠다는 생각이 들었다.

"우리는 방금 '어떻게 이야기 하지?'에서 성장배경에 대해 이야기했습니다. 지금부터 할 내용은 성격의 장단점입니다. 성장배경과 성격의 장단점은 둘 다 성격에 대한 얘기라고 보셔도 무방합니다. 차이점이 있다면, '성장배경'이 '대체 과거에 무슨 일이 있었길래 현재 네 성격이 이렇게 되었니?'라고 묻는 거라면, '성격의 장단점'은 '현재 가진 성격이 잘 드러났던 사건'에 대해 기술하라는 겁니다. 이해가 되시나요?"

"그러면 성격의 장단점에 대해 이야기를 해보죠. 하는 방법은 똑같습니다. 그림을 그리고 그걸 글로 옮기면 됩니다. 자, 시작하기 전에 제 예부터 들어봅시다. 제 성격이 어떻다고요?"

학생 한 명을 지목하며 묻는다.

"선생님 성격이요?"

"네, 제 성격 말입니다. 성실함, 책임감, 리더십을 하나로 표현하면?"

"아. 원칙을 지키는 성격이요."

"그리고 제 별명은?"

"해시계."

"네, 맞습니다. 저는 원칙을 지키는 성격이고, 해시계라는 별명을 갖고 있죠. 결론을 말하면 저는 원칙을 지키는 성격인 거지요."

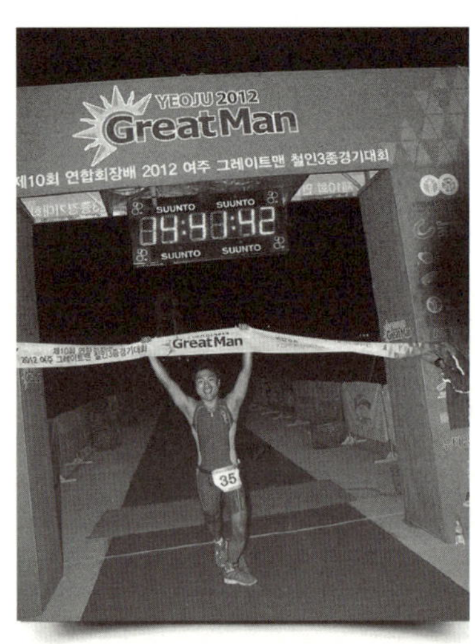

스크린에 사진이 하나 떠오르자 학생들이 웅성거린다.

"이게 어떤 사진인지 아시는 분? 얘기해 보세요."

"골인하는 거요."

"마라톤."

"마라톤 아니야. 다른 거 같은데?"

"뭐가 됐든 꼴찌로 들어온 거 같은데요. 깜깜한 밤인데?"

여기저기서 키득대는 소리가 들렸고, 웃음을 보이지 않으려 입을 가리는 아이들도 보였다. 웃음이 잦아들고 나서 강사의 대답이 이어졌다.

"이건 철인 3종 대회 골인장면이에요. 실제로 제가 지난해에 참가했던 대회 사진입니다. 그런데 이야기를 시작하기 전에 이 철인 3종이라는 운동에 대해 설명을 잠깐 드리겠어요. 여러분이 올림픽 시즌이나 스포츠 뉴스 시간에 접하는 철인 3종은 정확하게 얘기하면 트라이애슬론이라고 해서 철인 3종의 단축코스입니다. 수영 1.2킬로미터, 사이클 40킬로미터, 마라톤 10킬로미터를 뛰는 거죠. 그런데 제가 하는 것은 풀코스 철인 3종입니다. 일단 수영을 3.8킬로미터 합니다. 어느 정도 거린가 하면 한강을 건너갔다 돌아왔다, 다시 건너갔다 돌아오는, 두 번 왕복하는 거리입니다."

여기저기서 웅성거리는 소리가 들린다. 나는 감이 안 온다. 수영이라고는 바닷가에 놀러가서 물장구 친 것밖에 없으니 말이다.

"자, 그렇게 수영을 하고 사이클 180킬로미터를 탑니다. 그 거리는 서울에서 수원 찍고, 천안 찍고, 대전까지 가는 거리예요."

웅성거리는 소리가 아까보다 더 크다. 실감은 안 나지만 얼마나 힘든 일인지는 대충 알 것 같다.

"그리고 나서 마라톤 풀코스 42.195킬로미터를 뛰는 겁니다. 수영 3.8킬로미터, 사이클 180킬로미터, 마라톤 풀코스를 한 번에 다 하는 거예요. 이게 진짜 철인 3종이죠. 이걸 하루에 다 하니 한밤중에 들어오기도 하는 거고요.

이런 철인 3종은 어느 날 갑자기 하고 싶다고 할 수 있는 게 아닙니다. 매일 노력을 해야죠. 매일 매일의 노력이 쌓였을 때 비로소 철인 3종을 완주할 수 있습니다. 실제로 저는 매일 새벽 다섯 시에 일어납니다. 그렇게 일어나서 한 시간 동안 새벽 수영을 하고요. 28킬로미터 떨어져 있는 회사까지 자전거를 타고 출근을 합니다. 하루 종일 일을 하고 다시 28킬로미터를 자전거를 타고 퇴근합니다. 그러고는 헬스클럽에서 1시간 30분 동안 웨이트 트레이닝을 하죠. 이게 제 하루의 운동량입니다.

이렇게 하루도 거르지 않고 매일 운동을 한 지 벌써 7년이 넘어갑니다. 이러한 노력이 쌓여 마라톤 풀코스를 일곱 번 완주했고, 서울에서 부산까지 자전거 종단을 하기도 했습니다. 마침내 철인 3종 완주도 할 수 있었죠. 뿐만 아니라 전국수영대회에서 입상한 경력도 있고, 독도 일주 수영도 해봤습니다. 이러한 내세울 만한 경험들은 하루아침에 이루어지는 것이 아닙니다. 매일 매일의 성실한 노력이 쌓여 그 결실을 이루는 것이죠.

때로는 이렇게 운동을 하는 것에 대해 미련스럽다는 이야기를 듣기도 합니다. 너무 몸을 혹사시키는 게 아니냐는 거죠. 그렇지만 해시계와 같이 성실한 노력을 통해 모든 어려움을 이겨내 왔습니다. 그리고 앞으로도 심장이 뛰는 한 이러한 성실함은 계속될 것입니다."

겉보기에는 그저 건강해 보이는 정도였는데 느닷없이 철인 3종이라니! 예상치 못한 엄청난 이야기에 나도 모르게 입을 헤 벌리고 강사의 말에 빠져들고 말았다.

"자, 이것을 글로 옮겨 보겠습니다. 아까와 마찬가지죠. 결론부터 이야기합니다."

> 기. 지난 40억 년 동안 단 한 순간도 해시계는 멈추지 않았다. 나는 그와 같은 성실함을 갖고 있다.
>
> 승. 매일 운동을 한다. 새벽 수영, 자전거 출근, 헬스클럽. 지난 7년간 하루도 거르지 않았다.
>
> 전. 마라톤 7회 완주, 자전거 국토종단, 철인 3종 완주 등을 이루었다.
>
> 결. 주위의 우려와는 달리 성실함을 무기로 어려움을 이겨왔고 앞으로도 그럴 것이다.

"이렇게 하는 거죠. 그리고 제목은 '비결이 있다면 성실함입니다'로 붙여보겠습니다.

<table>
<tr><td colspan="2" align="center">성격의 장단점</td></tr>
<tr><td rowspan="4">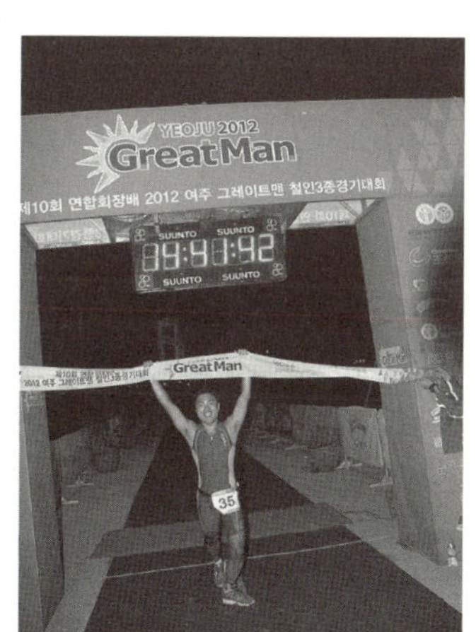</td>
<td>기. 지난 40억 년 동안 그래왔던 것처럼 해시계는 한 순간도 멈추지 않는다. 해시계와 같은 성실함이 나의 특성이다</td></tr>
<tr><td>승. 취미로 시작한 운동, 그러나 하루도 거르지 않는다. 새벽 수영, 자전거 출퇴근…</td></tr>
<tr><td>전. 마라톤 풀코스 7회 완주, 서울·부산 자전거 종주, 철인대회 완주, 53.8km−B180km−R42km</td></tr>
<tr><td>결. 때로는 고집이 세다는 이야기도 듣지만 성실함을 바탕으로 목표한 것을 이루어낸다</td></tr>
</table>

무슨 말인지는 알겠는데 어떻게 써야 할지를 모르겠다. 강의내용이 어렵지는 않다. 강사의 말은 오히려 귀에 쏙쏙 잘 들어온다. 문제는 내가 표현을 못하는 것이다. 강사의 말이 이어진다.

"여러분 중에 철인 완주해 보신 분 계십니까?"

누가 시키기라도 한 듯 학생들이 일제히 주위를 두리번거린다. 손을 드는 사람은 아무도 없다.

"당연하죠. 없는 게 당연합니다. 여러분들은 스스로 어른이라고 얘기하지만 아직은 졸업을 앞두고 있는 학생이잖아요. 그러니 정말 몇몇 특별한 소수를 제외하고는 살면서 해본 경험의 종류가 손에 꼽을 정도밖에 안 되는 거죠. 대학 입시, 혹은 재수 경험, 동아리 활동, 어학연수, 배낭여행, 교내경진대회 참가, 장학금도 받아보고, 전공과목 프로젝트도 진행해 보고, 과에 따라서는 실험실 경험을 해봤을 수도 있겠죠. 그리고 남자 같은 경우에는 축구나 야구 같은 운동도 해봤을 거고, 군대 에피소드도 있을 겁니다. 또 여러분 대부분은 아르바이트를 경험해 봤겠죠. 뭐, 이 정도입니다. 이밖에 특별한 경험이 있다면 어떤 면에서 그건 행운이라고 볼 수도 있습니다. 어쨌든 여러분은 이처럼 몇 가지 안 되는 경험을 토대로 성격이 잘 드러났던 사건을 구체적으로 묘사해야 하는 겁니다."

강사가 학생 한 명을 지목해서 묻는다.

"본인은 어떤 성격입니까?"

"쾌활하고 낙천적인 편입니다."

"그런 쾌활하고 낙천적인 성격이 잘 드러났던 경험이 있나요?"

"음, 친구도 많고 주위에서 다들 그렇게 얘기해요."

"아니, 사람들이 해준 평가 말고, '어떤 경험 속에서 그런 낙천적인 성향이 잘 드러났는지'를 알려주세요."

"글쎄요, 잘 모르겠어요."

"아르바이트해 보셨어요?"

"네."

"어떤 걸 해보셨죠?"

"고깃집에서도 해봤고요. 백화점에서도 해봤어요."

"그런 일은 보통 육체적으로 힘들잖아요. 하루 종일 서 있어야 하고. 그렇죠? 그러면 짜증이 날 때도 많지 않나요? 아니면 같이 일했던 동료들 중에 그런 분들이 있었을 수도 있고요. 그럴 때 본인은 비교적 잘 웃으면서 즐겁게 했다거나, 힘들어하는 친구를 위로해 주었다거나 한 적이 있나요? 또는 사장님으로부터 일을 즐겁게 열심히 잘한다는 얘기를 들었다거나……?"

"음, 맞는 것 같기도 한데 꼭 그렇지만도 않은 거 같아요."

"어떤 부분이?"

"제가 잘 웃고 재미있는 말도 자주 하는 편이지만 주위가 산만해서 일을 잘하지는 못했어요. 사장님한테 많이 혼나기도 했고요."

"그렇다면 주위 친구들을 재미있게 하기 위해서 뭔가 해본 경험이 있나요?"

"별건 아닌데 성대모사 좀 하거든요. 이를테면 '살아 있네, 살아 있어! 쇠쇠쇠쇠~' 같은 거죠."

리듬에 맞춰 장난스런 몸짓까지 선보이자 강의장엔 폭소가 터졌다. 딱히 잘하는 것 같진 않았지만 예상 밖의 행동에 다들 즐거워했다.

"하하하하. 정말 재밌는데요. 혼자 연습도 하고 그래요?"

"집에서 그냥 심심할 때 혼자 해보는 정도……."

"자, 그렇다면 방금 이 학생의 이야기로 기승전결을 만들어볼까요? 먼저 결론부터 이야기해 봅시다. 결론은 '주위를 밝은 분위기로 만들 수 있는 긍정의 에너지를 갖고 있다'입니다. 이것이 '기' 부분에 들어가겠죠. 그리고 방금 있었던 일을 소재로 이야기를 계속 이어나갈 수 있겠네요.”

강사는 이야기를 이어가며 다음과 같이 정리했다.

제목 : 웃음아 퍼져라

기. 주위를 밝은 분위기로 만들 수 있는 특별한 에너지를 갖고 있다. 평소 쾌활하고 낙천적이라는 말을 많이 듣는 만큼 내 주위에는 항상 많은 친구들이 있다. 이러한 인기의 비결은 바로 웃음이다.

승. 평소에 워낙 재미있는 사람으로 소문이 나다 보니 어떤 때는 내가 분위기를 밝게 만들어주기를 바라는 주위의 기대가 느껴지기도 한다. 그래서 유행어나 최신 유머 등을 남몰래 연습하고 있기도 하다.

전. 한번은 40여 명이 모인 강의장에서 지루한 수업이 계속되던 적이 있었다. 친구들 몇몇은 졸기까지 했다. 그런 분위기에서 나는 아르바이트 경험에 대한 발표를 하게 되었는데, 발표 중간에 ‘살아 있네, 살아 있어~’라며 약간의 동작을 섞은 개인기를 선보이자 순식간에 강의장은 웃음바다로 변했으며, 졸고 있던 친구들까지 집중을 하는 즐거운 수업으로 바뀌게 되었다.

결. 때로는 이런 나의 모습이 우스꽝스럽게 보일 수도 있지만, 그것은 어디까지나 주변을 밝게 만들어보려는 나의 노력일 뿐이다. 나로부터 시작하는 웃음의 에너지를 앞으로도 더욱 멀리 퍼지게 할 것이다.

어떻게 이야기하지? - ❹

나의 성격 기승전결 맞춰 쓰기

호기심 많은 내 성격이 잘 드러났던 사건? 뭐가 있을까? 책을 많이 읽는다? 사실 지금 나는 예전만큼 책을 많이 읽는 것도 아니다. 내세울 만한 사건도 딱히 기억이 나질 않는다. 강사가 띄워놓은 스크린의 글을 다시 살펴본다. 잘 썼다. 어떻게 하면 저렇게 쓸 수 있을까 정말 신기하다.

"오빠."

그녀가 나를 부른다.

"어."

"외유내강과 비슷한 표현이 또 뭐가 있을까요?"

"비슷한 거?"

"외유내강은 너무 식상한 거 같아서 좀 더 독특한 걸로 써보려고요."

"간디의 사티하그라하 운동 어때?"

"사티하……? 그게 뭔데요?"

"흔히 간디의 비폭력무저항 운동을 일반적으로는 폭력에 저항하지 않는 소극적인 저항운동으로 알고 있지만, 실제로는 상당히 높은 자존감이 바탕이 된 적극적인 민족독립운동이었어. 사티하그라하는 '진리를 추구한다'는 뜻으로, 풀어서 설명하면, 인도인들은 진리를 알고 있고, 영국인들은 진리를 모른 채 폭력만을 일삼고 있다는 거야. 진리를 알고 있는 인도인 입장에서 보면 영국인은 무지하고 불쌍한 존재라는 거지. 그러니까 배우지 못한 어린아이의 투정 정도인 영국인들의 폭력에, 깨우친 어른으로서 어른답게 의연하게 대처하자는 뜻이 담겨있는 거야. 겉으로는 저항도 없고 약해 보이지만 밑바탕에는 대단한 자부심이 깔려 있는 거니까 외유내강과 비슷하다고 볼 수 있지.”

“와, 오빠 정말 대단해요!”

나를 보는 그녀의 눈이 반짝거린다. 정말로 기쁜 표정을 짓고 있다. 이렇게 밝은 얼굴로 나를 쳐다봐 주는 여자가 있으리라는 건 평생 짐작도 못했던 일이다. 갑자기 자신감이 치솟는다.

“뭐, 그 정도 가지고…….”

“정말 좋아요. 그렇게 써야겠어요. 진짜 오빠는 네이버 검색창이 맞네요. 물어보자마자 답이 딱 나오잖아요.”

“…….”

그녀의 칭찬에 기분이 날아갈 것 같았지만 나는 별다른 반응을 나타내지 않았다. 일부러가 아니라 어떻게 표현해야 할지를 몰랐기 때문이다. 칭찬을 해주었으니 하다못해 고맙다는 말이라도 해야 된다는 생각이 머릿속을 맴돌았지만 정작 입이 떨어지질 않았다. 그런 나에게 얼굴 가득 환한 미소를 한 번 더 지어보인 지원이는 신나게 워크시트를 써 내려갔다.

네이버 검색창. 진짜 맞는 말이다. 남들이 물어보는 건 곧잘 대답해 주지만 그 외의 것은 잘 표현하지 못한다. 딱 물어본 것만 대답한다. 씁쓸하다. 나도 모르게 피식 쓴웃음이 배어 나온다. 네이버 검색창이라는 단어를 아무리 바라보고 있어도 진도가 나가질 않는다. 이걸 어떻게 이야기로 풀어나가야 할지 모르겠다. 정답이 앞에 써 있는데도 뿌연 안개 때문에 아무것도 보이지 않는 것처럼 답답하기만 하다.

"자, 그럼 잠시 쉬겠습니다. 쉬는 시간은 15분 드리겠습니다. 푹 쉬시고 15분 후에 뵙겠습니다."

화장실에 다녀오면서 보니 강사가 학생 몇 명과 이야기를 나누고 있다. 학생들은 그의 말을 받아 적느라 정신이 없다. 자리로 돌아온 나는 책상 위 내 워크시트를 보았다. '네이버 검색창'이라는 단어 하나만이 덩그라니 누워 있다. 시선을 옮겼다. 맞은편에서 지원과 강희가 토익 점수 얘기를 하고 있다. 나도 할 말은 있지만 내가 감히 끼어들 수 있는 수준이 아니다. 동규는 아직 자리로 돌아오지 않았다. 쉬는 시간은 10분도 더 남아 있다. 어색하게 앉아 있으면서 강사 앞으로 몰려나가 있는 학생들을 보니 나도 나가볼까 하는 생각이 든다. 그러면서도 저렇게 몰려 있는데 괜히 나까지 나가서 괜한 짓할 필요는 없지 싶다. 그래, 그냥 내 힘으로 해보자.

일단 성장배경은 강사가 해준 대로 어려서부터 책을 많이 읽으며 자랐던 상황에 대해 구체적으로 조금만 살을 붙이면 어느 정도 모양이 나올 수 있을 것 같다. 다음은 성격의 장단점인데, 이 부분은 잘 모르겠다. 순 임금 이야기도 듣긴 했지만 내가 호기심이 그렇게 많다고 하기에는 조금 부끄러운 게 사실이다. 다양한 분야의 책을 읽기는 해도 순 임금에 비할 만큼 그렇게 대단한 정도는 분명 아니다. 그보다는 조금 전처럼 지원이의 별명을 지어준다거나 하는 것을 보면 상황을 잘 분석하는 것 같기는 하다. 반면에 차가워 보인다는 말도 종종 듣는데, 사람들에게 먼저 다가가는 성격이 아니어서 더 그렇게들 느끼는 것 같다. 이게 장점이 될 수 있을까? 대체 무슨 사례를 들어야 성격의 장단점을 잘 드러낼 수 있을까? 딱히 떠오르는 게 없다.

'대체 뭘 쓰면 좋을까?'

　순간 나는 소스라치게 놀랐다. 어느새 볼펜 대신 핸드폰을 꺼내 들고 게임을 하고 있는 것 아닌가. 핸드폰을 꺼내거나 게임 어플을 실행한 기억도 없는데 도대체 언제부터 게임을 시작한 건지 모르겠다. 분명 방금 전까지만 해도 볼펜을 들고 자소서를 쓰고 있었는데, 그새를 못 참고 아무 생각 없이 게임을 하고 있는 나. 현실을 외면해 버리는 내 모습이 마치 게임중독자처럼 느껴져 화가 난다. 나는 인상을 찌푸리며 신경질적으로 핸드폰 전원을 꺼버렸다. 그러고는 워크시트를 들고 강사를 향해 성큼성큼 걸어갔다.

　강사는 자소서 작성요령에 대해 설명하고 있다. 그의 설명이 끝나자 한 학생이 허리를 굽히고 '감사합니다'를 연발하며 연신 강사에게 인사를 한다. 대체 무슨 이야기를 했길래 저러는 걸까? 나도 학생들 틈에 끼어서 이야기를 듣는다. 이번엔 다른 학생이 워크시트를 강사에게 내민다.

　"저도 해주세요."

　"음…… 자, 볼까요? 성격은 꼼꼼하다, 별명은 없고…… 친한 친구들이 많다, 책임감이 강하다, 교회 봉사활동. 끝?"

　워크시트를 내민 학생은 얼굴이 빨개진다. 그럴 만도 하다. 왜 저 정도밖에 못 쓰는지 모르겠다. 나라도 저 정도는…… 아니다. 나는 저렇게도 못 쓴다.

　"친한 친구가 많나요? 몇 명이나?"

　"많아요."

　"몇 명인데 많다는 거죠?"

　"네? 학교 친구도 있고, 교회 친구도 있고……."

　"정확하게 친한 친구는 몇 명인가요?"

　"다섯 명쯤? 글쎄, 잘 모르겠어요."

　"네. 다섯 명하고 친하군요. 교회에서는 어떤 봉사활동을 했나요?"

　"아이들 가르치는 거요."

"음, 그럼 꼼꼼하고 책임감이 강하다는 근거는 뭐죠?"

"제가 진짜 꼼꼼하거든요."

"그러니까 그 꼼꼼하다는 것이 어떻게 드러났는지 정확하게 얘길 해보세요. 아르바이트를 할 때 청소를 꼼꼼하게 해서 칭찬을 받았다든지, 아이들을 돌보는 봉사활동을 가서 아이들이 불편하지 않게 교통편이나 먹거리를 꼼꼼하게 잘 챙겨줘 아이들이 잘 따르게 됐다든지, 프로젝트를 진행하는 데 다른 조원들이 놓치는 사항을 잘 지적해서 프로젝트 과목 성적이 좋게 나왔다든지 등 꼼꼼한 성격 덕에 좋은 결과를 만들 수 있었던 구체적인 사례를 묻는 거예요."

"어, 음…… 잘 기억이 안 나요."

답답하다. 이렇게 답답하게 서 있을 시간에 내 워크시트에 대한 도움을 받는 것이 낫겠다는 생각이 들었다.

"자, 그럼 제가 이야기 하나를 만들어 볼게요. 이게 맞는지 들어보세요. 본인 성격은 꼼꼼하죠. 게다가 약간은 소심하고 조용한 것 같아요. 그런데도 아주 친한 친구가 다섯 명 있죠. 교회에서 아이들을 가르치는 봉사도 하고 있고. 물론 아이들이 잘 따르기도 할 거예요. 맞죠?"

"네."

"그렇다면 이렇게 꾸며볼 수 있을 것 같네요. '나는 사람들 사이에서 돋보이는 탁월한 능력이나 외향적인 성격은 아니지만 세심히 살펴보고 남을 배려할 줄 아는 사람이다'라고 시작하고, 그 다음은 이렇게 이어나갈 수 있을 것 같아요. '실제로 나는 대화를 할 때 내 의견을 말하기보다는 속도에 맞추어 상대방의 말을 먼저 귀담아 듣는다. 그래서인지 내 주위에는 친구가 많다. 특히 다섯 명의 친구들은, 너야 말로 내 인생 최고의 친구라고 얘기한다. 평생 한 명의 친한 친구를 만나기도 어렵다는데 나는 나를 최고로 받들어주는 친구가 다섯이나 있다는 얘기이다. 또한 교회 아이들에게도 최고로 인기가 있다. 가르치기에 급급한 다른 선생님들과는 달리 아이들의 눈높이에 맞추어 배려해 주니 아이들이 무척이나 좋아한다.' 자, 결론. '기업은 빠르고 효율적으로 성과를 만들어내야 한다. 하지만 그 기업을 움직이는 것이 결국 사람이라면 나는 그 사람들을 조화롭게 하는 역할을 해낼 수 있다. 그것이 나의 장점이다.' 이 내용의 제목은 '배려가 필요한 이유' 정도가 되겠네요. 이해했나요?"

"네! 네!"

제목 : 배려가 필요한 이유

기. 세심한 배려는 사람 사이의 관계를 부드럽게 하고 살맛나는 분위기를 만든다.

승. 나는 사람들 사이에서 돋보이는 외향적인 성격은 아니지만 세심히 살펴보고 남을 배려할 줄 아는 사람이다.

전. 실제로 나는 대화를 할 때 내 의견을 말하기보다는 속도에 맞추어 상대방의 말을 먼저 귀담아 듣는다. 그래서인지 내 주위에는 친구가 많다. 특히 다섯 명의 친구들은 "너야 말로 내 인생 최고의 친구"라고 얘기해 준다. 평생 한 명의 친한 친구를 만나기도 어렵다는데, 나를 최고로 받들어주는 친구가 다섯이나 있다는 얘기이다. 또한 교회 아이들에게도 최고로 인기가 있다. 가르치기에 급급한 다른 선생님들과는 달리 아이들의 눈높이에 맞추어 배려해 주니 아이들이 무척이나 좋아한다.

결. 기업은 빠르고 효율적으로 성과를 만들어내야 한다. 하지만 그 기업을 움직이는 것이 결국 사람이라면 나는 그 사람들을 조화롭게 하는 역할을 해낼 수 있다. 그것이 나의 장점이다.

얼굴은 물론이고 귀까지 빨개졌던 학생의 싱글벙글한 얼굴에는 뭔지 모를 자신감과 비장한 흥분이 담겨 있는 것 같았다. 옆에서 듣고 보니 왜 학생들이 그런 표정을 짓는지, 왜 그렇게 연신 고개 숙여 인사를 하는지 이해가 되었다. 안달이 난다. 나도 저 학생처럼 직접 도움을 받고 싶다.

"자, 여기까지! 수업을 마저 진행해야죠. 일단 자리로 돌아가세요."

기대와 달리 강사는 수업 때문에 학생들을 물렸고, 먼저 왔던 학생들은 아쉬움에 안타까워하며 자리로 돌아간다.

"다들 들어왔나요? 옆에 빈자리 없는지 확인해 보세요."

수업 시작을 위해 강사는 이것저것을 챙긴다. 하지만 나는 자리로 돌아가지 않았다. 아니 돌아갈 수가 없다. 게임중독자 같은 못난 내 모습에 화가 나서 여기까지 나왔는데 그냥 돌아갈 수는 없었다. 학생들을 정리하는 강사를 보며 그냥 우두커니 서 있었다. 강사와 눈이 마주쳤다.

"응? 왜 안 들어가고?"

"저…… 하나만 봐주시면 안 될까요?"

"아, 나중에 봐요. 지금은 수업을 해야 하니까."

"꼭 도움을 받고 싶은데……."

"네, 이번 시간 끝나고 꼭 봐 드릴게요."

강사에게 말을 걸어보기까지 많은 용기가 필요했지만 막상 말을 걸고 나니 무언가 꼭 이루어야겠다는 오기가 생긴다. 무엇이 됐든 오늘 나는 '끝장'을 볼 생각이다.

특강 3

그래서 결론은
뭐라고 쓰지!?

그래서 결론은 뭐라고 쓰지? - ①

나의 역량 찾아내기

"우리는 오늘 이야기하는 방법에 대해 알아보고 있습니다. 처음엔 소재가 되는 경험들을 떠올려봤고요. 내 성격은 어떤지도 생각해 봤습니다. 그 다음엔 이러한 경험이나 성격을 어떻게 효과적으로 설명할지에 대해서도 알아봤습니다. 그것이 바로 성장배경과 성격의 장단점이었죠. 그렇죠? 그런데 그 목적이 뭡니까? 우리가 소재를 고민하고, 어떻게 하면 잘 쓸지를 고민하는 이유, 무엇 때문에 이런 고생을 하고 있는 거죠?"

"취업이오."

"자소서 쓰려고요."

여기저기서 대답이 들린다.

"네 맞습니다. 결국 우리가 이런 글을 쓰는 목적은 '저는 이렇게 좋은 사람이에요. 그러니 저를 뽑으셔야 해요'라고 자신을 어필하기 위해서입니다. 바로 다음 부분인 '학교 및 외부 활동 경험'과 '지원동기 및 입사 후 포부'야 말로 매우 본격적으로 자신을 어필하는 부분입니다. 사실, 요즘 많은 기업들이 성장배경이나 성격의 장단점 부분을 자소서 항목에서 빼기도 합니다. 대신 도전적인 경험, 어려움을 극복한 행동 등을 위주로 하거나 지원동기 및 입사 후 포부만 적게 합니

다. 그만큼 이 부분은 중요하니까 잘 듣고 도움이 되었으면 합니다. 워크시트를
보세요."

외부활동 / 학창시절	
역량 1.＿＿＿＿＿	근거 ＿＿＿＿＿＿＿＿＿ ＿＿＿＿＿＿＿＿＿ ＿＿＿＿＿＿＿＿＿
역량 2.＿＿＿＿＿	근거 ＿＿＿＿＿＿＿＿＿ ＿＿＿＿＿＿＿＿＿ ＿＿＿＿＿＿＿＿＿
역량 3.＿＿＿＿＿	근거 ＿＿＿＿＿＿＿＿＿ ＿＿＿＿＿＿＿＿＿ ＿＿＿＿＿＿＿＿＿

"자, 여기서는 역량 위주로 설명을 할 겁니다. 성장배경과 성격의 장단점은 구
체적인 사건을 '묘사'했다면, 지금부터는 구체적인 역량을 '제시'하겠습니다. 자
신의 대표적인 역량은 뭐죠?"

여학생 한 명을 지목해서 발표시키는 강사를 보며 '왜 나를 지목하지 않지?'
하는 생각이 들었다. 전 같으면 나한테 발표를 시킬까봐 눈을 피했겠지만, 뭔가
얻어가겠다는 의지가 생기니 왜 나를 지목하지 않는지 아쉽기만 하다.

"잘 모르겠어요."

"그럼 옆 학생이 대답해 주세요. 평소에 이 학생에게서는 어떤 역량이 엿보이

던가요?"

"얘는 예뻐요."

"어우~ 야~."

둘이 아주 잘 놀고 있다.

"네, 외모도 역량이죠. 맞아요. 이 학생 예쁘잖아요. 외모에 있어서는 아주 뛰어난 역량을 보유하고 있습니다. 그리고 보시다시피 저 역시 외모에서는 상당한 역량을 보유하고 있죠."

"우~."

학생들이 웃으며 야유를 보낸다. 그럼에도 굳이 따지자면 강사는 분명 잘 생긴 편에 속하는 거 같긴 하다.

"아아, 네. 물론 저 학생과 저와는 역량의 차이가 있죠. 저 학생은 매우 뛰어난 외모를 갖추고 있는 거고요. 저는 겨우 요 정도의 역량을 갖추고 있는 겁니다."

그는 엄지와 집게손가락을 약간 벌리며 설명을 이어나간다.

"대학을 졸업하고 이제 막 사회에 첫발을 내딛고자 하는 학생들은 대부분 비슷비슷한 역량을 갖고 있습니다. 리더십, 커뮤니케이션, 성실함, 문제해결력, OA활용능력, 영업력, CS마인드 등 여러분도 다 이런 역량을 갖고 있습니다. 다만, 그 역량의 크기가 큰가, 작은가의 차이일 뿐이죠.

리더십을 예로 들어봅시다. 자, 일단 여기 계신 남자분들은 대부분 리더십 경험이 있을 겁니다. 왜냐하면 군대를 다녀왔기 때문이죠. 특별한 사유가 있는 게 아니라면 병장으로 제대를 했을 거고, 밑으로 수십 명의 후임병을 통솔했겠지요. 군대가 아니라도 누구는 초등학교 때 반장을 하면서, 누구는 교회에서 아이들을 가르치면서, 아니면 동아리 회장이나 학생회장을 하면서 리더십을 발휘해봤을 거고, 더러는 전공수업의 조장을 맡아봤을 수도 있죠. 하다못해 자신을 잘 따르는 친한 후배라도 있잖아요. 또 아르바이트 많이 하시는데, 나보다 늦게 들

어온 알바 있으면 일 가르쳐주면서 돌봐주기도 하잖아요. 그렇죠? 다들 그렇게 리더십과 관련된 경험을 하면서 역량을 쌓은 겁니다.”

강사의 말을 그대로 받아들이자면 나는 봉사활동 동아리를 하면서 리더십 경험을 쌓았다. 확실히 ‘이것이 바로 리더십’이라고 말할 수 있는 사건은 지금 당장 떠오르진 않지만 말이다. 일단 그가 얘기한 내용들을 받아 적는다.

누구나 다양한 역량을 보유하고 있다.
다만, 역량의 크기에 차이가 있을 뿐이다.

“다른 예를 들어볼까요? OA활용능력. 혹은 사무능력이라고 해도 좋습니다. 이 중에 몇몇은 컴활 2급 자격증이나 모스 마스터(MOS master)를 갖고 계실 거고요. 워드, ITQ 등을 갖고 있는 사람도 있을 겁니다. 혹은 공부를 더 했다면 액세스(Access)나 통계프로그램도 다룰 수 있겠지요. 물론 이런 분들은 평균 이상의 뛰어난 OA 역량을 갖고 계신 거죠. 하지만 이 자리에 한글, 엑셀, 워드, 파워포인트 한 번도 안 써보신 분 계십니까? 나는 한 번도 써본 적이 없다, 손 들어보세요. 아무도 안 계시죠? 리포트 쓰고, 발표 자료 만들 때라도 써보셨잖아요. 그럴 리는 없지만, 그조차 없더라도 인터넷 검색 정도는 하실 수 있죠. 그렇지 않나요? 마찬가지로 정도의 차이는 있지만 여기 있는 사람은 누구나 OA, 컴퓨터 활용 역량을 가지고 있는 겁니다. 기초적인 수준의 역량이냐, 인턴이나 사무직 아르바이트를 통해서 길러진 보다 실무적인 역량이냐, 자격증으로 전문성을 입증할 수 있는 역량이냐의 차이일 뿐입니다.

그렇게 본다면 워크시트에 적게 되어 있는 세 가지 역량 정도는 충분히 채울 수 있을 겁니다. 문제는 단지 ‘나는 리더십이 있다’라고만 해서는 전혀 설득력을 갖출 수 없다는 거죠. 근거가 되는 경험을 댈 수 있어야만 이 글을 읽는 사람이

받아들일 수 있을 테니까요. 아까도 나왔던 이야기입니다. 막연한 주장만 하지
말고 구체적인 근거를 대야 한다는 겁니다. 일단 저에 대해 쓴 내용을 보시죠."

외부활동 / 학창시절			
역량 1.	성실함	근거	새벽 5시 기상
			4시간의 운동
			마라톤 풀코스, 철인 3종 완주
역량 2.	자기개발	근거	출퇴근 운동, 점심시간 및 취침 전 공부
			수영, 헬스, 자전거 등 매일의 체력 관리
			비트박스

"이와 같이 제 역량들과 그 근거들에 대해 써봤는데요. 첫 번째 성실함에 대해
서는 일단 운동이라는 소재로 풀어보았습니다. 그런데 이 부분에 대해서는 아까
성격의 장단점에서 자세하게 말씀드렸으니까 넘어가고 자기개발 부분부터 말씀
드리겠습니다.

우선 저는 운동선수가 아닙니다. 운동만 했다면 여러분은 저를 이런 강의장이
아닌 운동장에서 만났을 겁니다. 어쨌거나 저는 지금 여러분 앞에서 강의를 하
고 있고, 운동만큼이나 지식도 쌓아 왔다는 말이죠. 저는 회사에서 짬이 나거나
점심시간, 퇴근 후 잠들기 전을 이용해 철학, 심리, 교육 등에 대한 동영상 강좌
를 보고 책도 읽습니다. 저의 강의분야에 대한 전문성을 키우기 위해 끊임없이
자기개발을 하고 있는 거죠. 그리고 매일 수영, 자전거, 헬스를 하면서 체력관리
도 하고 있고요. 이런 것들이 다 저의 자기개발 노력인 겁니다.

그런데 세 번째 비트박스는 왜 적었는지 이해가 잘 안 가시죠? 사실 저는 비트박스뿐만 아니라 기타, 드럼 연주, 자전거 정비, 캐릭터 디자인, 인명구조, 심리분석 등 관심이 가는 분야라면 일정 수준에 오를 때까지 전문적인 교육을 받고 연습도 열심히 합니다. 비트박스는 작년 11월부터 했으니 이제 3개월 됐네요. 지난 3개월 동안 매일 30분씩 하루도 거르지 않고 연습하고 있습니다. 그래서 지금은 아주 기초적인 수준의 비트박스를 사람들 앞에서 선보일 정도의 실력은 되었죠. 한번 들어보실래요?"

"네~!"

"Put your hands up! Put your hands up!"

학생들의 대답이 나오자마자 강사는 기다렸다는 듯 크게 팔동작을 하며 학생들의 박수를 유도했다. 일정한 리듬으로 학생들이 박수를 같이 따라하자 강사의 비트박스가 시작되었다.

"푸츠츠츠＼퐛츠츠풋／푸최팟취＼팟취풋치＼치풋퐛치……."

"와~!!"

30초 남짓한 비트박스였지만 강의장은 후끈 달아올랐다. 학생들은 환호했고, 몇몇 남학생들은 일어나서 몸을 흔들기도 했다. 짧은 비트박스 공연을 선보인 강사는 약간은 상기된 얼굴로 학생들이 진정되기를 잠시 기다렸다가 말을 이었다.

"어때요? 초보적인 수준의 비트박스지만 여러분께 좋은 선물이 되지 않았나요?"

"네!"

"잘하세요! 완전 멋져요!"

다시 한 번 박수가 쏟아졌다.

"제가 얘기하고 싶은 것은 이겁니다. 저는 비트박스가 됐든, 운동이 됐든, 공부가 됐든 제 자신을 조금이라도 가치 있게 만드는 것이라면 주저하지 않고 배우고자 노력한다는 거죠. 이제 저의 두 번째 역량인 자기개발에 대해서도 설명이 됐으리라 봅니다. 그럼 세 번째 창의성으로 넘어가죠. 이 부분에 대한 근거는 다음과 같습니다."

역량 3. 창의성	근거 요리
	새로운 강의
	집필

"창의성에 대한 첫 번째 근거는 요리입니다. 제 취미 중 하나가 요리거든요. 하루 이틀이 아니라 꽤 오래 됐어요. 저희 부모님은 밤늦게까지 장사를 하셨기 때문에 제가 장을 보고 음식도 만들었습니다. 열한 살, 열두 살 때부터 한동안 가족들은 제가 만든 반찬을 먹었거든요.

그러다가 고등학교 때부터는 술을 제법 마시고 다녔는데, 그때는 술안주를 기가 막히게 만드는 걸로 친구들 사이에서 꽤나 유명했죠. 어묵전골이나 쏘시지야채볶음, 닭볶음탕 같은 안주도 만들고, 다음 날이면 김치말이 국수라든가 채소죽 같은 해장거리도 만들곤 했어요.

군대에서도 총 인원 일곱 명이 근무하는 서울 외곽의 초소에서 지냈는데, 거기서 제가 맡은 주 업무는 요리였습니다. 일곱 명밖에 없다 보니 따로 요리사병이 있는 것도 아니고, 제가 근처 시장에서 장을 보아다 요리를 했어요. 지금도 집에서 베이글, 쿠키, 케이크 같은 홈베이킹도 하고, 피자도 굽고, 만두도 만듭니다. 일식·중식·양식·퓨전요리까지 거의 모든 요리를 다 해봤다고 해도 과언이 아니에요.

그런데 이 요리란 걸 하려면 창의성이 필요합니다. 아무리 맛있는 음식도 두세 번 먹으면 질리잖아요. 항상 새로운 레시피를 만들어내야 하는 거죠. 매일 인터넷과 요리책자를 뒤져 때에 맞는 요리를 해내는 것은 대단한 창작노력 없이는 불가능하다고 보시면 됩니다. 이해가 가죠?"

"네."

"그런 의미에서 우리에게 항상 맛있는 음식을 먹이기 위해 매일매일 새로운 먹거리를 고민하시는 이 세상 모든 어머니께 박수를!"

"짝짝짝짝짝짝!"

"이렇게 요리 하나만 해도 무척이나 창의적인 일인데, 저는 강의 같은 것도 항상 새롭게 하려고 노력합니다. 여러분이 자소서 강의를 들어본 게 이번이 처음은 아닐 겁니다. 어디선가 직접 들어봤을 수도 있고, 자소서 관련 책도 읽어보고, 학교 취업지원실에 가서 상담도 받아보셨을 겁니다. 그런데 저처럼 자소서 강의하는 것 보신 적 있으세요? 없죠? 당연히 없을 겁니다. 왜냐하면 이런 강의 방식은 제가 만들었거든요. 제가 창작한 겁니다. 강의뿐만 아니라 제가 가진 취업상담 노하우와 자소서 강의 경험을 엮은 책도 쓰고 있어요. 책을 쓰는 것이야말로 창의성의 대표적인 사례입니다. 이 정도 근거면 제가 창의적인 사람이라고 인정할 수 있겠죠?

그런데 여러분 또한 저와 같은 종류의 역량을 가지고 있어요. 성실함이라든가, 자기개발 노력이라든가, 창의성 같은 것들은 누구나 갖고 있어요. 아까 말했듯 정도의 차이가 있을 뿐 누구나 비슷비슷한 역량을 가졌으니까요."

강사의 말에 자신감이 생긴다. 정도의 차이는 있지만 나도 비슷한 역량을 갖고 있다. 주위로부터 성실하다는 얘기를 들어봤고, 나름 운동도 하고 책도 읽으면서 자기개발을 하고 있다. 창의적인 스타일이라고 말하기에 딱히 근거를 바로 댈 수는 없지만 그렇다고 전혀 아니라고 할 수도 없다. 그 부분에서도 어느 정도는 할 말이 있을 것 같다는 생각이 들었다.

"자, 학생. 학생은 성실해요?"

또 한 명을 손으로 가리키며 묻는다.

"네, 대체로 성실한 편이죠."

"저와 같이 '성실함'이라는 역량을 갖고 계시는군요. 그럼 성적 장학금 받아본 적 있어요?"

"네."

"몇 번 받아봤어요?"

"두 번이오."

"아르바이트 해봤어요?"

"네."

"어디 어디서 했어요?"

"편의점하고요, PC방에서요."

"돈 벌어서 뭐했어요?"

"뭐 제게 필요한 걸 사거나 친구들하고 쓰고…… 아, 첫 월급 타서는 부모님께 용돈도 드렸어요."

강사는 다시 학생들을 향해 이야기한다.

"자, 이 학생 보세요. 이 학생도 저 못지않게 성실함이라는 역량이 있어요. 장학금을 두 번이나 받을 정도로 학교 수업에 성실하게 임했고, 시간을 쪼개 아르바이트까지 하면서 자기에게 필요한 용돈을 충당하기도 했습니다. 게다가 더 놀라운 것은, 어찌나 성실하고 근검절약하는지 편의점과 PC방에서 힘들게 아르바이트해서 받은 돈을 아껴 부모님께 용돈까지 드렸다는 거죠. 정말 대단하네요. 이 학생의 성실함에 박수 부탁드립니다."

"짝짝짝짝짝짝!"

"이처럼 여러분은 여러 가지 역량을 쓸 수 있고, 그 역량에 해당되는 근거를 댈 수 있습니다. 그런데 재미있는 사실 한 가지를 말씀드리면, 각 역량에 해당하는 근거는 바꾸셔도 무방하다는 거예요. 예를 들어, 이 학생처럼 아르바이트를 성실함의 근거로 삼을 수도 있지만, 아르바이트를 하면서 손님들과 관계가 좋았다면 CS마인드를 적을 수도 있는 거고, 아르바이트하던 곳의 사장님이나 직원들과 사이가 좋았다면 조직적응력, 커뮤니케이션 역량을 얘기할 수도 있는 겁니다. 그리고 아르바이트를 하면서 재고정리, 회계관리 등을 잘했다면 꼼꼼함이나 탁월한 숫자감각을 역량으로 내세울 수도 있겠죠.

이제까지 한 것을 정리하자면 이렇습니다. 첫 번째, 우리에게는 다양한 역량이 있다. 다만, 정도의 차이가 있을 뿐이다. 두 번째, 역량을 뒷받침하기 위해서는 납득할 만한 근거가 있어야 한다. 세 번째, 그 근거들은 무엇을 강조하느냐에 따라 다양한 역량으로 나타낼 수 있다. 이해하셨으면 워크시트를 작성해 보시길 바랍니다."

- 정도의 차이가 있을 뿐 누구나 다양한 역량을 보유하고 있다.
- 역량을 뒷받침할 수 있는 경험을 제시해야 한다.
- 한 경험의 어떤 점을 강조하느냐에 따라 다양한 역량으로 나타낼 수 있다.

그래서 결론은 뭐라고 쓰지? - ❷

나의 역량 쓰기

자소서 한번 제대로 써본 적 없는 내가 역량이라니! 내게 무슨 역량씩이나 있으리라고는 생각조차 해본 적이 없다. 하지만 강사의 말대로 단지 크기의 차이일 뿐이라면 나도 역량에 대해 쓸 게 분명히 있다. 몇 가지를 생각나는 대로 적어보았다.

　—호기심, 성실함, 분석력.

　먼저 호기심이라는 역량에 대한 근거는 다양한 분야의 독서 취향도 있지만, 꼭 책이 아니어도 관심이 가는 분야는 집요할 정도로 인터넷 검색 등을 통해서 알아보곤 한다는 점이다.

　성실함의 근거는 아르바이트 경험. 난 3년간이나 한 곳에서 아르바이트를 했다. 가까운 친구들을 볼 때 한 달도 못 채우고 그만두는 경우가 많았다. 나는 그보다는 확실히 성실하다고 할 수 있다. 그 외에는…… 또 뭐가 있지? 아, 맞다. 초·중·고 12년간 개근을 했다. 이것도 성실함의 근거라고 할 수 있다.

　분석력은 아까의 일 때문이다. 지원이의 특성을 잘 분석해서 제법 잘 어울리

는 별명을 지어주었다. 생각해 보니 나에게는 어떤 문제에 부딪히면 그 문제를 세밀하게 관찰하고 분석하는 버릇이 있다. 그게 역량이 될 수 있을지는 모르지만 일단 적고 하나씩 근거를 채워보았다.

외부활동 / 학창시절	
역량 1. 호기심	근거 다양한 분야의 독서
	인터넷 검색
역량 2. 성실함	근거 PC방 3년 아르바이트
	초 · 중 · 고 12년 개근
역량 3. 분석력	근거 통계학 수업
	별명 짓기

다 채우기는 역시나 어렵다. 아무래도 자소서를 제대로 쓸 만큼의 특별한 인생을 살아온 것 같지는 않다. 무엇으로 더 채워야 하나 고민된다.

"아, 어려워!"

지원이가 인상을 찌푸리며 펜으로 탁자를 콕콕 찍고 있다. 나처럼 생각이 잘 떠오르지 않나 보다. 내 시선이 느껴졌는지 그녀가 나를 쳐다본다. 여전히 찌푸린 얼굴이다.

"오빠, 저 좀 도와주면 안 돼요?"

“어떤 거?”

“제 경험 중에 국토대장정한 걸 어떤 역량에 포함시켜야 할지 잘 모르겠어요. 지금 나온 게 자기개발, 적극성, 커뮤니케이션 역량 세 가지거든요. 그런데 국토 대장정은 어디에 넣어야 할지 모르겠어요. 적극성에 맞는 거 같긴 한데 딱 떨어지는 느낌이 아니어서요.”

“국토대장정이라면 체력이나 인내력 같은 걸로 분류해야 되지 않나?”

내가 미처 입을 열기도 전에 강희가 끼어든다.

“역시 그래야 하나?”

“아니, 잠깐. 우리가 꼭 역량을 세 가지만 써야 하는 건 아니잖아. 한 칸 더 만들어서 네 개 적어도 되는 거 아닌가?”

지원이와 강희가 눈을 동그랗게 뜨고 나를 쳐다본다.

“그렇잖아. 꼭 세 개만 하란 법은 없지. 또 국토대장정하면서 무작정 걷기만 한 것도 아닐 거 아냐. 같이 참가한 친구들하고 며칠 동안 얘기도 나누고 서로 도와주고 그랬을 텐데, 커뮤니케이션이나 리더십을 얘기할 수도 있지.”

무슨 신세계라도 발견한 듯 안 그래도 큰 그녀의 눈이 몇 배나 더 커졌다.

“와~ 진짜 그러네. 오빠 고마워요!”

지원이는 새로운 장난감을 손에 쥔 꼬마처럼 기쁜 얼굴로 재빨리 뭔가를 적어 내려간다. 오늘 나는 그녀에게 두 번이나 칭찬을 들었다. 이대로라면 뭔가 좋은 결과가 있을 것 같다는 예감이 상상의 나래를 펼친다. 하지만 그녀와의 핑크빛 상상에 빠지기에는 지금 당장 내 처지가 말이 아니다. 나야말로 빈 칸을 마저 채워야 한다.

지원이에게 방금 말했던 것을 상기해 본다. 경험을 꼭 한 가지 역량으로 해석할 필요는 없다. 3년간의 PC방 아르바이트를 하며 친하게 지낸 손님들이 많다. 일 끝나면 같이 게임도 하고 술자리도 자주 같이 했다. 사장 형님하고도 종종 연

락하며 지낸다. 그렇게 본다면 원만한 대인관계를 역량으로 내세울 수 있다. 또한 그간의 아르바이트를 통해 필리핀 어학연수 자금도 부모님께 손 벌리지 않고 스스로 마련했다. 그건 경제적으로 어느 정도 책임을 진 것이니 책임감으로 어필할 수 있고, 어학연수 때 새로 가는 곳마다 사진을 찍어 부모님께 보내는 것만큼은 빼먹지 않았으니 효도라든가, 남을 배려하는 마음 등을 얘기해도 좋을 것이다. 어학연수라고 해서 꼭 어학실력과 글로벌마인드에만 치중할 필요는 없지 않은가.

경험을 해석하는 두 가지 방법

경험 1. 3년간의 PC방 아르바이트

- 일반적으로 생각해 볼 때 : 성실함
- 구체적인 경험으로 살펴봤을 때 : 손님, 사장과의 친밀한 관계 형성 → 원만한 대인관계 형성 능력

경험 2. 필리핀 어학연수

- 일반적으로 생각해 볼 때 : 어학실력, 글로벌마인드
- 구체적인 경험으로 살펴봤을 때 : 사진전송, 안부전화 → 효의 실천, 배려

생각을 바꾸니 모든 것이 달라 보인다. 나는 몇 가지 내용을 서둘러 추가했다.

107

외부활동 / 학창시절		
역량 1. 호기심	근거	다양한 분야의 독서
		인터넷 검색
		어학연수를 통한 해외경험
역량 2. 성실함	근거	3년간의 아르바이트로 어학연수 비용 마련
		초 · 중 · 고 12년 개근
역량 3. 분석력	근거	통계학 수업
		별명 짓기
역량 4. 대인관계, 배려	근거	사장 형님과의 친밀함
		어학연수 중 부모님께 안부 전화

직무를 중심으로 내 역량 쓰기

"다 됐나요? 완성하신 분 손들어 보세요."

웅성거리는 소리와 함께 몇몇이 손을 든다. 나는 어느 정도 완성된 상태임에도 손을 들지 않고 눈치를 살폈다. 대부분의 학생들은 아직 책상에 머리를 박은 채로 워크시트를 뚫어지게 쳐다보고 있다. 어려움을 겪는 건 나만이 아닌 것 같다.

"완성된 거 저한테 보여주실 분? 한 분만 줘보세요."

말이 떨어지기 무섭게 한 학생이 워크시트를 흔들며 앞으로 뛰어나간다. 지금까지의 강의 내용으로 보아 분명히 도움이 될 만한 피드백을 받을 수 있다는 걸 눈치 챈 모양이다. 내가 나갈 걸 하는 아쉬움이 남는다.

강사는 완성된 워크시트를 건네받고는 잠깐 살펴보더니 말을 잇는다.

"전공이 뭐죠?"

"중국어요."

"앞으로 하고 싶은 일은요?"

"해외사업부서 쪽에서 일하고 싶습니다."

"해외사업이라면 무역을 얘기하는 거 같은데, 뭔가 하고 싶은 또 다른 건 없어요?"

"기획업무도 좀 해보고 싶어요."

"음, 그래요. 알았어요. 일단 들어가세요."

강사는 화이트보드에 학생의 워크시트 내용을 써 내려갔다.

외부활동 / 학창시절			
역량 1.	어학실력(중국어)	근거	HSK 6급, 현지인과 의사소통 가능
			중국어학연수 2년(1년씩 2회)
			교내 교환학생 도우미로 활동
역량 2.	도전정신 / 실행력	근거	실크로드 여행 약 1,400km
			자전거 전국일주(14박 15일)
			유럽 배낭여행(한달)
역량 3.	다양한 경험	근거	IT기업 총무부 인턴 경험-구매시스템 구축
			옷장사-동대문에서 옷을 구매해서 중국에 판매
			해외여행 경험(중국, 유럽)

한 줄씩 써 내려갈 때마다 '오~', '우와~' 하는 감탄이 나온다. 내가 봐도 저 정도면 꽤 괜찮은 스펙인 것 같다. 부럽다! 저렇게 멋진 경험을 한 사람들도 있는데 나는 지금까지 대체 뭘 하는 데 시간을 허비한 걸까?

"이 학생분, 꽤 다양한 경험을 하셨네요. 이 정도면 자소서 쓰는 데 많은 도움이 될 겁니다. 그러면 이제 이걸 갖고 실제 글로 옮겨 써야겠죠. 글로 나타내는 방법은 크게 두 가지입니다. 하나는 역량별로 분류해서 간략하게 적는 방법이고, 또 하나는 목적에 맞게 구체적으로 묘사하는 방법입니다."

역량을 글로 나타내는 두 가지 방법

1. 분류하기(직무 중심)
2. 묘사하기(역량 중심)

"먼저 역량별로 분류하는 건 어렵지 않습니다. 지금 쓰신 워크시트를 그대로 글로 옮기시면 됩니다. 첫째, 둘째와 같은 순서를 매겨서 나열하시면 돼요. 다만 목적 없이 그냥 되는 대로 막 쓰는 것이 아니라 '지원하고자 하는 직무에 맞춰서' 쓰시면 됩니다.

여기서 맞춰 쓴다는 것은 이런 거죠. 무역이라는 직무를 수행하기 위해 필요한 수십, 수백 가지 역량 중에서 자신이 가진 역량 몇 가지만 대입시켜 쓰는 겁니다. 실제로 무역 직무를 수행하기 위해서는 이 학생이 내세운 어학실력, 도전정신과 실행력, 다양한 경험 외에도 OA능력, 협상력, 커뮤니케이션 능력, 체력, 꼼꼼함, 계산능력, 무역 관련 지식 등 수 없이 많은 역량들이 필요합니다. 우리는 다만 이 수많은 무역 관련 역량 중에서 자신이 내세울 수 있는 몇 가지만 콕 집어서 넣는 거죠. 예를 들면 이런 겁니다."

무역

무역 담당자에게는 다양한 역량이 요구됩니다. 그 중에서도 가장 중요하다고 생각되는 다음의 역량들을 충실히 쌓아왔습니다.

- 어학실력
- 도전정신
- 다양한 경험

첫째, 현지에서도 통하는 어학실력

중국어를 전공하며 중국에서 온 교환학생들의 적응을 돕는 도우미 역할을 수행하였습니다. 그러면서 실제 중국인들이 사용하는 말의 느낌과 감정은 국내에서 배우기 힘들다고 판단하게 되었고, 2년 동안 중국 현지에 머물면서 어학실력을 쌓았습니다. 그 결과 중국 현지 사람들과 어울려도 전혀 어색하지 않을 정도의 중국어를 구사할 수 있게 되었습니다.

둘째, 성과를 만들어내는 과감한 도전정신

무식하면 용감하다는 말을 경험으로 알게 되었습니다. 중국 상해부터 두루무치까지 1,400km에 이르는 실크로드 대장정을 계획할 때만 해도 얼마나 많은 어려움이 있을지 알지 못했습니다. 하지만 일단 해보자는 마음으로 도전을 했고, 지금은 저의 가장 큰 자랑거리 중 하나가 되었습니다. 무식하면 용감할 수 있지만, 용감한 도전은 큰 성과를 만들어냅니다. 해외시장을 개척하는 과감한 도전을 확실하게 보여드리겠습니다.

셋째, 새로운 기회를 만드는 풍부한 경험

무역이라는 것은 기본적으로는 물건을 사고파는 것입니다. 그러므로 이러한 기본을 잘 알고 있어야 제대로 직무를 수행할 수 있습니다. 저는 총무팀 구매파트에서 구매프로세스를 직접 경험하며 구매담당자로서의 고충을 겪어 보았습니다. 또한 동대문에서 옷을 떼어다 중국 현지에 판매를 하는 의류사업을 했을 때는 판매자의 입장에서 사업에 대한 많은 고민을 해보기도 했습니다. 이러한 경험을 통해 사업을 바라보는 넓고 전체적인 시야를 갖게 되었으며, 이는 더 많은 기회를 만들고 더 많은 가치를 만들어낼 수 있을 것입니다.

"어떤가요? 해외경험을 제외하고는 직무와 큰 관련이 없어 보였던 역량과 경험들이 무역이라는 직무를 향해서 일관성을 갖고 하나의 잘 짜여진 이야기가 됐습니다. 마음에 들어요?"

"네, 네!"

워크시트를 제출한 학생이 고개를 크게 끄덕이며 대답한다. 입이 귀에 걸릴 정도로 좋아하는 모습을 보니 정말로 마음에 드는 모양이다. 후회가 된다. 아까 완성한 사람 손들어 보라고 했을 때 왜 난 눈치만 보면서 가만히 있었을까?

"자, 그럼 지금부터 여러분께 좀 더 재미있는 걸 보여드리죠. 같은 소재를 갖고 이번에는 기획이라는 직무에 지원하는 걸로 만들어보겠습니다."

기획

기획업무 담당자에게는 다양한 역량이 요구됩니다. 그리고 그 중에서도 가장 중요하다고 생각되는 다음의 역량들을 충실히 쌓아왔습니다.

- 다양한 경험
- 과감한 실행력
- 글로벌 감각

첫째, 기획은 경험에서 나온다

기획을 한다는 것은 어떤 사안의 A to Z를 구상하는 것입니다. 일부분만 고려해서는 제대로 된 기획이 나올 수가 없습니다. 그런 면에서 제가 가진 다양한 경험은 훌륭한 기획을 만들어내는 기초라고 생각합니다. 저는 총무팀 구매파트에서 구매프로세스를 직접 경험하며 구매담당자로서의 고충을 겪어보았습니다. 또한 동대문에서 옷을 떼어다 중국 현지에 판매를 하는 의류사업을 했을 때는 판매자의 입장에서 사업에 대한 많은 고민을 해보기도 했습니다. 이러한 경험을 통해 사업을 바라보는 넓고 전체적인 시야를 갖게 되었으며, 이는 완성도 높고 차별화된 기획을 만들어내는 기초가 될 것입니다.

둘째, 실행할 수 없는 기획은 기획이 아니다

아무리 뛰어난 아이디어를 내놓는다 해도 현장에서 실행할 수 있는 추진력이 없다면 좋은 기획자라고 할 수 없습니다. 이런 면을 고려할 때 저는 매우 탁월한 실행력을 갖고 있습니다. 실제로 중국 상해부터 두루무치까지 1,400km에 이르는 실크로드 대장정을 계획하며 이 여행이 얼마나 위험하고 어려운 것인지를 알게 되었습니다. 하지만 그러한 어려움에 개의치 않고 과감하게 계획을 실행에 옮겨 성공하였으며, 이러한 과감한 추진력을 바탕으로 14박 15일간의 자전거 여행, 유럽 배낭여행, 중국 의류사업 등을 해낼 수 있었습니다. 이 같은 경험을 통해 차별화된 아이디어는 물론이고 적극적인 실행력까지 겸비한 ○○○의 기획자가 되겠습니다.

셋째, 세계를 무대로 하는 기획

페이스북, 유튜브의 사례만 보더라도 전 세계가 실시간으로 정보를 공유하고 있는 것은 자명한 사실입니다. 그러므로 기획도 전 세계를 고려해야만 하며, 글로벌 감각과 그에 걸맞은 어학실력은 기획자의 필수 역량입니다. 저는 중국어를 전공하면서 어학의 기초를 닦았으며, 여기에 더해 2년간 중국에 머물면서 중국 현지 사람들과 어울려도 전혀 어색하지 않을 정도로 중국어를 구사할 수 있게 되었습니다. 뿐만 아니라 한 달간의 유럽여행은 보다 다양한 문화의 경험과 한층 더 넓은 시야를 갖게 해준 경험이었습니다. 이와 같은 어학실력과 다양한 경험을 통해 세계와 경쟁하는 ○○○에 보탬이 되는 기획을 해내겠습니다.

재미있는 걸 보여준다고 했지만 재미있다기보다는 놀랍다는 표현이 더 맞는 것 같다. 같은 소재로 비슷하게 썼는데도 전혀 다른 이야기가 돼버리다니! 어떻게 이런 일이 가능한지 놀라울 뿐이다. 다른 학생들도 나처럼 입을 벌린 채 고개만 끄덕이고 있다.

"같은 소재로 다른 직무에 해당하는 글을 쓰는 건 어려운 일이 아니에요. 아까 말씀드린 것처럼 하나의 경험에서 다양한 역량을 도출해 낼 수도 있는 것이고, 마찬가지로 하나의 경험에서 다양한 직무를 이야기할 수도 있거든요. 왜냐하면 아주 특수한 분야가 아니라면 대부분의 직무에서 요구되는 역량은 비슷하니까요. 그러니까 여러분은 자신이 가진 역량과 경험을 정확하게 파악해서 지원하는 직무에 맞춰 쓰기만 하면 되는 겁니다."

그래서 결론은 뭐라고 쓰지? - ③

역량을 중심으로 묘사하기

"다음은 묘사하는 방법에 대해 알아보겠습니다. 주로 규모가 있는 중견기업이나 대기업이 요구하는 자소서에서 많이 볼 수 있는 항목을 채울 때 이 방법이 필요합니다. 가장 흔하게 볼 수 있는 몇 가지 예를 들어보자면 이런 것들입니다."

- 남들과 다른 방법으로 접근하여 문제를 해결한 경험에 대해 적어보시오.
- 인생에서 가장 어려웠던 경험에 대해 서술하시오.
- 가장 도전적이었던 경험에 대해 구체적으로 묘사하시오.

"자소서 항목에 이런 질문들이 적혀 있으면 꽤나 피곤하죠. 하지만 절대 어렵게 생각할 필요가 없습니다. 이런 질문들은 기본적으로 '외부활동 및 학창시절 경험'에서 파생된 질문들일 뿐이에요. 다만, 아까 분류하기에서는 직무에 초점을 맞춰 여러 가지 역량들을 분류해서 보여준 것이라면, 이 질문들은 특수한 역량에 대해 질문하는 것뿐입니다. 위의 질문들을 좀 더 간단하게 나타내 보면 금방 확실하게 알 수 있습니다"

- 남들과 다른 방법으로 접근하여 문제를 해결한 경험에 대해 적어보시오. = 창의성
- 인생에서 가장 어려웠던 경험에 대해 서술하시오. = 문제해결력
- 가장 도전적이었던 경험에 대해 구체적으로 묘사하시오. = 도전정신/실행력

"자, 위의 질문들이 무슨 뜻인지 알게 됐다면 이제까지 했던 것처럼 똑같이 하면 됩니다. 거기에 좀 더 구체적으로 자세하게 묘사하면서 내용을 늘리기만 하면 되는 거죠. 그러므로 기본은 분류하기이고, 묘사하기는 기업이 요구하는 자소서 항목에 따라 그때그때 맞춰 쓰시면 되는 겁니다.

이번에도 예를 한번 들어보도록 하죠. 만약 방금 이 학생이 '인생에서 가장 어려웠던 경험에 대해 서술하시오'라는 자소서 항목을 쓴다고 생각해 봅시다. 이 말은 즉, 적극적으로 어려웠던 문제를 해결한 경험을 적어보란 얘기죠. 그럼 우리는 이미 미리 발굴해 둔 소재들이 있으니 요구사항에 맞춰 쓰기만 하면 됩니다. 이렇게 말이죠.

〈인생에서 가장 어려웠던 경험에 대해 서술하시오〉

실패한 만큼 성장한다

2년간 중국에 머물며 스스로를 '중국통'이라고 일컬을 정도로 자신감이 붙었습니다. 단순히 어학실력만이 아니라 중국 현지의 속사정에도 나름 밝다고 생각했습니다. 그래서 이런 자신감을 바탕으로 사업을 시작했습니다.

사업 아이템은 간단했습니다. 동대문의 값싸고 질 좋은 옷을 중국 시장에 갖다

파는 거였습니다. 중국 사람들이 한국제품을, 특히 한국의 옷을 얼마나 선호하는지 잘 알고 있었기 때문입니다. 사업을 결심하고는 한 달을 꼬박 동대문으로 출근하며 아이템을 고르고, 업체 사장님들을 만나 가격협상을 했습니다. 그러고는 주위 사람들과 부모님으로부터 빌린 500만 원으로 마련한 옷 보따리를 짊어지고 중국으로 건너갔습니다.

결과는 300만 원의 빚. 말 그대로 발이 부르트도록 중국 시내의 상점과 시장을 돌아다니며 상인들을 만나봤지만 가는 곳마다 문전박대를 당할 뿐이었습니다. 더러 관심을 보이는 경우도 있었지만, 결국엔 터무니없는 가격을 제시해 자존심에 상처를 입곤 했습니다.

다시 한국에 돌아와서는 고개도 들지 못하고 죄인처럼 몇 달을 지냈습니다. 하지만 이제는 알 것 같습니다. 비록 300만 원을 잃었지만 그보다 값진 경험을 했다는 것을 말입니다. 앞으로 살아가면서 수백 번의 거절을 당하고 자존심에 상처를 입을 일이 또 생길지는 모르겠지만, 또다시 그런 일이 생긴다 하더라도 이제는 당당하게 맞서 성과를 만들어낼 수 있으리라 확신합니다.

"어떤가요? 이해가 되나요?"

이해는 된다. 하지만 어떻게 하면 저렇게 도깨비방망이처럼 뚝딱 자소서가 완성되어 나올 수 있는지는 정말 의문이다. 나는 아무리 하려 해도 안 되는데 말이다.

"물론 제가 하는 게 쉬워 보이시겠지만 이건 어디까지나 엄청나게 많은 자소서 첨삭 경험이 있어 가능한 거지 아무나 할 수 있는 건 아니에요. 그러니까 여러분도 다른 사람들이 쓴 것도 많이 보고, 직접 써보기도 하면서 연습을 하셔야 합니다. 아셨죠? 그럼 지금부터 잠깐의 시간을 드릴 테니 작성해 두신 '외부활동 및 학창시절' 워크시트 내용을 바탕으로 각자 노트에다 분류하기 방법을 이용해 작성해 보시길 바랍니다."

강사의 말이 끝나자 다들 가방에서 노트를 꺼내느라 분주하다. 노트가 없어 워크시트 뒷면에 적어 내려가는 학생들도 보인다. 강의 초반 약간의 어수선했던 분위기는 없어지고 다들 진지한 표정으로 글을 쓰고 있다. 나도 질세라 서둘러 글을 써본다.

방금 배운 내용대로라면 순서는 이렇다. 먼저 직무를 정하고, 그에 맞춰 워크시트에 있는 내용을 순서에 맞춰 쓰면 된다. 간단하다. 직무부터 정하자. 직무…… 직무…….

'직무? 어떤 직무에 맞춰 써야 하지?'

사실 나는 아직 어떤 일을 해야겠다는 생각을 해본 적이 없다. 그저 '어느 정도' 연봉을 받을 수 있는 '적당한' 일을 하면 되겠다는 것 이상의 고민은 해보지 않았다.

어렸을 때 꿈은 만화가였다. 그래서 모든 교과서 여백을 빼곡히 낙서로 채워 넣곤 했다. 그보다 더 어렸을 때는 과학자가 돼서 거대 로봇을 만들어보고 싶기도 했다. 하지만 지금은 하고 싶은 일이란 게 없다. 취업, 취업, 말만 했지 구체적으로 뭘 어떻게 해야겠다는 생각이 없었다. 그러니 글을 쓰려고 해도 시작부터 막혀 풀리질 않는 것이다.

답답한 마음에 다른 조원들이 뭘 쓰는지 둘러봤지만 잘 보이지가 않는다. 지원이는 머리를 늘어뜨린 채 미동도 하지 않고 빠른 속도로 뭔가를 적고 있다. 강의장 전체에 종이와 펜이 굴러가는 사각사각 소리만 들린다. 한참을 멍하니 앞자리에서 열심히 글을 쓰는 그녀를 보고 있는데, 뭔가 이상한 느낌이 들었는지 지원이가 고개를 들어 나를 쳐다본다.

"왜요, 오빠?"

“어, 아니야. 생각 좀 하느라.”

“······잘 안 돼요?”

“아니야, 괜찮아.”

걱정스러운 표정을 짓는 지원이 얼굴을 보니 갑자기 오기가 생긴다. 적어도 그녀에게만큼은 약한 모습을 보이고 싶지 않다. 게다가 이 나이 되도록 아직 무슨 일을 하고 싶은지 생각조차 안 해본 부끄러운 속사정을 들키고 싶지 않다. 나는 오히려 시크한 표정을 지으며 짐짓 허세를 부려본다.

“필요한 거 있으면 말해. 도와줄게.”

“아, 아니에요. 벌써 많은 도움이 됐는걸요. 괜찮아요.”

지원이는 웃는 얼굴로 고개를 살랑살랑 몇 번 흔들더니 다시 펜을 잡고 글을 써 내려간다. 그녀의 밝은 모습에 기분은 좀 나아졌지만 아무래도 직무에서부터 막힌 자소서는 도무지 풀리지 않을 것 같다는 생각이 든다.

그래서 결론은 뭐라고 쓰지? — ⑤

지원동기 쓰기

"이제 마지막입니다. 지금부터 할 내용은 자소서의 핵심인 지원동기 및 입사 후 포부입니다. 가장 중요하면서도 가장 쓰기 어려운 부분이죠. 그러니 이제까지의 내용은 일단 잊고 지금부터 진행할 내용에 집중하시길 바랍니다."

중요한 부분이라는 말에 학생들은 한층 더 집중하는 모습이다. 몸을 앞으로 내밀며 관심을 보이거나, 펜을 들고 필기할 준비를 하거나, 몇몇은 스마트폰으로 강의 내용을 녹음하기도 한다. 다들 지금 한창 자소서를 쓰고 있을 때니 지원동기 및 입사 후 포부가 얼마나 중요한지, 그리고 쓰기는 얼마나 어려운지 스스로 잘 알고 있는 것이다. 나도 펜을 바짝 잡고 필기할 준비를 한다.

"자, 지금부터 지원동기 및 입사 후 포부를 쓸 텐데…… 본인의 지원동기가 뭐죠? 왜 취업하려고 해요?"

"네? 어……."

질문을 받은 학생이 우물쭈물하자 강사는 다른 학생을 지목한다.

"지원동기가 뭐예요?"

"회사의 발전을 위해서요."

"네? 진짜? 정말인가요?"

"......."

그때 저 뒤쪽에서 누군가 소리쳤다.

"돈 벌려고요!"

그 학생의 외침에 다른 학생들이 멋쩍은 듯 쓴웃음을 짓는다.

하지만 강사는 기다렸다는 듯 말했다.

"네 맞습니다! 돈 버는 게 목적이잖아요. 여러분 왜 대기업을 선호해요? 돈 많이 주고 폼 나니까 그러는 거 아니에요? 왜 공무원을 선호해요? 평생 안 짤리고 안정적으로 월급을 받을 수 있으니까 선호하는 거잖아요. 내 말이 틀려요?"

학생들이 고개를 끄덕인다.

"자, 그럼 입사 후 포부는 뭐예요?"

모두들 대답이 없다.

"솔직해지자니까요. 입사 후 포부가 검은 머리 파뿌리 될 때까지 그 회사와 함께하면서 동고동락하는 건가요? 아니면 편하게 월급 받고 경력 쌓다가 기회가 생기면 더 편하고 월급 많이 주는 직장으로 옮기고 싶은 건가요? 후자가 진짜 희망사항 아닌가요? 그러니까 결국 지원동기는 돈 벌려는 거고, 입사 후 포부는 더 좋은 직장으로 이직하는 거죠."

다들 말이 없다.

"삼성에 지원하려는 분 계세요?"

몇 명이 손을 든다.

"자 그러면 몇 가지 여쭤볼게요. 삼성, 왜 들어가고 싶어요?"

"방금 선생님이 말씀하신 대로 연봉도 많이 주고, 일단 다들 선호하니까요."

"다들 어떤 점에서 선호하는 걸까요?"

"연봉이나 복지나…… 그런 거죠."

"그렇다면 한 가지. 삼성이 세계에서 가장 많은 연봉을 주는 회사인가요? 아

니면 복지가 가장 좋은 회사인가요?"

"……."

"자, 이 학생은 많은 연봉과 복지가 선호하는 기업의 조건이라고 했는데요. 그렇다면 더 많은 연봉과 더 나은 복지를 제공하는 회사라면 언제든 이직을 하겠죠. 그렇다고 이 학생이 지원동기 및 입사 후 포부를 '돈 많이 받으면서 편하게 일하다가 더 좋은 곳에 기회가 생기면 이직하는 겁니다'라고 쓸 수는 없을 겁니다. 또 그렇기 때문에 자신을 그럴 듯하게 포장해 회사 입장에서 듣기 좋은 거짓말을 하라는 건 더욱 아닙니다. 그럼 어떻게 쓰느냐? 방법이 있습니다. 바로 '직무'에 맞춰 쓰는 겁니다."

지원동기 및 입사 후 포부의 핵심은 직무

"여기 모이신 분들은 뭘 전공하시나요? 학생, 전공이 뭐예요?"

"무역인데요."

"전공 살릴 거예요?"

"네. 저는 그러고 싶죠. 그런데 취업이 돼야 말이죠."

"왜 무역을 하고 싶은데요?"

"전공인데다가 선배들도 그쪽으로 많이 가니까요."

"그럼 무역 직무를 맡기 위해서 나름 준비를 많이 했겠네요? 자격증이라든가 영어, 제2외국어라든가……."

"무역영어 자격증 따려고 했는데 선배들이 그건 꼭 필요한 게 아니라고 해서 모스(MOS)만 땄고요. 지금은 토익 준비하고 있어요."

"선배들이 조언을 많이 해주는 거 같은데 실제 무역담당자가 되면 무슨 일을 하는지 알고 있나요?"

"……."

강사는 전체 학생들에게로 시선을 돌리며 말을 이었다.

"자, 이 학생의 희망직무 분야는 무역입니다. 무역담당자가 무엇을 하는 사람인지는 몰라도 일단 무역을 희망하고 있어요."

여기저기서 낄낄거리는 소리가 들렸다.

"웃지 마세요. 솔직히 여러분도 취업 후에 자신이 무슨 일을 맡을지, 어떻게 업무가 진행되는지 모르는 건 마찬가지잖아요."

잠시 소란스러웠던 분위기가 순식간에 가라앉았다.

"그럼에도 불구하고 우리는 직무에 맞춰 써야 합니다. 방금 이 학생이 좋은 얘기를 해줬는데, 이 학생이 무역을 하고 싶은 이유는 크게 두 가지였어요. 하나는 '무역을 전공했으니까 살리고 싶어서', 다른 하나는 '선배들이 많아서'입니다. 그렇다면 지원동기는 이렇게 쓸 수 있겠죠."

무역을 전공하며 가장 관심 있었던 수업은 '국제물류론'이었습니다. 무역을 국가 간 거래라고 단순히 생각하던 제게 운송수단별, 국가별로 특색 있는 수출입 조건과 절차들은 무역에 대한 보다 깊은 관심을 갖게 했습니다. 또한 학과 선배님들이 들려주는 무역실무 이야기는 제 상상력을 더욱 자극시켰고, 이러한 꿈은 결국 전문 무역인이라는 확고한 목표로 자라나게 되었습니다.

"이 정도가 지원동기입니다. 가족 같은 분위기가 마음에 들어서라든가, 인재를 중요시하는 기업문화가 좋아서라든가 하는, 그런 와 닿지도 않는 이유로 지원했다고 쓰지 말고, 실제 맡게 될 직무에 대해 관심을 갖고 있어서 지원했다고 쓰는 게 깔끔한 거죠. 이 정도면 거짓말도 아니고 과장한 것도 아닙니다. 있는 그대로 쓴 거라고 볼 수 있습니다.

그런데 지금 여기에서 몇 가지만 바꾸면 어떤 직무에든 다 적용할 수 있어요. 이를테면 컴퓨터공학과라고 합시다. 그러면 이렇게 바꿀 수 있어요.”

컴퓨터공학을 전공하며 가장 관심 있게 배웠던 수업은 ‘알고리즘 분석’입니다. 주위 친구들은 컴퓨터 언어를 익혀 간단한 게임 프로그램 등을 만들어보는 것에 집중했지만, 저는 보다 효율적이면서도 오류가 적은 알고리즘을 찾아내는 것에 더욱 흥미가 많았습니다. 게다가 업계의 선배님들로부터도 알고리즘이야 말로 프로그래밍의 핵심 기술이라는 말을 들을 수 있었습니다. 그래서 저는 알고리즘 전문가라는 목표를 정했으며 이를 이루기 위한 노력을 해왔습니다.

“지금 보여드린 두 가지 사례가 비슷하죠? 단어 몇 개만 바꾸었지 똑같은 내용입니다. 이처럼 무역과 IT는 전혀 다른 분야임에도 어쩐지 비슷한 지원동기처럼 보이는 데에는 이유가 있어요. 왜냐하면 사람들은 자신이 경험한 분야에 더 큰 관심을 갖게 되고 구체적인 행동 동기와 목표가 생기거든요. 이건 취미와 같아요. 이해가 안 되죠? 그럼 일단 제 취미를 예로 풀어서 설명드릴게요. 제 취미 중 하나는 만화책 보는 겁니다. 혹시 여러분 《원피스》 알고 있나요? 오다 에이치로 선생님 작품인데.”

“네!”

많은 학생들이 반가운 듯 환한 얼굴로 대답한다. 나도 친구가 재미있다고 해서 몇 권 읽어 보긴 했는데, 너무 양이 많아 아직 다 읽지는 못한 만화다.

“어렸을 때부터 만화를 좋아했어요. 《북두의권》, 《공작왕》, 《드래곤볼》, 《슬램덩크》, 《시티헌터》 등등. 그 중에서 개인적으로 최고의 만화책으로 꼽는 것이 바로 《원피스》죠. 그래서 저는 《원피스》에 많은 투자를 했습니다. 일단 현재까지 나온 단행본은 모두 갖고 있습니다. 70권이 넘죠. 거기다 〈레드〉, 〈블루〉, 〈그린〉, 〈옐로〉 같은 팬북도 모았어요. 책뿐만 아니라 피규어도 모았습니다. 제 방에 가보면 한쪽 벽면의 책장엔 원피스가 꽂혀 있고, 책장 위에는 피규어가 쭉 진열되어 있습니다. 그리고 반대쪽 벽면은 원피스 현상금 포스터로 도배를 해놨죠. 그게 끝이 아니에요. 저는 실제로 원피스 코스프레 콘테스트에 참가해서 조로의 삼검류 코스프레로 1등을 차지해 본 경험도 있습니다.”

“워~.”

“하하하하.”

뜬금없는 만화 주인공 코스프레 얘기에 학생들은 웃으며 재미있다는 반응을 보인다.

“저는 이 정도로 원피스에 빠져 있고, 스스로 ‘원피스 덕후’라고 부릅니다. 더 나아가서 이 같은 ‘오덕후’ 기질이 있다는 게 저는 무척이나 자랑스러워요. 이런 제게 꿈이 있습니다. 그건 바로 일본에 있는 오다 선생님의 작업실을 방문하는 겁니다. 거기서 《원피스》가 만들어지는 모습을 꼭 한번 보고 싶어요. 그게 제 목표죠.

자, 이런 제 취미가 바로 자소서에 쓸 지원동기와 같은 거란 얘깁니다. 방금 제 얘기를 정리해 보자면, 단순히 만화책을 좋아한다는 흔하디흔한 취미에서 《원피스》라는 특정한 작품에 집중이 되고, 만화책과 피규어 수집 같은 구체적인 행동, 더 나아가 코스프레 같은 경험도 하게 되었죠. 그러면서 단순한 흥미 수준이었던 취미가 상당히 구체적인 모양을 갖추어 갑니다. 그리고 더 나아가 오다 선생님의 작업실을 방문해 보겠다는 원대한 목표까지도 생기게 된 겁니다.

지원동기도 마찬가지입니다. 처음엔 막연한 관심으로 대학이나 전공을 선택했을 수 있고, 심지어는 관심도 없는 과에 수능점수 맞춰서 들어 왔을 수도 있어요. 그러다 여러 전공과목을 통해서 새로운 사실을 접하게 되고, 이론적인 바탕을 쌓고, 실무 프로젝트도 진행하면서 점점 더 관심이 커지게 되는 겁니다. 여기

서 좀 더 발전한다면 교수님 연구실에서 조교로 활동하면서 실험이나 프로젝트도 경험하게 되고, 몇몇은 학교나 외부단체에서 주최하는 경진대회나 공모전에 참가하기도 하며, 또 몇몇은 실제 현장에 나가서 인턴 경험을 쌓기도 합니다.

이처럼 관심과 경험이 쌓이다 보면 결국엔 더 큰 원대한 목표가 생기게 되는 거죠. 해당 분야의 최고 기술자로 인정받는다거나, 새로운 기술을 개발해서 그 분야에 자신의 이름을 남기고 싶다거나, 자신의 경험을 바탕으로 CEO가 되고 싶다거나 하는 등의 목표 말입니다. 이렇듯 취미와 지원동기는 '관심분야가 어떻게 구체화되고 목표를 만들어가는가'라는 부분에서 상당히 닮은 점이 많습니다."

취미나 지원동기의 발전단계

1. 관심분야가 일반적인 것에서 특수한 분야로 집중된다.
2. 처음엔 멀리 떨어져서 지켜보다가 관심이 커지면 직접 뛰어들어 경험한다.
3. 경험이 쌓이면서 오덕후, 전문가, 마니아 등의 호칭을 얻기도 한다.
4. 관심분야에서 이루고 싶은 목표가 생긴다.

"이쯤에서 좀 더 현실적인 이야기를 해볼까요? 우리나라의 교육 특성상 꽤 많은 학생들이 자신의 적성이나 비전과는 상관없이 그저 수능점수에 맞춰 대학과 전공과목을 선택하게 됩니다. 19년 동안 딱히 관심도 가져 본 적 없는 분야를 전공하게 되는 거죠. 그리고 학교에서 배우면서 밤새 리포트 쓰고 시험 치르다 보니 자연스럽게 자신의 전공분야에 관심을 갖게 되다가 졸업할 때가 되면 과 친구나 졸업한 선배들, 아니면 담당교수님들한테서 나오는 한정된 여러 가지 정보를 듣고 취업을 준비합니다. 때문에 여러분의 지원동기는 대부분 비슷해질 수밖에 없습니다.

　물론 몇몇 분들은 특별한 경험에 의해 독특한 지원동기를 가지고 계실 수도 있습니다. 제가 지금까지 말씀드린 것은 어디까지나 일반적인 내용이고요. 아셨죠? 그럼 다음은 입사 후 포부에 대해서 쓰겠습니다."

　이해가 된다. 항상 지원동기를 쓰려고만 하면 어렵게 느껴지고, 막상 써놓고 보면 유치하기 이를 데 없었는데, 자신이 좋아하는 것이나 전공에서부터 시작해서 자신만의 목표를 쓴 것을 보니 정말 자연스럽고 군더더기가 없게 느껴진다. 그런데 내가 좋아하는 것? 나의 목표는 대체 뭐지?

입사 후 포부 쓰기

"방금 이 학생이 무역 쪽을 희망했는데요. 사실 제 첫 직장이 무역회사였고, 저는 무역담당자 출신입니다. 제가 업계 선배 입장에서 제 경험을 들려드릴게요 무역부 신입사원으로 회사에 들어가면 제일 먼저 뭘 할 거 같아요? 출근 첫날에."

"……."

무역을 희망하던 학생은 강사의 질문에 대답을 못한다.

"출근하면 제일 먼저 대리급 선배가 각 부서를 돌면서 소개를 시켜줍니다. 관리부, 디자인실, 생산부, 검수과 등을 다 돌고 이사님, 상무님, 혹은 대표님에게까지 인사를 시킵니다. 그리고 며칠간 하는 일은 회사 소개 자료 읽는 거죠. 홈페이지 보고, 소개 자료 보고, 가끔 선배가 데리고 나가 담배도 한 대 같이 피우고……. 그게 주어진 일의 전부입니다. 그러다가 시간이 좀 더 지나면 복사해 오라고 시키고, 청소나 커피 심부름을 시키기도 합니다. 그러면서 간단한 작업지시서 번역이나 송장 작성 등의 업무를 맡게 되죠. 해외 바이어가 회사에 온다고 해도 무역부 신입직원은 그들 얼굴 구경도 못합니다. 기껏해야 회의실 청소하고, 다과 준비하고, 회의자료 책상에 올려두는 일을 할 뿐입니다. 무역부 신입에게 주어지는 일은 이 정도라는 거죠.”

“그럼 경력이 한 3년에서 5년 정도 쌓이면 어떤 일이 주어질까요? 그때도 커피 타고 복사하고 있을까요? 아니죠. 경력 좀 된다는 사람이 그런 잡무나 하고 있다면 회사에서도 좋아하지 않을 겁니다. 경력사원은 월급을 더 많이 받아가는 만큼 뭔가 더 생산적인 일을 하길 바라겠죠. 예를 들어 신규 사업 아이템을 생각해 낸다거나, 그걸 바이어에게 효과적으로 판매할 수 있는 전략을 짜고, 실제로 커뮤니케이션이나 협상을 통해 실적을 올리는 업무를 해야 할 겁니다. 바이어와의 비즈니스 미팅을 하는 자리에 다과를 세팅하고, 회의자료를 올려두고, 책상을 배치하는 등의 업무가 신입사원의 몫이라면, 경력사원은 실제 미팅을 어떻게 진행할지 전략을 짜고, 진행을 하고, 성과를 만들어내야 한다는 거죠.”

“그렇다면 경력이 더욱 많아지면 어떤 업무를 맡게 될까요? 대략 10년~20년 정도 되었을 경우 말입니다. 전투로 치자면 대리, 과장급들은 전투에 투입돼서 총 쏘며 진격하는 임무를 맡아야 하고, 부장 이상의 관리자가 되면 후방에서 전체적인 전략을 짜고, 부대 간 갈등과 역할을 조정하며, 군대를 효율적으로 관리하는 시스템을 만들어내는 임무를 맡아야 합니다. 회사에서는 새로운 사업모델을 구상하고 기업 간 제휴사업 등의 협상을 주도해야 한다는 것이죠. 또는 신입직원의 채용, 육성에 대한 시스템을 고안하고, 기존 직원들 간의 갈등이나 부서 간 갈등 및 역할 등을 조정해야 합니다. 이것이 바로 관리자의 역할입니다.”

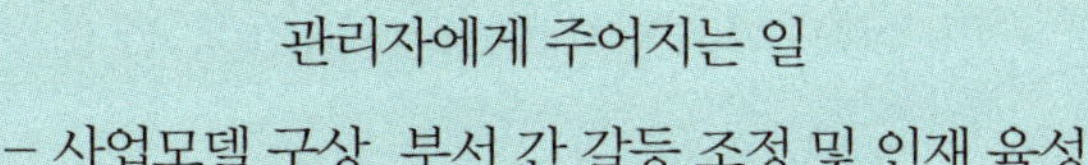

관리자에게 주어지는 일
– 사업모델 구상, 부서 간 갈등 조정 및 인재 육성

지원동기 및 입사 후 포부

직무 무역부　　**실제 하는 일** Corres 업무, 통관서류 작성, 신규시장 개척, 바이어 상담

	주어질 업무	실제 경험	찾아서 할 일
신입사원	복사, 커피 심부름 이메일 번역 작업시시서 등 간단한 서류 작성		
중견사원	신규 아이템 구상 바이어 상담, 사업의 진행 성과 만들기		
관리자	사업모델 구상 직원의 채용과 육성 직원, 부서 간 갈등 조정		

"그런데 회사에서는 말 그대로 주어지는 업무만 열심히, 최선을 다해서는 발전이 없습니다. 여러분이 회사에 입사했을 때 주어진 일이 커피 심부름, 복사, 청소라고 해서 그것만 열심히 한다고 발전이 있을까요? 여러분이 열심히 커피 타는 모습을 보고 사장님이 '음, 커피 타는 솜씨가 좋아졌으니 연봉도 올려주고, 진급도 시켜주고, 부하직원도 배치시켜 줘야겠군!'이라고 말씀하시진 않을 겁니다. 시간이 지나도 매일 같은 업무만 하고 있는 사람을 보면 쫓아내겠죠. 아무리 최선을 다해 맡은 바 업무를 하고 있다고 하더라도 말이죠.

그럼 회사에서는 뭘 어떻게 해야 하느냐? 그건 주어진 업무 외에 해야 할 업무를 찾아서 해야 한다는 겁니다. 여기서 매우 중요한 단어가 나왔어요. 바로 '해야 할 업무'라는 말입니다. 이는 입사 후 포부와도 비슷한 것으로 정리해서 설명드리겠습니다."

"신입직원이 해야 할 업무, 무엇이 있을까요? 먼저 회사의 문화에 잘 융합되어야 하고, 한편으로는 회사의 업무를 잘 파악하는 겁니다. 회사 문화에 융합한다는 말은 회식자리에서 같이 술 마시면서 친해진다는 의미가 아닙니다. 진짜 회사의 일원으로 융화되기 위해서는 '같은 목표를 향해 함께 뛰고 있다'는 모습을 보여주어야 합니다. 상사의 지시를 단순히 귀찮은 일 정도로 생각하는 게 아니라, 그 이유에 대해 깊이 생각하고 자신의 이름을 걸고 최선을 다해 120%의 성과를 내놓아야 합니다. 회의자료를 복사하더라도 보기 좋게 포스트잇으로 라벨을 붙여 올려둔다거나, 바이어가 오는 회의실에 다과나 회의자료만 놓아두는 것이 아니라 바이어 국가의 전통음악을 틀어두는 등 시키지 않은 일도 알아서 하는 노력을 보여야 한다는 겁니다. 이런 적극적인 모습이 '이번 신입사원은 함께 일해 볼 만한 사람'으로 받아들여지게 만든다는 거죠. 왜냐하면 이런 사람만이 신선한 아이디어와 성과를 만들어낼 수 있다는 것을 선배들은 이미 경험상 잘 알고 있거든요."

"그렇다면 중견사원은 어떨까요? 중견사원에게 있어 주어진 일이 아닌 해야

할 일은 무엇일까요? 그건 바로 영업력입니다. 신입사원 같은 경우에는 직접 고객을 만날 기회가 없습니다. 지식도, 응대하는 요령도 부족하기 때문에 아예 시키질 않습니다. 그렇지만 중견사원쯤 되면 회사를 대표해서 외부 업무를 처리하곤 하게 됩니다.

예를 들어 결제대금 지급시기에 대한 논의를 하러 거래처를 방문한다고 해봅시다. 만약 신입사원을 보냈다면 상부에서 지시받은 내용을 거래처에 정확하게 전달하고, 또 거래처의 입장을 자세히 받아 적어 오기만 하면 됩니다. 그게 바로 신입사원의 역할이죠. 그렇지만 경력사원이라면 영업 마인드를 가지고 일을 해내야 합니다. 거래처의 근무 분위기는 어떤지, 바뀐 직원은 있는지 확인하고, 못 보던 물건이 보이면 어디에 쓰이는 건지, 어느 용도인지, 경쟁사에서 주문한 것인지, 담당자는 누구인지, 규모는 어느 정도인지 파악해야 합니다. 그리고 수집된 정보를 바탕으로 시장의 니즈를 찾아내고, 새로운 사업 아이템을 구상해 내야 하는 거죠. 그래야 회사에서 밥값은 한다는 소리를 들을 수 있는 거고요.”

> **중견사원이 해야 할 일**
> – 회사는 내가 먹여 살린다는 생각. 영업력을 갖춘다.

“관리자도 마찬가지입니다. 주어진 일이 있고, 해야 할 일이 있습니다. 관리자라고 해서 하고 싶은 일을 마음대로 하는 것은 아니거든요. 일단 관리자는 아래 직원들이 수집, 보고한 내용을 바탕으로 의사결정을 하고 지시를 내립니다. 그리고 필요에 따라서는 조직 내외부의 역할을 조정합니다. 이것이 주된 업무죠. 그런데 가끔 이사님이나 상무님이 ‘필드를 떠난 지가 오래 돼서 나도 감이 많이 떨어졌군’ 하는 말씀을 하실 때가 있습니다. 사실 관리자의 업무란 게 실제 일선에서 뛰는 일이 아니다 보니 아무래도 현장 감각이 떨어질 수밖에 없습니다. 그렇기 때문에 관리자에게도 '해야 할 일'이란 것이 생깁니다. 바로 끊임없는 '자기개발'이죠.

텔레비전을 통해 가끔씩 보는 성공한 CEO를 보면 매우 바쁩니다. 새벽에 일어나 책을 보고, 업무 스케줄 구상하고, 외부 조찬 모임에서 새로운 지식을 쌓고 나서 출근하며, 오후에는 제2, 제3 외국어를 공부하고…… 게다가 시간을 따로 내어 운동까지 합니다. 우리가 흔히 생각하는 배불뚝이 대머리에 고집스러운 얼굴로 책상에 앉아 커피 심부름이나 시키는 관리자의 모습과는 아주 다르죠.

무엇이 이처럼 두 사람 간의 차이를 만드느냐? 앞서 얘기한 자기개발 때문입니다. 발전하는 관리자는 지금의 지위를 즐기기보다는 더 높은 곳으로 올라가기 위해 새로운 지식을 쌓고, 활발히 움직이며, 경험을 축적해 나갑니다. 관리자의 위치에 만족하고, 나태하게 자기개발을 소홀히 하는 단순한 배불뚝이 부장님과는 다르다는 말입니다."

관리자가 해야 할 일 – 끊임없는 자기개발

"자, 그럼 두 가지를 나열해 보겠습니다."

	주어질 업무	실제 경험	찾아서 할 일
신입사원	• 복사, 커피 심부름 • 이메일 번역 • 작업시시서 등 간단한 서류 작성		• 회사 일을 내 일처럼 적극적으로 한다 • 지난 서류를 반복적으로 읽어 기업 내부의 사정을 파악한다
중견사원	• 신규 아이템 구상 • 바이어 상담, 사업의 진행 • 성과 만들기		• 회사는 내가 먹여 살린다는 주인의식 • 영업 마인드는 필수

관리자	• 사업모델 구상 • 직원의 채용과 육성 • 직원, 부서 간 갈등 조정		• 끊임없는 자기개발로 지속적인 발전과 직원들의 모범이 된다

"그리고 이것을 서술형으로 풀어서 쓰면 입사 후 포부가 됩니다. 이렇게 말이죠."

예문

주어질 업무 : 신입사원의 순수한 열정으로 기초부터 튼튼히 다지겠습니다.

경험 : (   )

해야 할 일 : 나아가 부서와 기업의 발전방향이 무엇인지 고민하고, 제가 기여할 수 있는 바를 찾아내겠습니다.

주어질 업무 : 중견사원이 되면 회사의 얼굴이 되겠습니다.

경험 : (   )

해야 할 일 : 보다 적극적인 개척정신으로 새로운 사업에 대한 아이템을 발굴해 내어 회사의 발전에 기여하겠습니다.

주어질 업무 : 존경받는 관리자가 되겠습니다.

경험 : (   )

해야 할 일 : 관리자가 된다고 하더라도 그 위치에 만족하지 않고 끊임없이 발전하기 위해 노력하며 모두의 모범이 되겠습니다.

"대략적으로 말씀드리면 이 정도라는 겁니다. 이제 여기에 여러분의 경험을 하나씩 넣으시면 좀 더 구체적이고 훌륭한 글이 됩니다. 아까 무역부 신입직원이 처음 맡게 될 업무가 뭐라고 했죠? 인사 열심히 하고, 커피나 복사 심부름 하고, 번역하고, 회의자료 만들고 하는 업무라고 했죠? 그리고 해야 할 일은 뭐라고 했습니까? 주어진 일을 내 일처럼 열심히 하고 적극적으로 행동한다는 거였죠. 이러한 일들에 대해서 여러분들은 분명 경험을 갖고 있습니다. 학교나 아르바이트, 봉사활동, 전공수업 중에서도 다 해봤을 겁니다. 중견사원의 업무나 관리자의 업무와도 비슷한 걸 대부분 이미 해보셨을 거예요. 이렇게 말이죠."

	주어질 업무	실제 경험	찾아서 할 일
신입사원	• 복사, 커피 심부름 • 이메일 번역 • 작업시시서 등 간단한 서류 작성	군대 행정병 경험, 사무직 아르바이트, 리포트 작성, MOS/컴활 자격증 취득	• 회사 일을 내 일처럼 적극적으로 한다 • 지난 서류를 반복적으로 읽어 기업 내부의 사정을 파악한다
중견사원	• 신규 아이템 구상 • 바이어 상담, 사업의 진행 • 성과 만들기	학교 축제 이벤트 아이디어, 자선모금 활동, 어학연수 동안 한국을 알린 경험, 수업 중 프레젠테이션 발표	• 회사는 내가 먹여 살린다는 주인의식 • 영업 마인드는 필수
관리자	• 사업모델 구상 • 직원의 채용과 육성 • 직원, 부서 간 갈등 조정	학생회, 동아리 운영, 교회, 봉사활동 멘토 경험, 학원 강사 아르바이트, 실습 프로젝트 팀장, 반장, 학생회장, 고민상담, 갈등 화해 경험	• 끊임없는 자기개발로 지속적인 발전과 직원들의 모범이 된다

"그러면 지금까지 나온 내용을 기본으로 하나의 완성된 글을 써보겠습니다."

무역을 전공하며 가장 관심 있게 배웠던 수업은 '국제물류론'이었습니다. 무역을 단순히 국가 간 거래라고만 생각하던 제게 운송수단별, 국가별로 특색 있는 수출입 조건과 절차들은 무역에 대한 보다 깊은 관심을 갖게 했습니다. 또한 학과 선배님들이 들려주는 무역실무 이야기는 제 상상력을 더욱 자극시켰고, 이러한 꿈은 결국 전문 무역인이라는 확고한 목표로 자라나게 되었습니다.

이를 위해 다음과 같은 세부 목표를 세웠습니다.

첫째, 신입사원의 순수한 열정으로 기초부터 튼튼히 다지겠습니다.

오퍼 시트(Offer sheet)의 번역, 작업지시서 작성, 통관서류 확인 등 기초적인 문서작업부터 완벽하게 해내겠습니다. 이를 위해 몇 번이고 다시 확인할 것이며, 필요하다면 밤샘이나 주말 근무도 마다하지 않겠습니다.

실제로 저는 PC방 아르바이트를 할 때도 시간이 됐다고 퇴근한 적이 없습니다. 제 업무시간에 해야 할 일이라면 청소가 됐든, PC정비가 됐든 끝까지 마무리를 했고, 때로는 일부러 시간을 내서 신입 아르바이트생의 업무를 봐주기도 하였습니다.

이러한 열정을 바탕으로 ○○○에서도 주어진 일을 완벽하게 해내는 것은 물론이고, 제가 ○○○에 기여할 수 있는 바를 반드시 찾아내겠습니다.

둘째, ○○○의 자랑스러운 얼굴이 되겠습니다.

무역담당자라면 해외 바이어들과 사업의 진행을 논의하는 것은 물론 생산, 회계, 물류 등 다양한 업무 관계자들과 활발한 교류를 하게 됩니다. 그리고 이러한 업무는 기업을 대표해서 수행하는 것이기 때문에 철저하게 준비된 상태에서 임해야 한다고 생각합니다.

저는 G20이 후원하는 세계대학생축제에서 통역 및 안내 등의 역할을 맡은 적이 있습니다. 그러나 기본적인 회화만으로는 안내 역할을 확실히 해낼 수 없다고 생각한 저는 행사 전반의 내용을 숙지하는 것은 물론이고, 주변의 교통편, 먹거리, 관광정보, 주요 국가의 인사말까지도 숙지하였습니다. 이렇듯 준비된 상태로 행사에 임하자 자신감이 넘쳤고, 실제로도 외국인들로부터 한국을 다시 찾고 싶다는 이야기를 몇 번이나 들을 수 있었습니다.

이처럼 ○○○의 대표로써 철저한 준비와 노력을 하겠습니다. 그리고 그러한 노력이 ○○○ 사업의 출발점이 되도록 하겠습니다.

셋째, 자기개발을 멈추지 않겠습니다.

지금은 단순히 영어나 무역사무, OA기초 등을 갖추었을 뿐이지만, 앞으로 회계나 ERP, SCM 관련 지식도 쌓아야 하고, 직급에 따라서는 경제, 경영, 인사관리, 교육 등에 대해서도 전문적인 지식을 갖추어야 할 필요가 있을 것입니다.

학점, 어학, 자격증, 외부경험 등 제가 자신 있게 내세울 수 있는 것이 얼마 없습니다. 하지만 조금이라도 발전된 나를 만들기 위해 현재 EBS의 무역실무론과 ○○특강을 수강하고 있으며, 코트라의 무역전문가 과정을 준비하고 있습니다. 또한 얼마 전부터는 독학으로 일본어를 시작하였으며, 어느 정도 실력이 갖추어지면 JLPT 1급을 목표로 학원수강을 할 예정입니다.

가지고 있는 것만으로 판단한다면 저를 부족하다고 여기실지 모릅니다. 하지만 ○○○이 장기적인 비전을 갖고 크게 성장할 인재를 원하신다면 제가 바로 그 인재임을 확신합니다.

"대략 이렇게 적어봤는데요. 입사 후 포부의 경험도 역량과 마찬가지입니다.

자신의 경험 중 어떤 면을 강조하느냐에 따라서 하나의 경험을 여러 곳에 쓸 수 있다는 얘기죠. 예를 들어 군대에서 신병 때의 경험을 위에서처럼 신입사원에 해당하는 경험으로 쓸 수도 있고, 부대 UCC 경연대회에서 특색 있는 내용으로 포상을 받았던 경험으로 신규 사업 아이템의 추진과 성과를 만들어내는 중견사원의 역할을 해냈다고 쓸 수도 있습니다. 또 부대원들의 고민을 들어주고 자살을 예방해 본 경험 등을 이야기하며 관리자의 역할을 강조할 수도 있겠죠.

아르바이트도 마찬가지입니다. 성실한 근무로 매뉴얼을 누구보다 빠르게 익혀 동기 중에 가장 먼저 승진했다면 신입사원의 성실함과 적극성을 이야기할 수 있겠고, 제품의 생산공정이나 손님들에게 서비스를 제공하는 데 있어 개선사항을 제안하고 업무 효율을 높였다면 중견사원의 역할을 해낸 경험으로 쓸 수도 있습니다. 또 신입 아르바이트생 교육이나 업무 배치, 팀의 리더 역할을 맡아봤다면 관리자의 역할도 해보았다고 할 수 있습니다."

경험은 무엇을 강조하느냐에 따라 다른 이야기가 될 수 있다.

"자, 여러분. 어때요? 지원동기 및 입사 후 포부 쓰는 거 어렵지 않죠?"

글쎄, 이제까지의 강의 내용보다는 어렵다는 느낌이지만 전혀 손을 못 댈 정도는 아닌 것 같다.

"제가 몇 번이나 말씀드렸지만, 여러분의 경험 자체가 극히 한정되어 있기 때문에 자소서의 내용 자체도 극히 한정될 수밖에 없어요. 하지만 조금만 머리를 쥐어짜 보면 제가 보여드린 예문을 바탕으로 글을 쓰는 데는 어려움이 없을 겁니다. 물론 베껴 쓰라는 말은 아닌 거 아시죠? 그럼 각자의 경험을 최대한 살려서 써보시길 바랍니다. 시작하세요."

"후우!"

나는 한숨을 내쉬며 워크시트를 본다. 쓸 수 있을 것 같다는 생각과는 달리 첫 문장에서부터 막혔다. 또 직무다. 왜 자꾸 직무가 내 발목을 잡는지 원망스럽다. 이걸 해결하지 않고서는 도무지 한 글자도 못 쓸 것 같다. 착잡한 마음에 고개를 뒤로 젖히고 눈을 감아버렸다.

"도와드릴 게 있나요?"

그런 내 모습을 보았는지 어느새 강사가 내 옆에 와 있었다.

"제가 아직 직무를 못 정했거든요. 그런데 어떻게 써요?"

"아, 그래요? 괜찮아요. 제가 만나 본 대학 4학년 학생들의 대부분은 취업을 하는 그 순간까지도 진로를 정하지 못하거든요. 학생만 그런 게 아니라 다들 그러니까 걱정할 필요 없어요."

강사는 살짝 찌푸린 얼굴로 장난스럽게 웃어 보이며 말을 계속했다.

"우선, 전공이 어떻게 돼요?"

"경영인데요."

"전공 살릴 거예요?"

"상관없어요. 일단 취업이 돼야 말이죠."

"뭐 좋아해요?"

"네?"

"좋아하는 거. 아무거나."

"……."

대답을 못하겠다. 이젠 내가 뭘 좋아하는지도 모르겠다.

"그럼 싫어하는 거는? 취업하는 데 가리는 거 있어요?"

"아뇨. 당장이 급한걸요."

"그렇구나. 그럼 연봉은 얼마나 원해요?"

"한 2,500 정도?"

"그거면 만족해요?"

"글쎄……요. 그 정도면 되지 않을까요?"

'글쎄'가 아니라 아예 기본지식이 없다. 그 정도가 어느 수준의 연봉인지, 그렇게 받을 수 있을지, 내가 만족할 수 있을지도 모르겠다.

"지역은 어디가 좋아요?"

"일단 취업을 해야 하니까 어디라도 상관없어요."

"지방도 괜찮아요?"

"네."

"음, 전공도 상관없고, 특별히 취향이 있는 것도, 가리는 것도 아니면 취업할 곳이 엄청나게 많은데……. 경기도나 충북 지역에 스마트폰 제조공장이 많이 있거든요. 보통 1일 2교대로 일하는데 기숙사도 제공합니다. 거기는 내일부터라도 당장 출근할 수 있고, 열심히 일하면 3,000~3,200 정도의 연봉도 받을 수 있습니다. 취업도 쉽고 연봉도 나쁘지 않은 수준인데, 가실래요?"

"네? 그건 아닌데……."

"어떤 부분이 아닌가요?"

"그게……."

"생산직어서 싫은가요? 아니면 지방이라서 싫은 건가요?"

"둘 다요."

"방금 가리는 것도 없을 뿐만 아니라 지방도 괜찮다고 했잖아요."

"……."

"그럼 영업직을 추천해 드리죠. 제약영업 같은 경우는 대략 초봉으로 2,400~2,600 정도 받으실 수 있어요. 운이 좋다면 3천 가까이 받기도 하죠. 들어가기 아주 어려운 것도 아니고 업무용 차량을 지급해 주기도 합니다."

"영업은 좀 아닌 거 같은데요."

"영업은 어떤 부분이 아닌데요?"

"제 성격이 누구한테 물건 팔고 그런 거 못하거든요."

강사는 내 눈을 빤히 쳐다보며 한쪽 눈썹을 찡그렸다.

"정말 취업할 생각이 있긴 한 겁니까?"

나는 할 말을 잃었다. 취업은 하고 싶다면서 딱히 하고 싶은 일은 없고, 취업할 곳이 있어도 그 일은 하고 싶지 않다니! 이제야 내 문제가 뭔지 알 것 같다. 목표가 없었던 것이다. 정확히 말하면 이미 알고 있던 것을 강사가 확인시켜 준 것뿐이다. 속마음을 들킨 어린아이처럼 얼굴이 화끈거리고 심장이 떨린다. 강의실 안이 워낙 조용해 나와 강사가 나누는 대화를 다른 학생들도 모두 들을 수 있다. 더욱 민망한 건 지원이 바로 앞에서 벌어지는 일이며, 그녀가 이 상황을 바라보고 있다는 점이다. 행인들로 꽉 찬 거리에서 혼자 벌거벗고 있는 느낌이다. 너무나도 창피하다.

"선배들은 졸업하고 뭐해요? 먼저 취업한 동기들도 있지 않나요?"

"글쎄요, 다들 알아서 취업하던데…… 잘 모르겠어요."

목구멍에 침이 탁탁 걸리면서 목소리가 떨리기 시작한다.

"음, 졸업을 앞둔 대학생들이 자신이 앞으로 무엇을 해야 할지 정하지 못한 경우는 많이 봤지만, 학생처럼 전혀 알아보지도 않은 케이스는 좀…… 아무튼 약간은 좋지 못한 상황이라고 할 수 있네요."

걱정 어린 강사의 말투에 얼굴마저 점점 달아오른다.

"자, 그럼 지금 빨리 스마트폰을 꺼내서 취업포털에 접속해 보세요. 그리고 검색창에 '경영'이라고 쳐보세요. 어서!"

강사가 시키는 대로 핸드폰을 꺼냈지만 핸드폰은 꺼져 있다. 게임 때문에 화가 나서 꺼버렸기 때문이다. 고개를 들어 강사를 보니 어서 전원을 켜라는 듯 고개를 살짝 끄덕인다. 핸드폰 전원이 들어오는 10여 초 동안이 한 시간쯤은 되는 것처럼 느껴진다. 몇몇 학생들은 아예 대놓고 어떻게 검색되는지 보기 위해 고개를 내밀어 내 핸드폰을 기웃거리기까지 한다. 얼굴 전체가 뜨겁다. 드디어 검색 결과가 나왔다.

"자, 결과를 보면…… 약 3,700건의 채용정보가 있네요. 그 중 경영학 전공자를 우대해서 뽑는 곳은 아마 20% 정도일 겁니다. 말하자면 학생이 전공을 살려서 지금 당장 지원할 수 있는 곳만 해도 대략 6백~7백 곳 정도란 거죠. 일단 그 채용공고들을 살펴보고 어떤 직무들이 있는지 확인해 보세요. 그리고 어떤 회사들이 있는지, 연봉은 얼마나 주고 복리후생은 어떤지, 학생이 지원할 자격조건은 되는지 알아보세요. 일단 뭘 알아야 자소서를 쓰죠. 알겠죠?"

"네."

힘없이 대답하는 내 어깨를 살짝 다독이고는 강사가 자리를 떠나자 나를 지켜보던 학생들은 저마다 핸드폰을 꺼내 내가 한 것처럼 채용정보를 검색하느라 분주하다. 순간 눈시울이 뜨거워졌다. 지금껏 목표도 없이 되는 대로 살아 왔던 내가 한심할 뿐이다. 남들은 명확한 목표를 갖고 앞으로 걸어가고 있는데, 나는 출발도 못한 채 어둠 속을 헤매고 있는 것 같다. 혼자만 멈춰 있는 내 자신이 부끄럽고 생각 없이 살아온 지난 시간이 억울하다. 다시 한 번 가슴에서 뭔지 모를 열패감이 밀려온다.

"하아!"

눈물을 흘리지 않으려 고개를 뒤로 젖히고 길게 한숨을 내쉬었다. 머리가 아프다. 목표도 없는 내가 이 자리에 있어야 하는지도 모르겠다. 시간이 조금 지나 진정이 됐다 싶어 젖혔던 고개를 똑바로 세웠다. 지원이가 나를 보고 있다. 안쓰러운 표정으로 묘하게 눈썹을 찌푸린 그녀가 무슨 말을 하려는 듯 입을 우물거린다. 나는 입술을 굳게 다문 채 천천히 머리를 좌우로 흔들며 괜찮다는 표시를 했다. 전혀 괜찮지 않지만 말이다.

내가 원하는 건 뭐?

하는 일이 즐거운가요?

"오늘부터 여러분의 앞날엔 좋은 일만 있을 겁니다. 감사합니다!"

힘찬 격려의 인사를 끝으로 강의를 마친 강사를 향해 많은 학생들이 우르르 몰려나갔다. 자소서에 대한 조언을 듣거나 명함이라도 한 장 받으려는 모양이다. 지원이도 그곳에 있다. 나도 강의 후에 강사에게 뭐라도 물어볼 생각이었지만, 강의가 끝나니 막상 그럴 기운도 없어 그냥 가방을 싸서 나왔다.

날은 이미 어두워지고 있었다. 한창 겨울인데다가 바람이 불어 더욱 춥게만 느껴지는 날씨가 가뜩이나 우울한 기분을 한층 더 우울하게 만든다. 한없이 초라한 내 자신을 누구에게도 보이고 싶지 않아 사람들도 별로 없는 교정을 후드 티를 깊게 덮어 쓰고 걸었다. 교문을 지나 전철역까지는 내 걸음으로 20분 정도 걸린다. 버스를 타는 것도 귀찮아 그냥 걷기로 했다.

이 생각 저 생각 초점 없이 한참을 걷다 보니 역이다. 앞으로는 학교에 올 일도 없고, 여기서 이렇게 전철을 기다리는 일도 없을 것이다. 지금만 같다면 졸업식에도 오고 싶지 않다. 와 봐야 취업한 친구들을 부럽게 쳐다보면서 기죽을 일밖에 더 있겠나 싶다. 씁쓸하다.

플랫폼의 펜스를 괜히 툭툭 발로 찼다. 그러고는 화들짝 놀라며 누가 보지나 않았을까 주위를 둘러보았다. 사람들은 모두 제각기 통화를 하거나, 신문을 보거나, 옆 사람과 이야기를 나누고 있다. 나에게 시선을 두고 있는 사람은 아무도 없다. 그런데 낯익은 얼굴 하나가 보인다. 자소서 강사였다.

나도 모르게 얼른 뒤로 돌아섰다. 잘못한 건 없지만 왠지 마주쳐서는 안 될 것 같았다. 내 자신이 얼마나 초라한지를 절실하게 깨달은 지금의 이 상태로는 누구도 만나고 싶지 않다. 특히 저 강사는…….

전철이 도착한다는 안내방송에 다음 차를 탈까 잠시 망설였지만, 일부러 그렇게까지 하면서 피할 필요는 없다는 생각이 들었다. 강사가 탄 차량 옆 칸으로 올라 잠시 한숨을 돌리는데 카톡 메시지 알림음이 들렸다.

"오빠 어디예요?"

지원이다. 오늘 점심때만 해도 어떻게든 말을 걸어 잠시라도 같이 시간을 보내고 싶었지만 지금은 대답조차 하기 싫다. 또다시 강의가 끝날 무렵 안쓰러운 표정으로 나를 쳐다보던 그녀의 얼굴이 떠오른다. 얼마나 불쌍해 보였을까. 이제 두 번 다시 그녀의 얼굴을 볼 수 없을 것 같다.

"오늘 자소서 도와줘서 고마워요. 제가 맛있는 거 사 드릴게요. *^^*"

나는 지원이가 보낸 메시지를 한참 들여다보았다. 오늘은 정말 마지막 자존심까지 무너진 날이었다. 하지만 그녀에게까지 동정받고 싶지는 않다. 더 이상은 싫다. 그럼에도 답장은 보내야 한다는 생각에 이리저리 손을 움직여본다.

"별 거 아닌데 뭐. 괜찮아~."

썼다 지운다.

"ㅎㅎㅎ 뭐 사줄 건데?"

다시 지운다. 이 상태로는 뭐라고 답장을 해도 동정밖에 살 것이 없다는 생각이 든다. 그때 객실 통로 문 너머로 강사의 옆모습이 보였다.

'이번이 마지막 기회다!'

바닥까지 떨어진 초라한 내 모습을 확인했고, 지원이에게 동정이나 받는 신세라면 더 나빠질 것도 없었다. 저 강사라면 이런 상황에서 뭔가 해답을 줄 수 있을지도 모른다. 나는 통로 문을 젖히고 강사에게로 다가갔다.

"저……."

막상 다가가긴 했지만 쉽게 말이 떨어지지 않는다. 강사는 못 들었는지 스마트폰 속 뭔가를 집중해서 보고 있다. 그의 팔을 가볍게 건드렸더니 깜짝 놀라 내 얼굴을 쳐다본다.

나는 황급히 고개 숙여 인사했다.

"안녕하세요. 저 아까 강의 들었던 학생입니다."

"아, 네."

인사를 받는 강사의 얼굴엔 놀라움도 아니고 반가움도 아닌 애매모호한 미소가 나타났다. 무슨 얘길 해야 할지 난감했다. 뭔가 도움을 받아야 하는데 어떤 도움을 어떻게 받아야 될지 몰라 입이 안 떨어진다. 난 대체 뭘 말하고 싶은 걸까? 잠시 어색한 침묵이 흐른다.

"혹시 저한테 하실 말씀이라도……?"

"저 좀 도와주실 수 있을까 해서요."

부끄럽다. 지하철에 있는 모든 사람들이 '저 멍청이는 뭐지?' 하는 표정으로 나를 보고 있는 것 같다.

"네. 무엇을 도와드릴까요?"

황당한 요청을 받은 강사는 당황스러울 법한데도 사뭇 진지함을 잃지 않았다. 나는 한껏 빨갛게 달아오른 얼굴로 계속 말을 해나갔다.

"자소서를 어떻게 써야 할지……."

"아, 경영학과 학생? 생각났어요. 아직 진로를 설정하지 못했던 학생 맞죠?"

"네, 네, 진로도 잘 모르겠고…… 그래서……."

"요즘 취업 준비하느라 힘들죠?"

"네, 뭐…….

나는 사실 힘들 게 없다. 토익을 준비한다는 핑계로 집에서 빈둥대고 있을 뿐이다. 하루에 토익 책 한 페이지도 넘기지 않는다. 아버지가 일자리를 알아봐 준다고도 했지만 이력서조차 드리지 않았다. 그러고 보니 정말 아무것도 하지 않으면서 세월만 죽이고 있는 것이다.

강사는 시계를 흘끗 보더니 말을 잇는다.

"아직 진로 자체를 설정하지 못한 것 같은데, 자소서부터 무턱대고 쓰기보다는 진로부터 설정하는 게 좋을 것 같습니다."

"네, 저도 그게 궁금해요."

강사는 다시 한 번 시계를 본다.

"길게 말씀드리기는 어렵겠고…… 제 인생 얘기를 한번 들려드릴 테니 들어보시겠어요?"

"네. 해주세요."

나는 두 손 모아 정중한 자세를 취하며 들을 준비가 되었음을 알렸다.

"음, 아까도 말씀드렸지만 제 첫 직장은 무역회사였고요. 저는 무역담당자였습니다. 요즘 글로벌 인재라는 말을 많이 쓰잖아요. 제가 바로 그 글로벌 인재였습니다. 세계를 무대로 각국의 바이어들과 함께 일한다는 건 무척이나 멋진 일이죠. 당시엔 저도 그렇게 생각했습니다. 자부심도 대단했고 주위에서도 멋지다고 해주었으니까요. 다만, 문제가 하나 있었는데, 일이 너무 바쁘다는 거였어요. '월화수목금금금'은 기본이고 하루에 네 시간 이상 잘 수가 없었죠. 왜냐하면 당시 제가 맡았던 바이어들이 호주, 영국, 미국에 있었기 때문입니다. 한국에서 퇴근할 시간이 되면 호주에서 출근을 하고, 호주 바이어들과 일을 한참 하다 보면 영국에서 출근을 하고, 영국 사람들이 퇴근할 무렵에는 미국에서 출근을 하거든요. 그러니 저는 퇴근도 못하고 밤을 새워 각국의 바이어들과 일을 해야만 하는 거죠. 그래도 세계를 무대로 한다는 자부심으로 정말 즐겁게 일을 했습니다. 그러다가 생각했죠.

'이렇게 재미있는데 아예 내 회사를 차려 버리자.'

그래서 무역회사를 직접 차렸습니다. 선배 사무실 한 귀퉁이를 빌려 책상 하나에 전화 한 대 올려두고 시작을 한 겁니다. 지금 생각해도 정말 어이없는 도전이었죠. 그래도 나름 잘 돼서 나중엔 직원을 열 명까지 늘렸습니다. 그런데 통장에 돈이 1억, 2억 들어와도 제 생활은 나아지지 않더라고요. 벤처창업자금 대출금에, 카드빚에, 여기저기 친척들에게서 빌린 돈 갚아야죠, 꼬박꼬박 직원 월급 줘야죠, 자재 대금 줘야죠, 사무실 월세도 내야죠…… 제 수중에는 돈 있는 날이 없더라고요. 만날 식당 아줌마 눈치 보면서 외상으로 밥 먹고, 길거리에서 꽁초 주워 피우고, 차비가 없어서 집에도 못 가고 사무실 바닥에서 자고 그랬어요. 아, 정말! 그때 생각했죠.

'아, 편하게 월급 받으며 일하고 싶다.'

때가 되면 꼬박꼬박 나오는 월급 받아가면서 일하고 싶어지더라고요. 그래서 들어간 곳이 외국계 제약회사였고, 거기서 영업을 했죠. 그 회사 진짜 좋더라고요. 내 사업할 때와는 다르게 주말, 휴일 다 쉬면서 연봉도 많고, 외국계 회사의 특성상 복리후생제도도 정말 좋았어요. '아, 난 이 회사에 뼈를 묻어야겠구나'라는 생각이 들 정도였죠. 그런데 어느 날 갑자기 해고가 됐어요. 외국 본사에서 한국시장 철수를 결정한 겁니다. 마치 삼성전자가 베트남 현지 공장을 철수하듯 '한국에서는 더 이상 사업을 하지 않겠다'며 회사 문을 닫아버린 거죠. 전 직원은 하루아침에 실직자가 되어버렸고…….

그러자 '안정적으로 오래 다닐 수 있는 회사에 들어가야겠다'는 결심을 하게 되더군요. 그때부터 이름이 알려진 규모가 큰 회사를 알아보기 시작했습니다.

아무래도 큰 회사가 안정적일 거라고 생각했으니까요. 그래서 들어간 곳이 이름만 대면 누구나 알 수 있는 그런 큰 회사의 인사팀이었습니다. 일단 큰 회사에 들어가니 부모님도 좋은 회사 들어갔다고 기뻐하시고, 주위 사람들도 저를 높이 쳐주더군요. 게다가 연봉도 제법 됐는데, 그런데 정작 저는 못 견디겠더라고요. 갑갑해서 죽을 것 같았어요. 자영업을 하거나 외국계 회사에 다니며 자유롭게 일을 하는 데 익숙해져 있던 제가 큰 회사의 시스템 안에 들어가니까 생각조차 제 마음대로 할 수가 없는 겁니다. 예를 들어, 어떤 기획안을 내면 과장님, 부장님, 이사님, 상무님, 대표님까지 결재를 받아야 할 뿐만 아니라 디자인팀, 재무팀, 개발팀과도 협의를 해야 하는 시스템인 거죠. 제가 20대 여성을 겨냥해 블루베리 주스를 기획했다면, 결재나 협의과정을 거치면서 최종적으로는 50대 아저씨를 위한 숙취해소 음료가 돼버리는 식이었습니다. 이런 상황을 매번 겪다 보니 이건 아니다 싶더라고요.

그런데 그 회사에 있으면서 채용공고를 내고, 이력서를 받고, 면접을 진행하는 업무를 맡다 보니 느끼는 게 있었습니다. 지원자들의 모습에서 취업을 위해 많은 준비를 했고, 정말 애를 많이 썼다는 걸 분명히 알게 된 반면, 정작 자소서나 면접에서는 자기표현에 서툴다는 점도 깨닫게 된 거죠. 그러다 보니 '저 사람들에게 뭔가 도움을 주고 싶다'는 생각이 들더군요. 저는 회사를 그만두고 인사업무 경력을 살려 전문적인 직업상담가의 길을 걷기 시작했습니다.

그런데 말이 상담 전문가지 상담사의 연봉이나 근로조건은 형편없더군요. 상담사로서 초기에는 새터민들과 쉼터에 계신 노숙자 분들, 연세 지긋하신 어르신들, 가정환경이나 학교 문제로 어려움을 겪는 방황하는 청소년들, 우리나라 남성과 결혼한 동남아시아 태생의 다문화가정 어머님들 등 그런 분들을 만나서 취업상담을 해드렸어요. 그런데 이분들은 돈이 없잖아요. 그러니 제가 받을 수 있는 연봉도 당연히 낮을 수밖에요. 그럼에도 불구하고 저는 정말 행복했습니다.

너무너무 행복했어요."

"제가 가진 직업 중에서 가장 행복했던 순간은 무역담당자로서 각국의 바이어들과 세계를 무대로 뛰었을 때도 아니었고요, 직접 회사를 만들고 키워갈 때도 아니었어요. 또 좋은 복리후생제도를 누릴 때도, 유명한 회사에서 안정된 직무에 높은 연봉을 받을 때도 아니었습니다. 가장 행복했던 순간은 상담업무라는 적성에 딱 맞는 일을 할 수 있던 때였습니다.

생각해 보세요. 직장인은 보통 하루에 9~10시간 정도는 회사에 있습니다. 출퇴근 시간까지 합치면 하루의 절반 정도, 깨어 있는 시간의 대부분을 직업과 관련된 일에 사용합니다. 그런데 적성에 딱 맞는 좋아하는 일을 하게 됐으니 얼마나 행복하겠어요. 매일 아침 눈 뜨는 것이 즐겁습니다. 오늘도 내가 좋아하는 일을 할 수 있으니까요. 보통의 직장인들이 아침에 힘겹게 눈 뜨고, 매주 월요병을 겪는 것과는 확실히 다른 모습인 거죠.

제가 말하고 싶은 건 취업을 하려 할 때에 따져보아야 할 것은 연봉도, 회사 규모도, 복리후생도, 회사의 이름도 아니라는 겁니다. 취업은 자신의 적성을 살려서, 진짜 좋아하는 일을 찾아서 해야 하는 거란 말입니다. 그런데 제 강의를 듣는 대부분의 학생들이 '저는 아직 제 적성을 모르겠어요'라고 얘기합니다. 중학생도 아니고, 고등학생도 아니고, 전공과목을 택해 4년간 열심히 공부해서 학위를 딴 학생들이 이런 말을 한다는 것은 정말 안타까운 일입니다. 현실이긴 하지만요. 제일 먼저는 우리나라의 교육제도 탓이지만, 시간을 되돌릴 수도 없는 노릇이니 지금부터라도 본인의 적성을 찾아야 합니다."

현재 직업이 행복한 이유 – 적성에 맞아서
(≠ 연봉, 안정성, 회사의 규모, 복리후생, 사회적 인식)

"방법은 간단합니다. 경험하는 거죠. 나한테 뭐가 맞는지 부딪혀 보는 겁니다. 제 경우도 그렇잖아요. 무역으로 시작해서 자영업도 해보고, 영업사원도 해보고, 인사팀 업무도 경험해 봤습니다. 무역을 하면서 좀 더 발전적인 모습을 꿈꾼 거고, 자영업을 하면서 고정적인 수입이 필요하다는 것을 느꼈고, 영업사원이 되어서는 안정된 직장의 장점을 알게 되었고, 인사팀 업무를 경험한 후에는 드디어 제 적성을 깨달았습니다. 학생도 마찬가집니다. 일단 경험을 해봐야 해요. 그래야 '아, 이 부분이 나한테 잘 안 맞는구나', '아, 이런 것을 하면 재미있겠구나', '저 업무가 나에게는 딱 맞겠는걸'이라고 깨닫게 된다는 얘기죠. 만날 생각만 해서는 답이 없는 거예요. 아시겠죠?"

나는 연신 고개를 끄덕이며 강사의 이야기를 경청했다. 나도 강사처럼 진짜 내가 원하는 일을 하고 싶다. 꼭 찾고 싶다. 하지만 일단 취업이 돼야 경험을 할게 아닌가!

지하철 노선도와 시계를 번갈아 쳐다보던 강사가 다시 입을 열었다.

"자, 그럼 시간이 없으니 원론적인 이야기는 여기까지만 하고 구체적인 실행방안에 대해서 얘길 할게요. 지금 당장 해야 할 일에 대해서 말이죠. 첫째, 자소서를 쓰세요. 둘째, 제출하세요. 셋째, 면접 보러 가세요. 간단하죠? 제 얘기는 무조건 취업부터 하라는 말이 아닙니다. 일단 자소서를 계속 쓰면서 보다 완성도 높은 자소서를 만들 수 있는 실력을 쌓고, 수많은 채용공고를 보면서 어떤 직종, 어떤 직무가 있는지, 내가 할 만한 일은 무엇이 있는지 시야를 넓히란 말입니다. 그리고 최대한 많은 곳에 면접을 다니면서 직접 두 눈으로 그 회사의 위치, 규모, 분위기, 사람들의 표정, 편의시설 등을 확인하는 겁니다. 홈페이지의 내용과 실제는 같을 수가 없으니까요. 그러다 보면 내가 정확히 원하는 회사는 아니었지만 막상 가보니 충분히 커리어를 쌓을 만한 곳이라는 판단이 들 수도 있고, 정말 원해서 지원했지만 실제 주어지는 업무는 도저히 감당하지 못할 것이라는 점을 느낄 수도 있어요. 이런 것들을 두 눈으로 직접 확인하란 말입니다. 할 수 있죠?"

> 취업의 3단계 – 자소서 작성 → 입사지원 → 면접을 다녀라.
> 누구나 알고 있고, 누구나 할 수 있지만, 누구나 하지는 않는다.

다음 역을 알리는 안내방송을 듣고 강사가 지하철 노선도를 다시 한 번 확인한다.

"저 이번에 내려요. 마지막으로 궁금한 게 있으면 물어보세요."

아직은 부족하다. 뭔가 더 이야기를 듣고 싶다. 수십 가지 질문이 한꺼번에 떠오르는 것 같으면서도 하나도 기억나질 않는다. 강사는 곧 내린다. 핵심이 되는 질문을 해야 할 것 같다. 지하철은 속도를 줄이며 플랫폼에 들어서려 한다.

"저…… 어떻게 하면 취업할 수 있죠?"

강사는 피식 웃는다. 지금까지 이야기를 듣기는 한 것이냐고 되묻는 것 같다. 나도 안다. 이제까지 취업할 수 있는 방법에 대해 이야기를 들었다는 것을. 하지만 그런 것들을 실행할 엄두가 나질 않는다.

"아는 대로 하시면 됩니다. 일단 오늘 집에 가서 바로 자소서 완성하시고요. 내일 하루 어디 나가지 말고 컴퓨터 앞에 앉아서 검색되는 모든 채용공고에 지원하세요. 최소한 5백 곳 이상 지원하시길 바랍니다. 그리고 면접제의가 오는

곳은 모두 찾아가세요. 저 시골이 됐든 제주도가 됐든 가리지 말고 모두 가세요.
그리고 여러 곳에 최종합격을 한 후에 그 중 마음에 드는 곳에 다니시면 됩니다.
간단하죠? 자, 그리고 여기 명함이 있습니다. 연락하세요.”
　재킷 안주머니에서 명함을 꺼내 건네준 강사는 서둘러 지하철에서 내려 모습
을 감췄다.

나에게 맞는 일을 찾아서

몇 번이나 고민했지만 마땅히 해야 할 일이라는 생각이 든다. 내가 그렇게 예의 바르고 남을 배려하는 성격은 아니지만 그래도 이건 해야 한다. 한 달 전 강사가 주었던 명함을 한동안 바라보다 컴퓨터를 켰다.

이메일 창을 띄워놓고 잠시 눈을 감고 지난 일들을 생각해 본다. 한 달이라는 그 짧은 시간에 너무나도 많은 일들이 일어났다. 지원이에게서 카톡 메시지를 받은 것에서부터 시작해 자소서를 쓰고, 서류를 내고……. 내가 생각해도 이런 일들이 실제로 나에게 일어났던 일인가 싶을 정도이다. 잠시 눈을 감고 지난 일들을 정리하고 이메일을 쓰기 시작한다.

이성빈 선생님께

선생님 잘 지내시죠? 요즘도 저같이 부족한 학생들에게 좋은 가르침을 전해 주시느라 바쁜 나날을 보내고 계실 것 같네요. 하지만 선생님의 도움을 간절히 바라는 학생들이 있으니 부디 파이팅해 주셨으면 합니다.

저는 다음 주부터 출근합니다. 평택에 있는 자동차부품 생산업체의 구매팀입니다. 지난 주 최종면접에서 얘기를 들어보니 저는 주로 원가분석과 자재출납관리 등을 맡게 될 거라고 하더군요. 많이 부족하긴 하지만 경영을 전공하면서 배운 약간의 회계 기초지식과 저의 꼼꼼한 면이 잘 어필된 것 같습니다. 하는 일도 마음에 들고 연봉이나 근무조건 모두가 만족스럽습니다.

그런데 이렇게 좋은 직장에 취업하게 된 것은 다 선생님 말씀 덕분입니다. 선생님 강의가 정말로 큰 도움이 됐습니다. 지하철에서 내리시면서 5백 개 업체에 지원하라고 하셨는데, 사실 3백~4백 곳 정도에 지원한 것 같습니다. 며칠 동안은 자소서 쓰고 제출하는 걸 수없이 반복했는데, 그렇게 자소서를 제출하고 나니 정말 많은 곳에서 연락이 왔습니다. 한 달 동안 거의 하루에 두 번씩 면접을 본 것 같습니다. 처음엔 많이 떨리기도 했는데, 하도 많이 면접을 보다 보니 나중엔 익숙해져서 말하는 요령이 생기기까지 하더라고요. 그러다가 스무 곳 가까이 최종합격을 했고, 그 중에서 근무조건이나 제 적성을 고려해서 지금 직장을 선택했습니다.

솔직히 한 달 전만 하더라도 제가 직장을 골라서 들어갈 줄은 생각도 못했습니다. 그런데 하니까 되더군요. 실제로 자소서 쓰고 면접도 보고 하니까 저한테 맞는 업무가 무엇인지도 깨닫게 되고, 많은 직장 중에서 좋은 곳과 그렇지 않은 곳을 구별하는 눈도 생겼습니다. 모두 다 선생님 덕분입니다. 기회가 된다면 선생님을 찾아뵙고 맛있는 식사라도 대접해 드리고 싶습니다.

그럼 더 많은 학생들에게 큰 도움 주시고 건강하시길 바랍니다.

김희성 올림

"딸깍."

전송 버튼을 클릭해 이메일을 보냈다. 시계를 보니 6시 35분. 저녁 약속시간은 일곱 시. 아무래도 늦을 것 같다. 나는 핸드폰을 꺼내 카톡 메시지를 보낸다.

"미안해, 조금 늦겠다."

"괜찮아, 오늘은 오빠가 맛있는 거 사준다고 했으니까 봐줄게. *^^*"

입가에 떠오르는 미소와 함께 서둘러 집을 나선다.

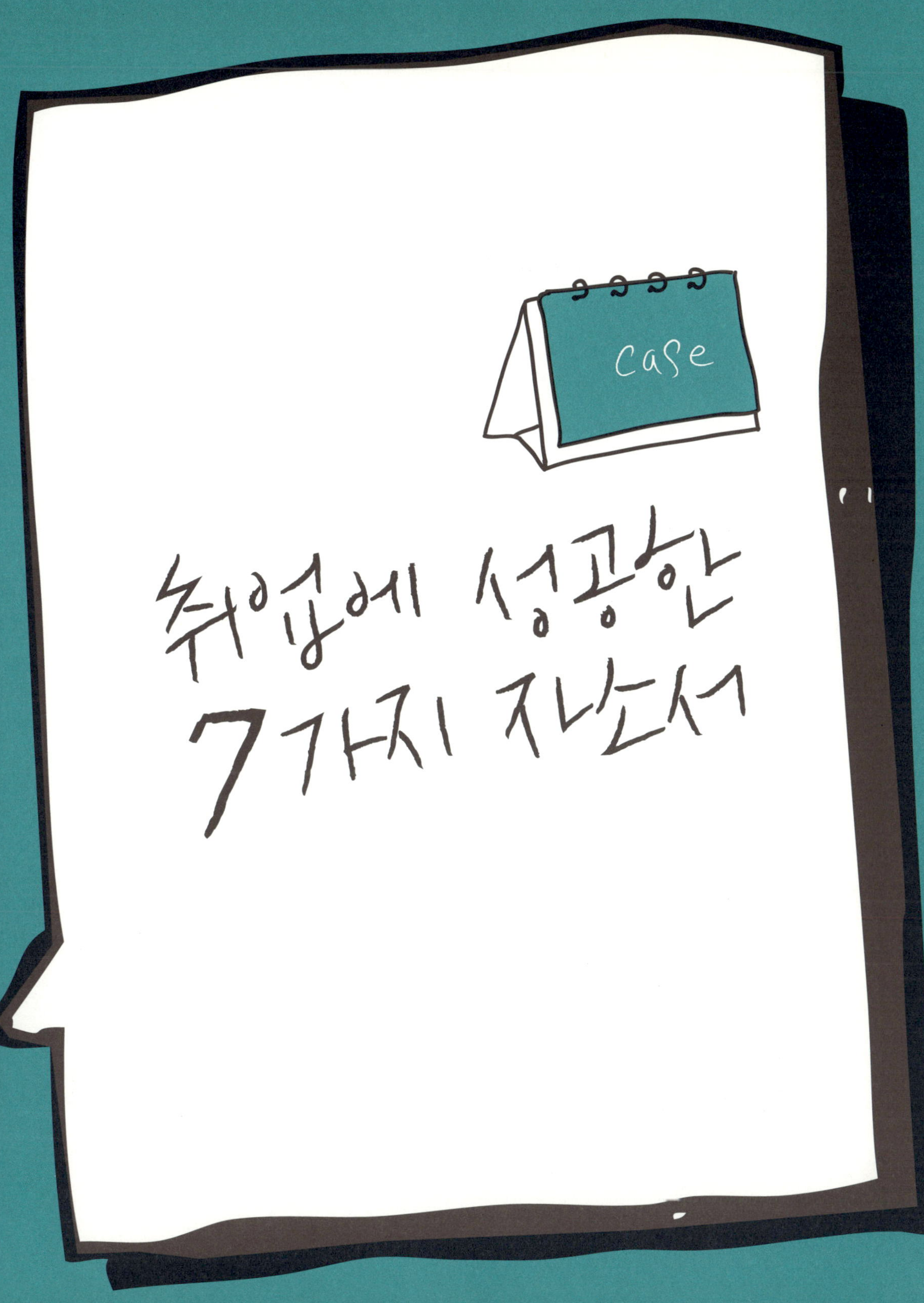
case
취업에 성공한
7가지 자소서

취업에 성공한 자기소개서

Case 1

- 지방 국공립대 / 남자
- 사회학 · 경영학 전공 / 학점 3.62
- 어학 : 토익 860점(미국 교환학생 6개월, 영어동아리)
- 자격증 : 증권투자상담사, 펀드투자상담사, 파생상품투자상담사
- 외부활동 : 총학생회 임원 역임 / 미국 체류 중 자원봉사 및 모금활동 경험
- 상담내용 : 주로 금융 관련 기업에 지원 중이나 서류에서 탈락하고 있는 상황. 금융에 특별한 관심이 있는 것이 아니기 때문에 경영지원, 무역, 영업 등의 다양한 직종에 도전하면서 시야를 넓히기를 권함.
- 성과 : 10곳 이상의 중견 기업에 최종합격(영업지원, 영업, 경영지원 등의 다양한 직무)

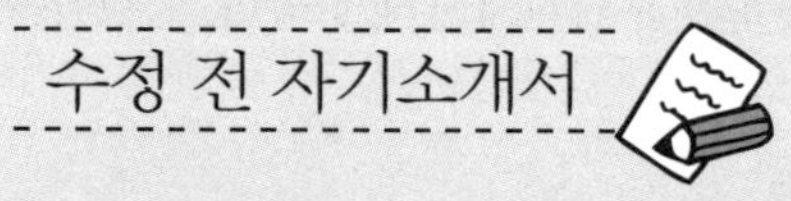

서부개척 정신

미국 교환학생시절, 저는 세계 각국의 친구들과 캠핑카를 빌려 중서부에서 서부로 횡단 여행을 하였습니다. 브라질, 미국, 인도, 프랑스, 한국인인 저까지 다양한 국적의 친구들끼리 약 3000마일을 10일간 여행하였습니다. 비록 한 번도 가본 적 없고, 어떤 위험이나 어려움이 있을지도 모르지만 젊음과 열정 하나로 도전하였습니다. 이를 통해 비행기 여행의 편안함과 안전함 대신 보다 더 크고 값진 경험들과 우정을 얻을 수 있었습니다. 이러한 도전과 개척정신으로 고객님들께 'Blue Ocean'을 제공하겠습니다.

편의점과의 제휴

총학생회 문화국장을 하면서 학생들의 좀 더 나은 소비생활을 위해 편의점과의 제휴를 추진하였습니다. 모두 불가능하다 했지만 편의점과 학생들에게 Win-Win 전략이라는 확신이 들었습니다. 밤을 새며 사업설명서를 작성하였고, 본사에서 당당히 브리핑을 하여 결국 계약을 성사시킨 적이 있습니다. 불가능보다 가능을 생각합니다.

○○○○이 나를 뽑아야 하는 이유

다양한 연령층을 공략할 수 있습니다

저는 한국 갤럽에서 주관한 '기업경제가 가계에 미치는 영향'에 대한 자료조사에 참여한 적이 있습니다. 당시 1,500여 명의 가계 경제활동 주체인 30대부터 60대까지의 남성, 여성을 대상으로 조사를 실시하였고, 설문지와 저의 특기인 상담을 통해 그분들의 고충과 현실에 대해 파악할 수 있었습니다.

숲과 나무를 동시에 보고자 노력하였습니다

기업의 재무구조를 파악하고자 부전공인 경영학 24학점 중 18학점을 회계와 재무 파트로 수강하였습니다. 또한 거시적인 안목을 위해 거시경제학 수강과 주전공인 사회학을 통해 전체적인 경제, 사회 흐름을 파악하고자 하였습니다. 11월 제대 후 3개월간 증권투자상담사, 펀드투자상담사, 파생상품투자상담사 등의 자격증을 획득하였으며, 이러한 집중력을 통해 ○○○의 필요한 인재로 성장해 나갈 것입니다.

10년 후 나의 모습

2022년 3월 어느 날

새벽 5시, 알람이 울린다. 입사 초기에는 잠과 싸워야 하는 아침시간이 괴로웠지만, 요즘은 알람이 울리기도 전에 눈이 떠지는 모습에 스스로도 놀란다.

6시 반, 회사에 출근하여 자리에 앉자마자 시장 데이터를 꺼내 동향을 분석한다. 리서치 담당자들이 작성한 리포트 역시 빠른 속도로 읽어 나간다.

7시 반, 화상회의를 통해 주요 임원들과 분석가들이 모여 오늘의 시장을 예측하며 정보를 교환한다.

오전9시, 정확한 자료와 과학적 계량분석을 통한 시장정보를 활용해 고객들의 콜에 대한 응답을 한다. 수십 통의 전화를 받으며 동시에 시시각각 변화하는 주식을 거래한다. 한순간의 실수도 용납되지 않는 숨 막히는 시간들을 보낸다.

오후3시, 폐장시간. 오늘 거래의 총괄적인 계산을 하여 수익과 손해를 분석한다. 훌륭한 ○○○의 직원들 덕분에 오늘도 최고의 매출기록을 달성한다.

어드바이스

　개성이 느껴지는 좋은 자소서입니다. 나름대로 직무를 분석했고, 또 그것에 자신의 경험을 어필해 보려는 노력도 좋았어요. 그리고 예시로든 편의점 제휴건은 흔하지 않은 경험이어서 호기심을 자극하는 좋은 사례입니다. 이 글을 읽는 채용담당자라면 좀 더 자세히 알고 싶은 부분일 겁니다. 다만, 자신의 스펙, 경험들을 나열하는 것에 비해 구체적인 생각, 행동 등에 대한 기술이 상대적으로 부족하다는 게 아쉽군요. 요즘 자소서의 추세는 특정상황에서의 판단, 행동 등을 어떻게 했는가를 중요하게 본다는 것을 이해하셔야겠어요.

　그러면 이제부터 하나하나 구체적으로 내용을 짚어보겠습니다.

서부개척[1] 정신

　미국 교환학생시절, 저는 세계 각국의 친구들과 캠핑카를 빌려 중서부에서 서부로[2] 횡단 여행을 하였습니다. 브라질, 미국, 인도, 프랑스, 한국인인 저까지 다양한 국적의 친구들끼리 약 3000마일을 10일간[3] 여행하였습니다. 비록 한 번도 가본 적 없고, 어떤 위험이나 어려움이 있을지도 모르지만 젊음과 열정 하나로 도전[4] 하였습니다. 이를 통해 비행기 여행의 편안함과 안전함 대신 보다 더 크고 값진 경험들과 우정을 얻을 수 있었습니다. 이러한 도전과 개척정신으로 고객님들께 'Blue Ocean'을 제공하겠습니다.

> **1** 서부개척을 백인에 의한 원주민 침략 사건으로 해석하는 부정적인 견해도 있습니다. 논란의 여지가 있는 소재는 신중하게 사용하시길 바랍니다.

> **2** 도시명, 지명을 넣어서 설명해 보세요.

> **3** 숫자를 넣어서 표현한 것은 좋습니다. 하지만 이해하기 쉬운 km 단위를 썼으면 더 좋겠어요. 그리고 천단위는 끊어서 표시해 주세요. → 예) 3,000km

> **4** 어디서 많이 본 것 같은 느낌의 식상한 문구네요.

　이 부분을 한 마디로 평가하자면 침소봉대(針小棒大)라고 할 수 있겠네요. 친구들끼리 캠핑카 타고 10일간 여행 다녀온 것으로 도전과 개척정신을 논하다니 과장이 좀 심한 것 아닌가요? 아마존 오지탐험, 1년 이상의 세계여행,

사하라사막 횡단 정도는 돼야 '아, 이 사람 정말 제대로 도전하는군!' 이라는 생각이 들지 않을까요?

또 한 가지 지적할 부분은 표현이 막연하다는 거죠. '어려움, 위험, 값진 경험'이라고 써놓긴 했지만 그게 뭔지는 도무지 알 수가 없어요. 말로는 값진 경험이니 우정이니 했지만, 실제로는 젊고 놀기 좋아하는 유학파 친구들끼리 캠핑카에 술 잔뜩 싣고서 밤마다 파티 열면서 흥청망청 놀다 온 것에 불과하다는 생각이 듭니다. 물론 제 오해겠죠. 하지만 글의 내용만 봐서는 이런 오해를 할 수도 있음을 아시고 어떤 어려움이었는지, 어떻게 판단하고 행동했는지 구체적으로 묘사하는 것이 필요합니다.

1 누가, 어째서 불가능하다고 했나요? 자신이 뛰어넘은 불가능이 대체 얼마나 대단한 것이었는지 좀 더 구체적으로 표현해 주세요.

2 밤을 새운 것도 중요하지만, 어떤 내용을 넣었는지가 더 궁금합니다.

3 이 부분이 가장 핵심적인 사건이라고 볼 수 있는데, '당당히'라고 간단하게 쓰지 말고 그 당당했던 말투, 모습, 분위기, 행동, 내용 등을 매우 자세하게 쓰셔야 합니다.

편의점과의 제휴

총학생회 문화국장을 하면서 학생들의 좀 더 나은 소비생활을 위해 편의점과의 제휴를 추진하였습니다. 모두 불가능하다 했지만[1] 편의점과 학생들에게 Win-Win 전략이라는 확신이 들었습니다. 밤을 새며[2] 사업설명서를 작성하였고, 본사에서 당당히[3] 브리핑을 하여 결국 계약을 성사시킨 적이 있습니다. 불가능보다 가능을 생각합니다.

대학생이 기업 본사에 제안서를 들고 찾아가서 자신이 원하는 내용을 브리핑했다니, 이 부분은 확실히 매력적으로 느껴집니다. 좀 더 자세히 알고 싶어요. 가능하다면 그 제안서도 직접 보고 싶다는 생각이 들 정도입니다. 이 부분만 잘 써도 여러 기업에서 러브콜을 받을 수 있다는 확신이 듭니다. 외국 여행 경험은 삭제하고 편의점 제휴 건에 대한 내용을 늘려 자세히 쓰는 것을 추천합니다.

다양한 연령층을 공략할 수 있습니다

저는 한국 갤럽에서 주관한 '기업경제가 가계에 미치는 영향'에 대한 자료조사에 참여한 적이 있습니다. 당시 1,500여 명의 가계 경제활동 주체인 30대부터 60대까지의 남성, 여성을 대상으로 조사를 실시하였고, 설문지와 저의 특기인 상담[1]을 통해 그분들의 고충과 현실에 대해 파악할 수 있었습니다.

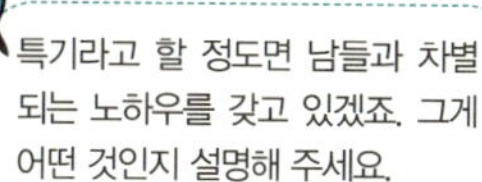

숲과 나무를 동시에 보고자 노력하였습니다

기업의 재무구조를 파악하고자 부전공인 경영학 24학점 중 18학점을 회계와 재무 파트로 수강하였습니다. 또한 거시적인 안목을 위해 거시경제학 수강과 주 전공인 사회학을 통해 전체적인 경제, 사회 흐름을 파악하고자 하였습니다. 11월 제대 후 3개월간 증권투자상담사, 펀드투자상담사, 파생상품투자상담사 등의 자격증을 획득[1]하였으며, 이러한 집중력을 통해[2] ○○○의 필요한 인재로 성장해 나갈 것입니다.

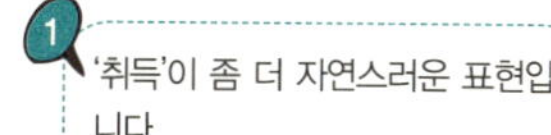

이 부분은 스펙을 '나열'하셨네요. 설문조사, 전공, 자격증 등의 스펙들에 살을 붙여 쓴 것이죠. 그런데 이런 스펙들은 이력서에도 충분히 쓰실 수 있습니다. 실제로 대부분의 이력서 양식에는 자격증과 경력사항을 기재하는 곳이 있습니다. 그러니 단순한 사실을 나열하기보다는 특정 상황에서의 생각과 행동에 보다 집중해서 쓰는 것이 좋겠습니다.

2022년 3월 어느 날

새벽 5시, 알람이 울린다. 입사 초기에는 잠과 싸워야 하는 아침시간이 괴로웠지만[1], 요즘은 알람이 울리기도 전에 눈이 떠지는 모습에 스스로도 놀란다.

6시 반, 회사에 출근하여 자리에 앉자마자 시장 데이터를 꺼내 동향을 분석한다. 리서치 담당자들이 작성한 리포트 역시 빠른 속도로 읽어 나간다.

7시 반, 화상회의를 통해 주요 임원들과 분석가들이 모여 오늘의 시장을 예측하며 정보를 교환한다.

오전9시, 정확한 자료와 과학적 계량분석을 통한 시장정보를 활용해 고객들의 콜에 대한 응답을 한다. 수십 통의 전화를 받으며 동시에 시시각각 변화하는 주식을 거래한다. 한순간의 실수도 용납되지 않는 숨 막히는 시간들을 보낸다.

오후3시, 폐장시간. 오늘 거래의 총괄적인 계산을 하여 수익과 손해를 분석한다. 훌륭한 ○○○의 직원들[2] 덕분에 오늘도 최고의 매출기록을 달성한다.

마치 영화나 드라마의 한 장면처럼 묘사한 것은 독특합니다만 결코 좋은 내용이라고는 할 수 없네요. 글을 '잘 썼다, 못 썼다'라는 것이 아니라 정말 막연한 내용만 적었기 때문에 좋은 내용이 될 수 없다는 겁니다. 이왕 드라마처럼 묘사할 것 같으면 구체적인 상황 설정이 필요하다는 얘기죠.

시장 데이터를 얘기할 것 같으면 그게 국내인지 해외인지, 어떤 산업의 어떤 상품과 관련된 데이터인지를 언급해야 자신의 식견과 포부가 보다 잘 드러날 겁니다. 정확한 자료, 과학적 계량분석 같은 부분에 있어서도 구체적인 자료수집 방법이나 분석에 사용되는 툴을 언급해 주는 것이 필요하고, 수익과 손해분석, 최고의 매출기록 같은 것에도 실제 숫자를 넣어 표현해 주어야 합니다.
독특한 전개방식은 좋지만 좀 더 구체적으로 묘사하는 것이 필요합니다.

수정 후 자기소개서

자기소개 및 활동경험

Win-Win이란 이런 것

총학생회 문화국장으로 일을 하면서 학생들의 편익을 도모하고자 편의점과의 제휴사업을 추진하였습니다. 학교 근처의 몇몇 가게와 편의점은 접근성을 앞세워 독점적으로 많은 수익을 올리는 반면 학생들에게는 별다른 혜택이 없었기 때문에, 학생들이 보다 실질적인 이득을 얻을 수 있는 제휴사업이 필요했던 것입니다. 이를 위해 편의점과 학생 모두가 Win-Win할 수 있는 방안을 기획하여 사업을 추진하였습니다.

먼저 제휴업체의 브랜드이미지 쇄신 효과와 해당 제휴사업의 손익시뮬레이션, 학생회의 역할을 중심으로 사업설명서를 작성하였고, 이를 주요 편의점 운영업체에 발송하였습니다. 그리고 해당 제휴사업에 관심을 보인 업체의 본사 회의실에서 이와 같은 내용을 브리핑하고, 일반 편의점보다 20% 할인된 가격으로 물품을 공급받는 계약을 성사시켰습니다.

이 사업의 결과는 실로 놀라운 것이어서, 학생들이 저렴한 가격으로 물품을 구매할 수 있었던 것과 동시에 해당 지점의 매출은 3개월 사이 30%대의 매출 향상 효과를 얻었습니다.

이러한 성공적인 제휴사업의 경험을 통해 문제의 본질을 파악해 내는 분석력과 최선의 결과를 만들어내는 추진력을 쌓을 수 있었으며, 이는 앞으로의 영업활동에도 큰 장점으로 작용할 것입니다.

성격의 장단점

내가 가진 최대의 재산, 인맥

영업을 훌륭히 해내기 위해서는 무엇보다도 사교성이라는 역량이 기본이 되어야 합니다. 이러한 사교성은 저의 미국 교환학생 시절에 잘 나타납니다.

기본적으로 사람 사귀는 것을 좋아하는 성격인데다가, 외국에서의 생활은 낯설다는 두려움보다는 새롭다는 호기심이 더욱 자극되었던 시간이었기 때문에, 미국에서 지내는 동안 저는 매우 활발한 사교활동을 했습니다. 특히 동아리에서는 주도적으로 역할을 수행하였고, 동아리 친구들과의 개인적인 친분을 쌓는 데 열의를 보였습니다. 이러한 사교성을 통해 보수적이고 인종차별적인 교내 동아리 문화를 이겨내고 교환학생 최초로 동아리 부회장직까지 맡을 수 있었습니다. 또한 학기가 끝나갈 무렵에는 150명이 넘는 교환학생들과 Facebook 친구가 되어 현재의 Global한 인맥의 바탕을 이룰 수 있었습니다.

때로는 사람을 좋아하는 이러한 사교적인 성향이 가볍게 비추어지기도 하지만, 이를 보완하기 위하여 발음을 명확하게 하고, 낮은 목소리 톤을 구사함으로써 더욱 진중한 모습을 보여주며, 표정과 눈빛, 몸짓 등에서 저의 진심이 잘 전달될 수 있도록 노력하고 있습니다.

○○○의 영업담당자로써 사교성을 발휘하여 고객에게 보다 적극적으로 다가가는 한편 진중한 자세로 고객으로부터 호감과 믿음을 이끌어내도록 하겠습니다.

지원동기 및 포부

크리스마스 캐럴

평생을 함께할 소중한 직장을 '대기업이어서, 연봉 때문에'와 같은 이유로 선택하고 싶지 않습니다. 저는 제 인생이 타인에게 도움이 되기를 바라는 저의 비전을 이룰 수 있는 기업에 지원하고자 합니다.

이러한 비전은 미국 교환학생 시절, 고아원 아이들을 위한 크리스마스 캐럴 공연 모금활동을 통해 갖게 되었습니다. 부모가 없는 고아원 아이들에게 있어 크리스마스 캐럴 공연은 후원자를 모집하는 것과 더불어 새로운 부모를 만날 수 있는 매우 중요한 기회였지만, 공연에 쓰일 악기들은 낡았고, 그나마도 부족해서 공연에 참가하고 싶어도 못하는 아이들이 많았습니다. 그러한 아이들을 위해 악기구매 자금 5천 불을 모금하기 시작했습니다. 전단지를 만들어 학교와 거리에서 모금활동을 하는 한편, 보다 효율적인 모금을 위해 아이들의 연주 동영상을 촬영, 학교 강의실을 찾아다니며 수업 전에 동영상을 보여주며 모금을 하였습니다. 그 결과 목표치를 초과하는 금액을 모아 새로운 악기를 선물할 수 있었습니다. 물론 악기를 전달받은 아이들은 무척이나 기뻐하며 행복한 모습을 보였지만, 그런 아이들의 모습을 보며 제가 아이들로부터 받은 행복은 훨씬 더 큰 것이었습니다.

'Business란 이익추구가 아닌 인류의 번영과 발전을 위한 것'이라는 어떤 교수님의 말씀처럼 저의 영업을 통해 기업과 인류의 발전에 기여하는 영업인으로 성장하고자 합니다.

취업에 성공한 자기소개서

Case 2

- 지방 사립대 / 여자
- 사회체육학 전공 / 학점 3.21
- 어학 : 토익 점수 없음, 외국 경험 없음.
- 자격증 : MOS master, 1종 보통 운전면허, 수상스키 강사, 레크리에이션 강사, 스키 강사, 스포츠테이핑 관련 자격증.
- 외부활동 : 축구부, 골프부, 스키부, 스포츠 마케팅 동아리 총무 활동 / 스키패트롤 근무 경험.
- 상담내용 : 고등학교 때까지 양궁선수로 활동하였고, 이후 대학에 진학하였으나 졸업을 앞둔 시점까지 뚜렷한 직업적인 목표를 설정하지 못하고 있는 상태. 전문 스포츠선수 출신인데다가 다양한 스포츠를 경험하였으며, 스포츠 마케팅 동아리에서 활동한 경험을 살려 스포츠마케팅 및 스포츠 기자 분야에 도전해 볼 것을 추천.
- 성과 : 전공과 희망직무를 적극 반영하여 스포츠 협회의 마케팅 부서에 취업 성공.

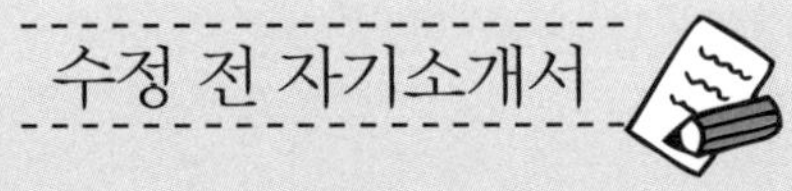

성장배경

뒤에서 걷는 당신을 응원합니다

대학에 오면서 차츰 대학 이전의 모든 것에 안주하고 나밖에 몰랐던 생각에서 벗어났습니다. 가장 큰 계기는 국토대장정을 경험하면서입니다. 체육과로써 항상 활발한 생활이 밑받침된 강인한 체력을 믿고, 어떠한 운동 준비도 없이 20박 21일, 부산에서 서울까지 577km를 걷게 되었습니다. 3일은 쉽게 넘겼는데 나흘째부터 물집이 생겨나고 체력의 한계를 느끼게 되었습니다. 언제나 새로운 사람들과 말하는 자체가 재미있었는데, 막상 내 몸이 아프니 아파하는 사람들을 볼 때마다 다 꾀병 같고 내가 가장 아프다는 생각에 혼자 걷고 싶었습니다. 이러한 올바르지 못한 생각을 하며 행군의 반을 보내게 될 때쯤 제 앞에 걷던 친구의 모자 뒤에 적힌 글을 보게 되었습니다. '뒤에서 걷는 당신을 응원합니다.' 이글을 보자 가슴이 울렁거렸습니다. 사람들마다 어느 순간 인생의 목표에 대해 깨닫는 순간이 있을 텐데, 전 장대비가 쏟아지던 여름에 그것을 깨달았습니다. '힘들 땐 자존심을 접어두고 남에게 기댈 수 있는 마음의 여유가 있는 사람, 남이 나에게 기댈 수 있을 정도의 강인함을 가진 사람이 되자'는 인생의 목표를 지금 계속 실천하며 살고 있습니다.

성격의 장단점

후배, 동기들은 언제나 저를 붙잡고 하소연이나 고민 등을 이야기합니다. 그들이 무엇을 필요로 하고 원하는지 진지하게 들어주어서인 것 같습니다. 저는 그들과 이야기하고 고민을 해결하는 것, 조언하고 호통 치는 것이 저의 경험을 복습하거나 예습하는 것이라 생각하여 소중하게 여깁니다. 주변에서 착하다는 말을 많이 하지만 저는 그 말이 가장 좋지 않다고 생각합니다. 자칫 두루뭉술한 사람처럼 느껴지기 때문입니다. 저는 두루뭉술한 사람이 아닙니다. 시간 약속을 중요시하고 맡은 일은 완전하게 끝내야만 만족을 느끼는 사람입니다. 사람들과 어울리는 것을 좋아하지만 일에 개인적인 감정이 섞이는 것을 좋아하지 않습니다. 예를 들면, 대학 수업 시 팀플을 하게 될 때 그 주제에 자신이 있다면 조장을 자처하는 편입니다. 조장이라는 것이 주제를 올바른 방향으로 이끌어가 토론하고 결론을 도출하는 자리라 생각합니다. 올바른 결론 도출을 위해서는 자료가 필요하고 조정이 필요한데, 이 부분에 있어서 친하거나 처음 본다고 해서 일을 덜 주고 의견을 무시하지 않습니다. 오히려 냉정하게 비판해서 미움을 살 때가 있습니다. 하지만 아이러니하게도 팀플이 있는 수업에는 많은 후배들이 저와 함께하고 싶어 합니다. 그 이유는 아마도 완성이라는 부분에서는 완벽하기 때문이라 생각합니다.

학교생활 및 연수경험

동아리 활동을 정말 활발하게 열심히 한 것 같습니다. 대부분 총무나 선생님처럼 하나하나 알려주는 교육 역할을 맡는 경우가 많았습니다. 사람들과 함께 있는 것이 저는 혼자 있는 것보다 더 좋았습니다. 예를 들어 스마트라는 스포츠 마케팅 동아리를 할 때 혼자 열심히 생각해 갔던 어정쩡한 아이디어가 동기나 선배의 생각과 접목되며 획기적인 아이디어로 바뀌었을 때, 그 희열을 느끼는 것이 정말 좋았습니다. 재학 중에 가장 기억에 남는 학교생활은 축구부 활동입니다. 총무와 의료팀으로써 활동을 했는데, 여기서 평생 가족처럼 만날 사람들을 만났습니다. 대학에 오면 진정한 친구는 못 사귄다는 것이 정설이라 생각했는데, 남을 재지 않고 있는 그대로 이해하고 받아들이는 그들의 모습에 저도 닮아가려 노력합니다. 겨울에는 스키에 관심이 있어 4번의 겨울시즌을 ○○○○ 스키장 스키패트롤(안전요원)로 활동했습니다. 큰 기업에서 일할 수 있는 좋은 기회였다고 생각합니다. '진짜 서바이벌 같은 사회생활'이란 배움을 얻은 곳이기도 합니다.

지원동기 및 입사 후 포부

'지성인'이라는 말을 들으면 저는 대학생이 떠오릅니다. 일반인은 지성인이라는 말은 지식이 풍부한 사람만을 생각하지만 저는 아니라고 생각합니다. 가지고 있는 지식을 사용하는 사람이 지성인이라 생각합니다. 사용하지 않는 자는 '똑똑한 사람'에 지나지 않을 것입니다. 저는 활동하는 지성인이 되고 싶습니다. 지식이 부족할지라도 배움을 이어가며 저를 필요로 하는 곳에서 활동하고 싶습니다.

한 팀의 소속이 된 후에는 가장 중요시해야 하는 것이 '함께'라는 것을 잊지 않는 것이라 생각합니다. 체계적인 공간에서 저는 그 순서를 밟아나갈 것입니다. 하지만 '함께'라는 것을 잊는다면 혼자만의 발전이지 함께의 발전이 아니라고 생각합니다. 어떠한 곳에 소속된다는 것은 이미 혼자가 아닌 함께입니다. '함께'하는 사람이 되겠습니다.

정성스럽게 쓰셨네요. 자신의 생각을 상세하게 쓰는 것에서 글쓴이의 진심이 느껴집니다. 그러나 정작 직무를 설정하지 못한 탓에 가장 중요한 지원동기 및 입사 후 포부도 막연하고 일반적인 내용으로 썼고, 자신이 가진 강점들 중에 어떤 것을 어필해야 효과적인지도 알 수가 없게 되었어요. 일단 작성하신 내용을 바탕으로 글을 어떻게 쓸지 방향을 잡아가보도록 하겠습니다.

뒤에서 걷는 당신을 응원합니다

대학에 오면서 차츰 대학 이전의 모든 것에 안주하고 나밖에 몰랐던 생각에서 벗어났습니다. 가장 큰 계기는 국토대장정을 경험하면서입니다. 체육과로써 항상 활발한 생활이 밑받침된 강인한 체력을 믿고, 어떠한 운동 준비도 없이[1] 20박 21일, 부산에서 서울까지 577km를 걷게 되었습니다. 3일은 쉽게 넘겼는데 나흘째부터 물집이 생겨나고 체력의 한계를 느끼게 되었습니다. 언제나 새로운 사람들과 말하는 자체가 재미있었는데, 막상 내 몸이 아프니 아파하는 사람들을 볼 때마다 다 꾀병 같고 내가 가장 아프다는 생각에 혼자 걷고 싶었습니다.[2] 이러한 올바르지 못한 생각을 하며 행군의 반을 보내게 될 때쯤 제 앞에 걷던 친구의 모자 뒤에 적힌 글을 보게 되었습니다. '뒤에서 걷는 당신을 응원합니다.' 이글을 보자 가슴이 울렁거렸습니다. 사람들마다 어느 순간 인생의 목표에 대해 깨닫는 순간이 있을 텐데, 전 장대비가 쏟아지던 여름에 그것을 깨달았습니다. '힘들 땐 자존심을 접어두고 남에게 기댈 수 있는 마음의 여유가 있는 사람, 남이 나에게 기댈 수 있을 정도의 강인함을 가진 사람이 되자'는 인생의 목표를 지금 계속 실천하며 살고 있습니다.

> [1] 준비가 부족해서 더 어려운 상황이었다고 설명하려는 의도는 알겠지만, 채용하는 입장에서는 '평소 준비가 부족한 사람'이라는 부정적인 느낌을 받을 수 있습니다.

> [2] 자신의 생각을 솔직하게 적었네요. 공감이 되는 매우 좋은 표현입니다.

대학을 갓 졸업한 신입 취준생들이 자소서에 자주 쓰는 소재들이 있는데, 그 중 하나가 국토대장정입니다. 한때는 국토대장정이라고 하면 특이한 경험으로 인정해 주기도 했었습니다만 요즘은 너무 흔해져 버렸어요. 물론 그 먼 거리를 직접 걷는다는 건 개인적으로는 엄청난 도전이었겠지만, 워낙 많은 사람들이 국토대장정을 자소서 소재로 쓰다 보니 채용담당자 입장에서는 지루

할 뿐이죠. 그런데 글쓴이에게는 양궁선수라는 매우 독특한 경험이 있어요. 이걸 소재로 해서 양궁선수로써 목표를 달성하기 위해 쏟았던 노력의 시간들을 이야기해 본다거나, 양궁을 통한 사람들과의 소통 경험, 예를 들면 후배나 동네 양궁교실에서 어르신들께 양궁을 가르친 경험이라든가, 양궁으로 얽힌 가족 간의 이야기와 같은 것들을 풀어낸다면 더욱 독특하고 호기심을 이끌어내는 소재가 될 수 있겠네요.

성격의 장단점

후배, 동기들은 언제나 저를 붙잡고 하소연이나 고민 등을 이야기합니다. 그들이 무엇을 필요로 하고 원하는지 진지하게 들어주어서인 것 같습니다. 저는 그들과 이야기하고 고민을 해결하는 것, 조언하고 호통 치는 것이 저의 경험을 복습하거나 예습하는 것이라 생각하여 소중하게 여깁니다. 주변에서 착하다는 말을 많이 하지만 저는 그 말이 가장 좋지 않다고 생각합니다. 자칫 두루뭉술한 사람처럼 느껴지기 때문입니다. 저는 두루뭉술한 사람이 아닙니다. 시간 약속을 중요시하고 맡은 일은 완전하게 끝내야만 만족을 느끼는 사람입니다. 사람들과 어울리는 것을 좋아하지만 일에 개인적인 감정이 섞이는 것을 좋아하지 않습니다. 예를 들면, 대학 수업 시 팀플을 하게 될 때 그 주제에 자신이 있다면 조장을 자처하는 편입니다. 조장이라는 것이[1] 주제를 올바른 방향으로 이끌어가 토론하고 결론을 도출하는 자리라 생각합니다. 올바른 결론 도출을 위해서는 자료가 필요하고 조정이 필요한데, 이 부분에 있어서 친하거나 처음 본다고 해서 일을 덜 주고 의견을 무시하지 않습니다. 오히려 냉정하게 비판해서 미움을 살 때가 있습니다. 하지만 아이러니하게도 팀플이 있는 수업에는 많은 후배들이 저와 함께하고 싶어 합니다. 그 이유는 아마도 완성이라는 부분에서는 완벽하기 때문이라 생각합니다.

> [1] '역할은'이라고 쓰는 것이 보다 명확하고, 부드러운 표현입니다.

언뜻 보면 무슨 얘기를 하는지 이해가 잘 안 돼요. 몇 번이고 신중하게 읽어야 겨우 주제를 알아챌 수 있습니다. 하고 싶은 말은 결국 '나는 합리적이다'라는 것 아닌가요? 자소서에서는 하고 싶은 말은 맨 앞에다 놓고 시작해야 합니다. 두괄식으로 글을 쓰라는 얘기죠. 그리고 그 후에 그 주제를 뒷받침하는 근거나 경험들을 자세하게 풀어서 설명해 주시면 됩니다.

그런데 어색하거나 잘못된 표현 등이 자꾸만 눈에 거슬려서 도무지 글에 집중할 수가 없네요. 자소서는 인생의 갈림길을 결정하는 매우 중요한 문서입니다. 몇 번이고 반복해서 읽으면서 어색한 부분은 없는지, 틀린 표현은 없는지 점검하셔야 합니다.

학교생활 및 연수경험

동아리 활동을 정말 활발하게 열심히 한 것 같습니다[1]. 대부분 총무나 선생님처럼 하나하나 알려주는 교육 역할을 맡는 경우가 많았습니다. 사람들과 함께 있는 것이 저는 혼자 있는 것보다 더 좋았습니다. 예를 들어 스마트라는 스포츠 마케팅 동아리를 할 때 혼자 열심히 생각해 갔던 어정쩡한[2] 아이디어가 동기나 선배의 생각과 접목되며 획기적인 아이디어로 바뀌었을 때, 그 희열을 느끼는 것이 정말 좋았습니다. 재학 중에 가장 기억에 남는 학교생활은 축구부 활동입니다. 총무와 의료팀으로써 활동을 했는데, 여기서 평생 가족처럼 만날 사람들을 만났습니다. 대학에 오면 진정한 친구는 못 사귄다는 것이 정설이라 생각했는데, 남을 재지 않고 있는 그대로 이해하고 받아들이는 그들의 모습에 저도 닮아가려 노력합니다. 겨울에는 스키에 관심이 있어 4번의 겨울시즌을 ○○○○ 스키장 스키패트롤(안전요원)로 활동했습니다. 큰 기업에서 일할 수 있는 좋은 기회였다고 생각합니다. '진짜 서바이벌 같은 사회생활'이란 배움을 얻은 곳이기도 합니다.

여러 가지 활동들을 한 것은 알겠는데 도무지 정리가 안 되는군요. 시간 순서대로 쓴 건지, 생각나는 대로 쓴 건지 모르겠어요. 하다못해 내용이 바뀔 때마다 줄바꿈이라도 해줬으면 보기라도 편하겠는데 말이죠. 게다가 각각의 경험들을 나열은 했지만 하나의 주제로 엮이지는 못했다는 점도 아쉽습니다.

일단 목표가 되는 직무부터 정하시는 것이 좋겠습니다. 그리고 그 후에 자신의 경험들이 그 직무에 어떤 도움이 되는지를 적어보는 것이 좋겠습니다.

지원동기 및 입사 후 포부

'지성인'이라는 말을 들으면 저는 대학생이 떠오릅니다. 일반인은 지성인이라는 말은 지식이 풍부한 사람만을[1] 생각하지만 저는 아니라고 생각합니다. 가지고 있는 지식을 사용하는[2] 사람이 지성인이라 생각합니다. 사용하지 않는 자는 '똑똑한 사람'에 지나지 않을 것입니다. 저는 활동하는 지성인이 되고 싶습니다. 지식이 부족할지라도 배움을 이어가며 저를 필요로 하는 곳에서 활동하고 싶습니다.

한 팀의 소속이 된 후에는 가장 중요시해야 하는 것이 '함께'라는 것을 잊지 않는 것이라 생각합니다. 체계적인 공간에서 저는 그 순서를 밟아나갈 것입니다. 하지만 '함께'라는 것을 잊는다면 혼자만의 발전이지 함께의 발전이 아니라고 생각합니다. 어떠한 곳에 소속된다는 것은 이미 혼자가 아닌 함께입니다. '함께'하는 사람이 되겠습니다.

> [1] 말을 지식이 풍부한 사람으로
>
> [2] '지식을 실천하는, 행동할 줄 아는 지식' 등이 좀 더 자연스러운 표현입니다.

어디에도 제출할 수 있는 자소서의 대표적인 사례입니다. 특정한 분야, 업체명, 직무명 등을 언급하지 않고 그저 일반적인 내용만 적은 것이죠. 잘 아시겠지만 이런 내용의 자소서라면 받아주는 곳은 많지 않을 겁니다. 뭘 하고 싶은지 스스로도 모르는 사람을 데려다 무슨 일을 시키겠어요? 취업이 급한 사정은 이해하지만, 시간을 갖고 자신에게 계속 질문을 해보시길 바랍니다. 나는 무엇을 원하는가? 무엇을 할 때 즐거운가? 내가 가진 장점은 무엇인가?

그래도 나의 적성을 전혀 모르겠고, 어떤 직무에 지원할지조차 막막하다면 학교의 취업지원부서나 전문컨설턴트에게 상담을 받는 것도 좋은 방법입니다.

수정 후 자기소개서

성장과정

함께 하는 삶

어린 시절부터 다양한 스포츠를 경험하며 엘리트 선수로서의 길을 걸었습니다. 그리고 고등학교 시절에는 울산시 고등부 양궁대표로 활약할 정도로 스포츠에 대한 소질을 발하기도 하였습니다. 하지만 저는 선수로써 개인적인 영광을 누리기보다는 저의 재능을 주위 사람들과 함께 나누면서 더 큰 행복을 느낄 수 있었습니다.

실제로 지난 4년간 초등학교에서 아이들에게 양궁에 대해 소개하고 양궁기술을 전수해 주고 있습니다. 이를 통해 많은 아이들이 양궁에 관심을 가지게 되었으며, 그 중 몇몇은 선수로 발돋움하는 큰 성과를 맺게 되었습니다. 이러한 소중한 경험을 통해 저에게만 국한되었던 재능이 나눔을 통해 더 커지고 성숙해진다는 사실을 알게 되었습니다.

재능은 나눌수록 더 큰 힘으로 자라난다는 것을 알게 된 이후에는 더 많은 곳에서 스포츠를 배우고 가르쳤으며, 그 결과 연령대나 성별을 넘어서는 넓고 깊은 우정을 나눌 수 있었습니다.

스포츠뿐만 아니라 지식과 경험은 나누면 나눌수록 커진다는 것을 경험으로 알고 있으며, 앞으로도 먼저 다가가는 적극적인 노력을 통해 함께하는 삶을 사는 것이 저의 목표입니다.

성격의 장단점

냉정과 열정 사이

합리적인 사리판단으로 주어진 일을 완벽하게 수행해 내는 것이 저의 장점입니다. 친구들과의 약속시간을 엄수하는 편이고, 학교의 과제물은 항상 꼼꼼히 챙기는 편입니다. 객관적인 기준으로 공과 사를 구별하며, 아무리 친한 사이라고 해도 잘못된 것에 대해서는 감싸기보다는 문제점을 드러내어 고치도록 합니다. 이런 저의 성격은 다양한 사람들이 모여 활동하는 단체의 총무 역할에 제격인 듯 싶습니다. 실제로 제가 활동하는 여러 스포츠 동아리들이나 스터디 등의 각종 모임에서는 항상 총무로 추대되어 행사일정, 회계, 회원 관리 등을 도맡아 하고 있습니다.

스스로는 객관성을 유지하며 공정한 일처리를 한다고 생각하지만, 평소 주변 사람들은 친구로 지내던 제가 냉정한 모습을 보일 때는 서운함을 느끼기도 합니다. 그런 사람들의 마음을 알기에 공적인 영역 외에서는 최대한 주변 사람들과 깊은 유대 관계를 쌓으려 노력하고 있습니다.

교내외 생활

스포츠는 나의 힘

전공이 사회체육이기도 하지만 주위 사람들과 함께 스포츠를 즐기는 것을 워낙 좋아하기 때문에 스포츠를 통해 교내외에서 다양한 경험을 쌓을 수 있었습니다.

- 마케팅 경험 : 스포츠 마케팅 동아리에서는 공모전 아이디어를 주고받는 활동을 통해 보다 창의적인 결과물을 만들어내는 것을 익힐 수 있었습니다. 특히 ○○○에서 주최하는 전국대학생 마케팅 경진대회에서 다이어트 셀프 가이드 시스템을 선보이며 좋은 평가를 받기도 했습니다.

- 위계질서와 유대감 : 축구부에서는 총무와 의료팀을, 골프부와 스키부에서는 총무와 신입부원 교육을 맡으며 한 팀의 구성원으로 서로를 위해 주는 값진 경험을 하였습니다. 특히 많은 선후배들과 교류를 하며 위계질서와 유대감을 경험할 수 있었습니다.

- 사회경험 : 4번의 겨울 시즌 동안 스키패트롤을 하며 ○○○이라는 큰 기업에서의 근무경험을 쌓을 수 있었습니다. 또한 매년 여름에는 비만 초·중생의 개인 트레이너를 맡아 체계적인 식단과 운동을 통해 흥미를 유발하는 다이어트 프로그램을 운영하였습니다.

입사동기와 포부

마케팅 전문가가 되기 위한 나의 자세

대학시절 가장 흥미 있고 관심 있게 공부한 과목은 경영학, 통계학 등 마케팅과 관련된 것이었습니다. 특히 스포츠 경영학 과목을 수강하며, 국내뿐만 아니라 세계의 주요 스포츠 기업을 분석하여, 국내 기업들의 해외 진출 가능성과 차별화된 마케팅 방법들을 도출해 내었던 프로젝트가 가장 기억에 남습니다. 마케팅 관련 프로젝트마다 대표를 맡을 정도로 열정을 보였던 경험을 통해 마케팅 분야의 전문가가 되고자 하는 꿈을 키워 왔습니다.

마케팅에 전문가가 되고자 하는 저의 노력은 다음과 같은 세 가지 가치의 실현을 통해 이룰 수 있다고 생각합니다.

- 마케팅에 대한 이해 : 국내외의 시장상황, 경쟁사의 동향, 해외의 사례, 과거의 역사 등을 모른다면 진정한 마케팅 전문가라고 할 수 없습니다. 마케팅과 관련된 넓고 깊은 지식을 쌓아 기초가 튼튼한 마케팅 전문가가 되겠습니다.

- 사람에 대한 이해 : 마케팅의 대상은 결국 사람입니다. 그러므로 인간 심리에 대한 심도 깊은 이해는 마케팅의 열쇠가 될 것입니다. 마케팅에 대한 이론적인 이해뿐만 아니라 사람에 대한 깊은 애정과 귀 기울임을 통해 사람들과 소통하며 그들이 무엇을 원하는지 적극적인 자세로 탐구하겠습니다.

- 문화에 대한 이해 : 현재의 문화에 국한된 것이 아닌, 동서양의 역사와 문화를 이해하고, 그것이 어떤 상호작용을 하여 현재의 결과를 만들어내었는가에 대한 이해가 필요하다고 생각합니다. 문화에 대한 깊은 이해가 선행되어야만 시대를 앞서가는 마케팅을 해낼 수 있다고 믿습니다.

이러한 세 가지 가치를 실천하는 것이 전문 마케터로써 살아가고자 하는 저의 포부이며, 이를 통해 저와 ○○○의 발전을 이룰 수 있음을 확신합니다.

Case 3

- 지방 사립대 / 남자

- 무역학 전공 / 학점 2.5

- 어학 : 토익 점수 없음

- 자격증 : 1종 보통면허, 스쿠버다이빙

- 외부활동 : 스쿠버다이빙 강사(태국에서 1년간 근무), 통신장비설치(5개월)

- 전공인 무역에는 큰 관심이 없음. 이렇다 할 스펙도 기술도 없는 상황이어서 취업에 유리한 조건은 아님. 본인은 IT영업을 염두에 두고 있으나, 관련 지식이 부족하므로 일단 전반적인 영업 직무를 겨냥하여 취업하는 것으로 전략을 세움.

- 성과 : 다양한 분야의 영업직에 도전하여 10여 곳에 최종합격하였으나, 지역과 연봉을 고려하여 중견 제약회사 영업직으로 취업함.

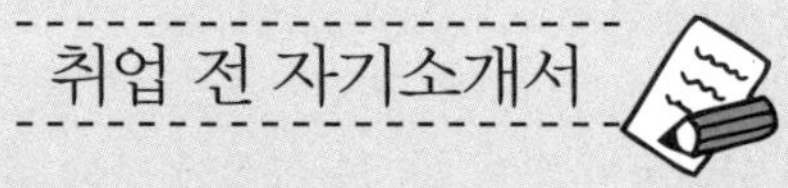

성장과정

1남 1녀 중 장남으로 태어나 항상 부모님의 사랑을 받으며 남부러울 것 없이 잘 자랐습니다.

어렸을 땐 친구들과 같이 뛰어노는 것을 좋아해 같이 어울려 팽이치기, 술래잡기 등을 하며 활발하게 지냈으며, 화목한 가족을 위해서 힘쓰시는 인자하고 자상한 아버지, 친구 같지만 엄하면서도 내면의 사랑과 희생으로 언제나 저희들 뒷바라지를 하신 어머니 아래서 여동생과 저는 정직, 성실, 화목의 가훈 아래 행복하게 성장하였습니다.

중·고 학생 때는 다른 친구들과 같이 사춘기로 어렸을 때 방황을 하기도 했지만 아버지께서 방황하던 저를 이해해주시고 이끌어주셨습니다. 그리고 다시 학업에 매진하게 되었습니다.

중학교 때부터 활발했던 저는 친구들과 같이 축구부에 들어 축구를 하였고, 고등학교 때에는 영화 및 소설에 관심이 커져 문학부 활동을 하였습니다.

그리고 항상 친구들과 어울리기를 좋아하긴 하였으나 처음 보는 사람과도 잘 지내는 능력을 기르고 싶어 대학 입학 후 다양한 아르바이트를 해보고 여러 부류의 사람들과 만나 보았습니다. 만남을 통해 대인관계에 대해 자신감을 얻었고, 이제는 익숙하지 않은 사람들과의 만남을 즐기며 단체생활을 좋아하는 좀 더 외향적인 성격을 가지게 되었습니다.

활동적이고 소탈한 성격 덕분에 주위 사람들과도 잘 지내는 저는 다른 사람의 이야기에 귀 기울이며 이해해 주는 자상한 성격 때문에 저에게 조언을 구하는 친구들도 많이 있습니다.

또 대학생 때는 사진동아리 및 봉사동아리에 들어 벚꽃과 단풍이 예쁜 봄, 가을이 되면 동기, 후배들과 함께 출사를 자주 다니곤 했습니다. 이와 함께 봉사동아리에서는 후배들을 이끌고 꽃동네, 복지관 등을 방문하여 몸이 불편하신 분들, 혼자 사시는 노인 분들을 도와드렸습니다.

봉사활동을 하고 돌아오는 길 보람감과 함께 제가 가진 것에 대한 감사함, 그리고 그것을 보람된 곳에 써야겠다는 생각을 하였습니다.

아버지께서 강조하시는 가훈은 '정직'입니다. 이를 가슴 깊이 새겨 저는 어떤 일에 있어서건 정직하게 말하고 정직하게 행동하고자 노력합니다.

성격 및 생활신조

항상 웃는 얼굴로 긍정적으로 생각해서 무슨 일이든 잘할 수 있다는 믿음을 가지고 실천하려고 노력하고 있습니다. 또한 상대방의 말에 귀를 기울여 듣고, 그 사람의 마음을 잘 이해하는 성격입니다. 이러한 소통을 하면 다툼이 없고, 저 자신과 상대가 상처를 받게 되는 일이 없습니다.

사실 예전에 저는 친구들 앞에서는 너스레를 떨면서도 익숙하지 않은 사람들과의 자리에서는 선뜻 다가서지 못했습니다. 그런 성격을 벗어나고 싶었던 저는 대학 입학 후 다양한 아르바이트와 여러 부류의 사람들과의 만남을 통해 대인 관계에 대해 자신감을 키워나갔습니다. 덕분에 현재는 새로운 인연을 만나는 것에 주저함이 없고, 믿음을 바탕으로 한 이러한 관계들을 소중히 잘 이어 나갑니다. 군대를 전역한 뒤, 새로운 세계에 대한 호기심과 기대감으로 간 태국에서 스쿠버 다이빙 전 과정을 이수하고 마스터 과정을 수료하여 다이빙 강사 생활을 한 적이 있습니다. 타국에서 혼자 지낸 기간 동안 저는 제가 속해 있던 우리나라 다이빙 팀 구성원은 물론이고, 저에게 배움을 받은 학생들, 외국 다이빙 팀의 외국 동료들과도 잘 지냈으며, 그때의 인연은 제 삶의 큰 보물이 되었습니다.

활동적이고 소탈한 성격 덕분에 주위 사람들과도 잘 지냅니다. 다른 사람의 이야기에 귀 기울이며 이해해 주는 자상한 성격 때문에 저에게 조언을 구하는 친구들도 많이 있습니다.

하지만 때때로 저는 확실한 일 처리를 추구하여 시간을 쏟게 되는 일이 있습니다. 이러한 점을 좀 더 긍정적으로 발전시키기 위해 대범함을 길러야 함을 느끼게 되었고, 그러한 대범함은 그 분야에 대한 전문성을 바탕으로 함을 알게 되었습니다.

저는 밝고 긍정적이며 원만한 대인관계를 매우 중요시하는 생활신조를 가지고 있습니다. 대학 재학 시 봉사동아리에 가서 참된 봉사의 의미를 깨닫게 되었고, 매사에 적극적으로 참여하는 성격도 형성하게 되었습니다.

"천재는 1%의 영감과 99%의 노력으로 이루어진다"는 격언을 가슴속에 새기어 기본에 충실하고 성실하며, 경쟁에 있어서는 누구에게도 지지 않으려는 의지를 가지고 매사에 끈질긴 도전과 추진력으로 승부하는 삶을 살아가는 것을 신조로 삼고 있습니다.

학교생활 및 특기사항

초등학교 때는 아이들과 어울려 노는 것을 좋아해 축구와 술래잡기 등 항상 뛰어놀았던 것으로 기억합니다. 그리고 여느 친구들과 다를 것 없이 가끔 친구들과 치고받고 싸우기도 했지만 금방 화해해 새로운 친구들을 만들기도 하였습니다.

중학교 때부터 활발했던 저는 친구들과 같이 축구부에 들어 축구를 하였고, 고등학교 때에는 영화 및 소설에 관심이 커져 문학부 활동을 하였습니다.

대학생활 중에는 고교생활에서 벗어나 저의 인생에서 가장 중요한 전환점이었습니다. 지금까지 살아본 삶의 틀을 깨고 좀 더 자유롭게 미래를 그려보고 폭 넓은 인간관계와 소양을 갖추는 소중한 시기였습니다. 눈앞의 과제에 최선을 다하는 것이 어떤 일을 해결하려 깊이 따져보고 열정을 뿜어내는 방법이라고 생각합니다. 학교생활은 평범하였으나 교우 간 순수한 우정만큼은 특별한 재산이 되었습니다. 사람관계야말로 많은 시간과 노력이 필요하며 힘들게 얻어진 만큼 또 쉽게 잃을 수 있기 때문입니다. 사진을 좋아하는 저는 사진동아리의 간부를 역임하며 다른 사람들을 통솔하여 대전에서 가까운 동학사와 벚꽃이 필 무렵이면 신탄진으로 후배들을 이끌고 출사를 자주 다녔습니다.

또한 과 활동에 열심히 참여하였으며 나중에는 간부도 역임하였습니다. 많은 스트레스를 받기도 했지만 지금 생각해 보면 직간접적으로 조직생활을 경험할 수 있는 소중한 인간관계의 생활이라 생각합니다. 대전의 장애인 복지관에 장애인을 돕는 봉사활동을 하면서 처음에는 꺼림칙한 마음이 앞섰으나 불편함을 이해하면서 건강한 나는 행복감을 느꼈고, 고통을 이해하며 배려의 마음과 안타까운 마음에 최선을 다해 그들을 도왔습니다. 고마워하는 장애우들의 눈빛을 지금도 잊을 수가 없습니다. 앞으로도 많은 봉사활동과 인연의 끈을 놓지 않겠습니다.

지원동기 및 포부

정식적인 사회진출은 처음으로 생각됩니다. 첫발을 내딛는 초년생으로서 노력하고 항상 배우는 자세로 임하겠으며, 또한 저는 군 생활, 태국에서 다이버 강사 생활, 기지국공사 및 민원처리 업무 등 일을 하면서 모든 일은 인간관계에서 출발한다는 것을 느꼈습니다. 제가 지원한 영업사원 미션은 매장관리, 매출관리, 고객 Care, 민원부분이라 생각합니다. 제가 지원한 동기는 다양한 사람들과 자유롭게 소통하고 눈을 보며 고객의 소리를 느낄 수 있는 수련이 되어 있고, 고객의 소리를 소통을 통해 해결할 수 있고, 군에서 보급병사로 수행한 경험을 바탕으로 매장을 관리하고, 대학전공이 무역학을 전공하여 물류, 경제학, 수출입에 의한 국내사정의 변화 등을 이용하여 영업과 회사에 플러스가 되는 요인이 된다고 생각합니다. 모든 일이 쉽지는 않겠지만 제가 열심히 노력을 한다면 어려운 일이더라도 풀어나갈 수 있다고 생각하기 때문입니다.

앞으로도 기본에 충실한 사람이 되도록 노력할 것이며, 항상 긍정적인 사고와 항상 무슨 일이든 노력하는 사람이 되어 선배님들과 후배들에게 항상 신뢰받는 사람이 되도록 노력할 것입니다.

일반적인 자소서보다 분량이 많은 편인데, 잘 쓰고 못 쓰고를 떠나 분량이 많다는 건 취업하고자 하는 열망과 비례한다고 볼 수 있습니다. 게다가 잘 읽어보면 진솔하고 친근한 느낌으로 글을 쓴 것도 알 수 있고요. 전반적으로 글쓴이의 성실함이 잘 표현된 자소서라고 볼 수 있겠네요.

그런데 한 가지 아쉬운 것은 자소서를 쓰는 요령이 부족하다는 겁니다. 특히 성장배경에서 '1남 1녀의 장남'이라며 낡고 고리타분한 느낌으로 시작한 탓에 나머지 글의 내용과는 관계없이 자소서의 수준이 낮게 평가되어 버릴 수 있습니다. 요령 있게, 그리고 세련되게 글을 쓰는 법을 익힌다면 훌륭한 자소서가 나올 것이라 확신합니다.

성장과정

1남 1녀 중 장남으로 태어나 항상 부모님의 사랑을 받으며 남부러울 것 없이 잘 자랐습니다.

어렸을 땐 친구들과 같이 뛰어노는 것을 좋아해 같이 어울려 팽이치기, 술래잡기[1] 등을 하며 활발하게 지냈으며, 화목한 가족을 위해서 힘쓰시는 인자하고 자상한 아버지, 친구 같지만 엄하면서도 내면의 사랑과 희생으로 언제나 저희들 뒷바라지를 하신 어머니 아래서 여동생과 저는 정직, 성실, 화목의 가훈 아래 행복하게 성장하였습니다.

중·고 학생 때는 다른 친구들과 같이 사춘기로 어렸을 때 방황[2]을 하기도 했지만 아버지께서 방황하던 저를 이해해주시고 이끌어주셨습니다. 그리고 다시 학업에 매진하게 되었습니다.

중학교 때부터 활발했던 저는 친구들과 같이 축구부에 들어 축구를 하였고[3], 고등학교 때에는 영화 및 소설에 관심이 커져 문학부 활동을 하였습니다.

그리고 항상 친구들과 어울리기를 좋아하긴 하였으나 처음 보는 사람과도 잘 지내는 능력을 기르고 싶어 대학 입학 후 다양한 아르바이트를 해보고 여러 부류의 사람들과 만나 보았습니다. 만남을 통해 대인관계에 대해 자신감을 얻었고, 이제는 익숙하지 않은 사람들과의 만남을 즐기며 단체생활을 좋아하는 좀 더 외향적인 성격을 가지게 되었습니다.

활동적이고 소탈한 성격 덕분에 주위 사람들과도 잘 지내는 저는 다른 사람의

이야기에 귀 기울이며 이해해 주는 자상한 성격 때문에 저에게 조언을 구하는 친구들도 많이 있습니다.

또 대학생 때는 사진동아리 및 봉사동아리에 들어 벚꽃과 단풍이 예쁜 봄, 가을이 되면 동기, 후배들과 함께 출사를 자주 다니곤 했습니다. 이와 함께 봉사동아리에서는 후배들을 이끌고 꽃동네, 복지관 등을 방문하여 몸이 불편하신 분들, 혼자 사시는 노인 분들을 도와드렸습니다.

봉사활동을 하고 돌아오는 길 보람감과 함께 제가 가진 것에 대한 감사함, 그리고 그것을 보람된 곳에 써야겠다는 생각을 하였습니다.

아버지께서 강조하시는 가훈은 '정직'입니다. 이를 가슴 깊이 새겨 저는 어떤 일에 있어서건 정직하게 말하고 정직하게 행동하고자 노력합니다.

이 글의 가장 큰 문제점은 시간 순서대로 썼다는 것입니다. 흔히 자소서의 성장배경이라고 하면 출생부터 시작해서 유아시절, 초등학교, 중학교, 고등학교, 대학교 등의 순서로 적는 걸로 생각하는 분들이 계십니다. 그것이 틀렸다는 말은 아닙니다. 그렇게 쓸 수도 있죠. 하지만 그건 상당히 낡은 스타일입니다. 요즘엔 그렇게 쓰질 않아요. 제가 장담하건데 이 글을 읽는 인사담당자는 이렇게 생각할 겁니다. '허허, 요즘도 이렇게 자소서를 쓰는 사람이 있나!'

또 다른 점을 지적하자면 식상한 소재가 쓰였다는 것입니다. 부모님, 부모님의 사랑, 정직이라는 가훈 등은 너무나도 식상합니다. 또한 식상한 소재의 문제점은 표현이나 전개방식도 식상하게 흘러간다는 거죠.

기억에 남는 한 순간의 사건을 다루세요. 그리고 이 글을 읽는 사람들이 전혀 접하지 못했던 소재, 표현, 전개를 보여주세요.

성격 및 생활신조

항상 웃는 얼굴로 긍정적으로 생각해서 무슨 일이든 잘할 수 있다는 믿음을 가지고 실천하려고 노력하고 있습니다. 또한 상대방의 말에 귀를 기울여 듣고, 그 사람의 마음을 잘 이해하는 성격입니다. 이러한 소통을 하면 다툼이 없고, 저 자신과 상대가 상처를 받게 되는 일이 없습니다.

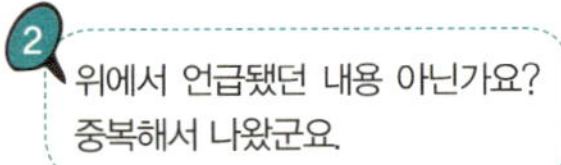

사실 예전에 저는 친구들 앞에서는 너스레를 떨면서도 익숙하지 않은 사람들과의 자리에서는 선뜻 다가서지 못했습니다[1]. 그런 성격을 벗어나고 싶었던 저는 대학 입학 후 다양한 아르바이트와 여러 부류의 사람들과의 만남을 통해 대인 관계에 대해 자신감을 키워 나갔습니다[2]. 덕분에 현재는 새로운 인연을 만나는 것에 주저함이 없고 믿음을 바탕으로 한 이러한 관계들을 소중히 잘 이어 나갑니다. 군대를 전역 한 뒤, 새로운 세계에 대한 호기심과 기대감으로 간 태국에서 스쿠버 다이빙 전 과정을 이수하고 마스터 과정을 수료하여 다이빙 강사 생활을 한 적이 있습니다. 타국에서 혼자 지낸 기간 동안 저는 제가 속해있던 우리나라 다이빙 팀 구성원은 물론이고, 저에게 배움을 받은 학생들, 외국 다이빙팀의 외국 동료들과도 잘 지냈으며 그때의 인연은 제 삶의 큰 보물이 되었습니다.

활동적이고 소탈한 성격 덕분에 주위 사람들과도 잘 지냅니다. 다른 사람의 이야기에 귀 기울이며 이해해주는 자상한 성격 때문에 저에게 조언을 구하는 친구들도 많이 있습니다.

하지만 저는 때때로 저는 확실한 일 처리를 추구하여 시간을 쏟게 되는 일이 있습니다. 이러한 점을 좀 더 긍정적으로 발전시키기 위해 대범함을 길러야 함을 느끼게 되었고, 그러한 대범함은 그 분야에 대한 전문성을 바탕으로 함을 알게 되었습니다.

저는 밝고 긍정적이며, 원만한 대인관계를 매우 중요시하는 생활 신조를 가지고 있습니다. 대학 재학 시 봉사동아리에 가서 참된 봉사의 의미를 깨닫게 되었고, 매사에 적극적으로 참여하는 성격도 형성하게 되었습니다.

"천재는 1%의 영감과 99%의 노력으로 이루어진다"라는 격언을 가슴속에 새기어 기본에 충실하고 성실하며, 경쟁에 있어서는 누구에게도 지지 않으려는 의지를 가지고 매사에 끈질긴 도전과 추진력으로 승부하는 삶을 살아가는 것을 신조로 삼고 있습니다.

↳ 전체적인 구성이나 내용은 괜찮네요. 하지만 전달하고자 하는 주제가 애매모호합니다. 성격을 자세히 설명해 주려는 의도는 알겠는데 너무 다양한 성격들을 내세우는 탓에 무슨 얘길 하려는 건지 종잡을 수가 없게 되었다는 애기입니다.

윗글에 나온 성격과 관련된 표현들만 추려보더라도 '긍정, 경청, 소통, 이해, 원만한 대인관계, 호기심, 활동적, 소탈, 자상함, 대범함, 봉사, 적극성, 성실, 도전, 추진력'과 같이 많습니다. 물론 자신의 장점을 빼놓지 않고 꼼꼼하게 잘 표현하고 싶은 마음은 이해하지만, 자소서라는 제한된 형식의 글에서 모든 것을 다 쓸 수는 없어요. 그러므로 가장 핵심이 되는 성격 한 가지만 전달할 수 있도록 하세요.

학교생활 및 특기사항

초등학교 때는 아이들과 어울려 노는 것을 좋아해 축구와 술래잡기 등 항상 뛰어놀았던 것으로 기억합니다. 그리고 여느 친구들과 다를 것 없이 가끔 친구들과 치고받고 싸우기도 했지만 금방 화해해 새로운 친구들을 만들기도 하였습니다.

중학교 때부터 활발했던 저는 친구들과 같이 축구부에 들어 축구를 하였고, 고등학교 때에는 영화 및 소설에 관심이 커져 문학부 활동을 하였습니다.[1]

대학생활 중에는 고교생활에서 벗어나 저의 인생에서 가장 중요한 전환점이었습니다. 지금까지 살아본 삶의 틀을 깨고 좀 더 자유롭게 미래를 그려보고 폭 넓은 인간관계와 소양을 갖추는 소중한 시기였습니다. 눈앞의 과제에 최선을 다하는 것이 어떤 일을 해결하려 깊이 따져보고 열정을 뿜어내는 방법이라고 생각합니다. 학교생활은 평범하였으나 교우 간 순수한 우정만큼은 특별한 재산이 되었습니다. 사람관계야말로 많은 시간과 노력이 필요하며 힘들게 얻어진 만큼 또 쉽게 잃을 수 있기 때문입니다. 사진을 좋아하는 저는 사진동아리의 간부를 역임하며 다른 사람들을 통솔하여 대전에서 가까운 동학사와 벚꽃이 필 무렵이면 신탄진으로 후배들을 이끌고 출사를 자주 다녔습니다.

또한 과 활동에 열심히 참여하였으며 나중에는 간부도 역임하였습니다. 많은 스트레스를 받기도 했지만 지금 생각해 보면 직간접적으로 조직생활을 경험할 수 있는 소중한 인간관계의 생활이라 생각합니다. 대전의 장애인 복지관에 장애인을 돕는 봉사활동을 하면서 처음에는 꺼림칙한 마음이 앞섰으나 불편함을 이해하면서 건강한 나는 행복감을 느꼈고, 고통을 이해하며 배려의 마음과 안타까운 마음에 최선을 다해 그들을 도왔습니다. 고마워하는 장애우[2]들의 눈빛을 지금도 잊을 수가 없습니다. 앞으로도 많은 봉사활동과 인연의 끈을 놓지 않겠습니다.

역시 시간 순서대로 사건들을 나열하고 있군요. 본인은 머릿속에 잘 정리되어 있고 그것을 있는 그대로 솔직하게 쓰신 거겠지만, 읽는 사람 입장에서는 무슨 얘기를 하는지 잘 이해가 되질 않아요. 보다 효과적으로 자신이 가진 장점들을 채용담당자에게 보여주고 싶다면 내가 가진 역량, 경험의 종류 등으로 기준에 맞춰 정리하는 것이 좋겠습니다.

지원동기 및 포부

정식적인 사회진출은 처음으로 생각됩니다. 첫발을 내딛는 초년생으로서 노력하고 항상 배우는 자세로 임하겠으며, 또한 저는 군 생활, 태국에서 다이버 강사 생활, 기지국공사 및 민원처리 업무 등 일을 하면서 모든 일은 인간관계에서 출발한다는 것을 느꼈습니다. 제가 지원한 영업사원 미션은 매장관리, 매출관리, 고객 Care, 민원부분이라 생각합니다. 제가 지원한 동기는 다양한 사람들과 자유롭게 소통하고 눈을 보며 고객의 소리를 느낄 수 있는 수련이 되어 있고, 고객의 소리를 소통을 통해 해결할 수 있고, 군에서 보급병사로 수행한 경험을 바탕으로 매장을 관리하고, 대학전공이 무역학을 전공하여[1] 물류, 경제학, 수출입에 의한 국내사정의 변화 등을 이용하여 영업과 회사에 플러스가 되는 요인이 된다고 생각합니다. 모든 일이 쉽지는 않겠지만 제가 열심히 노력을 한다면 어려운 일이더라도 풀어나갈 수 있다고 생각하기 때문입니다.

[1] 무슨 말을 하려는 건가요? 이 부분을 '무역학을 전공하면서 익힌'으로 바꿔서 읽으면 되는 건가요?

앞으로도 기본에 충실한 사람이 되도록 노력할 것이며, 항상 긍정적인 사고와 항상 무슨 일이든 노력하는 사람이 되어 선배님들과 후배들에게 항상 신뢰받는 사람이 되도록 노력할 것입니다.

영업에 대한 열정은 느껴지지만 영업직무를 잘 안다고 보기는 어렵군요. 글쓴이가 생각하는 영업은 영업이라기보다는 판매직에 가깝습니다. 눈을 보고 고객의 소리를 느끼며 소통한다거나, 매장을 관리한다거나 하는 역량들은 영업직이 아닌 판매직에 필요한 역량이라고 하는 것이 더 어울리겠습니다. 구체적으로 예를 들자면 핸드폰 매장의 판매직원에게 필요한 역량 정도라고 볼 수 있겠죠. 물론 판매도 영업의 일부분이긴 합니다만, 보다 높은 수준의 영업을 수행하기 위해서는 영업의 본질과 그에 따르는 역량들에 대해 잘 이해하는 것이 급선무라고 생각되는군요.

수정 후 자기소개서

성장배경

'미안하다고 말하지 못해서 미안해.'

TV와 신문에서 한창 왕따 문제로 시끄러웠을 때 학창시절을 보냈지만 초·중·고 12년 동안 제 주위에는 왕따가 없었습니다. 적어도 제가 있는 곳에서는 모두가 친구였고, 함께 즐거운 시간을 보냈다고 자부합니다.

지방의 한적한 동네에서 자란 저는 친구들과 어울려 노는 것이 하루 일과였습니다. 도시 아이들과는 달리 팽이치기, 술래잡기를 하느라 하루해가 짧게 느껴질 정도였는데, 또래보다 큰 덩치 덕분에 그 중에서도 놀이를 주도하는 골목대장이었습니다. 덕분에 아이들을 이끌며 나름의 즐거운 대장생활을 지냈습니다.

그런데 저희 동네에는 좀 모자란 '바보'가 있었습니다. 저보다 두 살 어렸는데, 어쩌다 가끔 눈에 띄는 정도였고, 아이들도 가급적이면 가까이 가지 않으려고 해서 별다른 상관을 하지 않고 지냈습니다. 그런데 하루는 친구들끼리 얼음땡 놀이를 하고 있는데, 그 바보가 저희를 이리저리 따라다니면서 훼방을 놓는 것이었습니다. 대장인 저는 방해하지 말라며 그 아이를 밀쳐냈습니다. 그런데 힘이 과했는지 그 아이는 뒤로 넘어지며 찰과상을 입었고, 길바닥을 뒹굴며 동네가 떠나갈 듯 울어댔습니다. 저는 어쩔 줄 몰라 그 자리에 서 있었는데, 울음소리를 듣고 그 아이의 어머님이 달려 나오며, '형들 노는 데 방해하지 말랬잖아'라면서 저희들에게 미안하다 하셨습니다. 정작 미안한 건 그 아이를 밀쳐낸 저였는데 오히려 어머님께 사과를 받은 것입니다. 하지만 저는 단 한 번도 그 아이에게 미안하다는 말을 하지 못했습니다. 오히려 그 아이가 보이기라도 하면 어쩐지 부끄럽고 미안한 마음에 피해 다닐 뿐이었습니다.

그 후로도 저는 변함없이 골목대장 노릇을 하며 지냈지만, 한 가지 변화가 생긴 것은 덩치 크고 힘센 골목대장에서 친구를 배려하고 보살펴 주는 골목대장으로 변한 것입니다. 제게 이러한 배려의 마음을 갖게 해준 그 아이에게 미안하고 또 고맙습니다.

성격의 장단점

'들을 준비가 되어 있습니다.'

'먼저 듣고 그 후에 말하는 것'이야말로 제가 지켜오고 있는 생활신조이며, 이러한 경청의 자세는 제가 가진 큰 장점이라고 생각합니다.

태국의 아름다운 자연환경에 반해 다이빙 숍에서 강사 일을 하며 지낸 적이 있습니다. 그런데 준비가 부족한 상태에서 시작된 외국생활에서 가장 곤란한 점은 언어였습니다. 일이야 한국인 관광객을 대상으로 다이빙 강습을 하는 것이었기에 큰 문제가 없었지만, 퇴근 후에 음식을 사 먹거나 이동을 할 때마다 하고 싶은 말을 제대로 못하니 답답해 미칠 노릇이었습니다. 그러던 어느 날 강습을 하다가 한 가지 떠오른 생각이 있었습니다. 그것은 바로 '잘 지켜보자'입니다. 스쿠버다이빙을 하는 동안에는 갖가지 수신호로 자신의 상태를 알리고 의사를 전달합니다. 게다가 수신호에 익숙하지 않은 관광객들의 표정이나 몸짓 등도 항상 주의 깊게 살펴봐야 합니다. 이에 착안해서 일상생활을 할 때도 먼저 자세히 살펴보기로 했습니다.

실제로 그 후로 음식점에 가서는 종업원과 눈을 마주치며 먼저 인사를 하였고, 메뉴판만 보고 시키는 것이 아니라 종업원의 얼굴과 표정 변화에도 신경을 썼습니다. 물론 표정을 살펴본다고 언어의 장벽을 넘을 수 있었던 것은 아니지만, 내가 시긴을 들여 들을 준비가 되어 있다는 것이 종업원에게 전달되자 갖가지 보디랭귀지를 동원해서 설명해 주기도 하고, 주방에서 재료를 갖고 나와 보여주기도 하는 등 보다 친절한 서비스를 제공받을 수 있었습니다.

사회생활의 기본은 먼저 귀를 열고 듣는 것이라고 생각합니다. 특히나 영업사원이라면 고객의 목소리를 들으며 무엇을 필요로 하고 원하는지 파악하는 것이 필요합니다. 저의 이러한 경청의 자세는 영업을 수행하는 데 있어 중요한 자질이라고 생각합니다.

학창시절 및 외부활동

'인간으로서의 역량을 쌓아올리다.'

사람은 사람 사이에 있을 때 비로소 사람이 됩니다. 사람 사이에 속해 있지 않고 혼자 존재한다면 그것은 신이거나 짐승일 것입니다. 저는 학교와 사회에서 다음과 같은 경험을 하며 사람됨에 대해 배워 왔습니다.

1. 공동체 의식 : 함께 나누며 살아가는 것이야 말로 사람됨의 기본이라고 생각합니다. 저는 지난 2년 동안 대전의 장애인 복지관에서 목욕과 식사를 보조하며 봉사활동을 하였는데, 가진 것을 나눔으로 해서 봉사를 받는 사람도, 봉사를 하는 사람도 모두 기쁨을 느끼며 행복이 두 배가 되는 경험을 하였습니다.

2. 배려하는 마음 : 현대 사회에서 가장 필요한 것은 바로 배려가 아닐까 싶습니다. 저마다의 목소리만 낸다면 그것이 바로 지옥도의 풍경일 것이라고 생각합니다. 저는 통신회사에서 근무하는 동안 개통과 민원처리 업무를 담당하며 고객의 목소리를 먼저 들었습니다. 그리고 고객의 입장을 이해하고 도움을 드리는 것을 최우선으로 생각하고 행동하였습니다. 이러한 서비스 업무를 통해 배려가 무엇인지를 배울 수 있었습니다.

3. 조직 적응력 : 사회생활을 하다 보면 다양한 조직에 속하게 됩니다. 그리고 그 속에서 갈등을 조정하고 적응해 나가는 동안 개인의 역량이 드러납니다. 그런데 저는 어렸을 때부터 축구부 활동을 했기에 선후배 간의 조직생활에 있어서 매우 익숙합니다. 그렇기 때문에 이후의 사진부 활동, 영화동아리, 다이빙 강사, 통신업체 등에서 '믿을 만한 사람, 듬직한 친구'로 불리며 넓고 깊은 인맥을 쌓아왔습니다.

사람으로서의 기본이 되어 있는 신입사원을 원하신다면 그것은 바로 저 ○○○이라고 확실하게 말씀드릴 수 있습니다.

지원동기 및 입사 후 포부

'영업의 본질.'

영업은 단순히 물건을 파는 것이 아닙니다. 영업은 고객에게 물건을 파는 것이 아니라 고객의 마음을 충족시켜 주는 것이라고 생각합니다. 그리고 이러한 영업을 잘 수행해 내기 위해서는 고객의 마음을 아는 것이 가장 처음 해야 할 일이고, 고객의 마음이 흡족하도록 진정으로 고객을 대하는 것 또한 뒤따라야 할 것입니다. 고객의 마음을 살피는 것, 그리고 진심을 다해 행동하는 것은 제가 가장 자신 있는 일입니다. 바로 이것이 제가 영업을 평생의 직업으로 선택한 이유입니다.

그리고 평생 직업인 영입을 보다 완벽히 수행하기 위해 다음과 같은 두 가지를 갖추기 위해 노력하겠습니다.

첫 번째는 전문지식입니다. 제품을 판매하기 위해서는 제품과 관련된 지식을 쌓는 것이 선행되어야 합니다. 자사 제품이 어디서 어떻게 제조되는지, 어떠한 특징과 기술이 적용되었는지 아는 것은 기본이고, 경쟁사의 제품에 대해서도 상세하게 알고 있어야 합니다. 제품에 대한 기술적인 지식뿐만 아니라 제품과 관련된 국내, 국제적인 트렌드와 이슈에 대해서도 꿰뚫고 있어야 고객이 원하는 것을 신속하고 정확하게 제공할 수 있습니다.

두 번째는 발로 뛰는 적극성입니다. 아무리 고객이 원하는 정보를 정확하게 전달한다고 해도, 전달되는 형식이나 자세에 따라 고객이 느끼는 것은 크게 달라질 것입니다. 또한 영업은 물건을 파는 것이 아니라 마음을 파는 것이므로, 제품이 고객에게 인도된 이후에도 제품을 사용하는 고객의 마음이 오래도록 흡족할 수 있게 고객과 지속적으로 접촉하며 철저한 사후관리를 해야 할 것입니다.

이와 같은 전문지식과 적극성을 갖춘 전문영업인이 되어 ○○○○의 핵심 인재로 인정받도록 노력하겠습니다.

취업에 성공한 자기소개서

Case 4

- 지방 사립대 / 남자
- 수학 · 경영학 전공 / 학점 3.54
- 어학 : 토익 650점
- 자격증 : 한자 2급, ITQ, GTO, 1종 보통 운전면허
- 외부활동 : 리더십 프로그램, 봉사활동 참가, 교내 과학기술학술제 우수상 및 대상 수상
- 뚜렷한 직업적인 목표가 없는데다가 성격도 소극적이어서 본격적인 취업활동을 하지 못하고 있음. 금융권 기업이나 일반 기업의 영업지원 업무를 생각하고 있음.
- 성과 : 약 보름간의 취업활동 끝에 4곳의 중견기업 경영지원 부서에 최종합격.

성장과정 — '따뜻한 카리스마의 리더십.'

대학생활 때 실생활에 사용되는 통계학이란 주제로 사회과학 학술대회에 참가하게 되었습니다. 5인 1팀으로 구성하여 선후배들과 한 팀을 이루며 다양한 아이디어를 냈습니다. 팀원들은 자신이 아는 부문의 생각과 개성이 강하여 의견 충돌하는 경우가 많았는데. 해결방법으로 역할 바꾸기와 다면평가로 팀원들이 조장이 되어 자신의 의견을 제시하고, 세시한 의견을 다면적으로 평가하여 피드백을 구하는 방식으로 진행을 하게 되었습니다. 의견충돌은 적어지고 팀원들의 협동심은 향상되었으며, 학술대회에서 은상을 받았습니다. 이 계기로 저는 다른 사람들과 결정을 하고 진행을 할 때 서로 협력하고 협동하며 배려할 수 있는 따뜻한 카리스마의 리더십을 얻었고, 이젠 이 재능으로 'ㅇㅇㅇ'에 필요한 인재가 되고 싶습니다.

성격의 장단점 — '건설현장 공기 단축 7일.'

겨울방학 때 아르바이트로 건설현장 시공관리직을 수행할 때 주위사람들은 '책임감'이 저의 장점이라고 말했습니다. 건설현장은 정규직과 일용직으로 구성이 되어 있고, 연령층이 다양하게 이루어져 있는 환경에서 안전성을 유지하면서 협동심과 정확성을 가지고 신속하게 시공을 하는 것이 중요합니다. 그래서 팀원들의 쾌적한 근무요건을 조성해 주기 위해 팀원들의 직무능력에 따라 '배치'하였고, 하루 일정이 끝날 때 보완해야 할 점과 내일의 일정을 설명하여 팀원들의 부담을 줄여 주었습니다. 팀원들의 직무능력은 향상시키고 안전을 유지하며 신속하게 시공을 하였고, 공기 단축을 이루게 되었습니다. 이러한 장점으로 실제 업무과정에서 책임감을 가지고 업무에 충실한 모습을 보여줄 수 있습니다.

교내활동 – '감성교류 봉사활동.'

연합 봉사동아리에서 가정의 달 다문화 가족들과 함께 즐기며 놀 수 있도록 큰 행사가 진행되었습니다. 제가 맡은 다문화 가족은 이번 행사가 처음 참여하는 행사여서 접수하는 절차 및 다양한 체험을 하는 것에 대해 불편해하였습니다. 그래서 가족 같은 마음으로 친절하게 접수처에서 접수 확인 및 참여방법을 설명하였고, 시작 전에 필요한 것과 추가적인 내용이 없는지 확인 후 다문화 가족들에게 불편한 점이 없도록 책임감을 가지고 봉사에 임하였습니다. 행사가 끝나고 가족들은 저에게 감사하다고 말해 주었고, 그 말을 들은 저도 뿌듯하였습니다. 이 계기로 저는 사람과의 관계에서 도움을 주고 도움을 얻는 방법 등 감성교류를 배울 수 있었습니다.

지원동기 – '긍정의 힘.'

저는 도전적이고 책임감 있는 성실한 일꾼이 되고 싶습니다. 그래서 도전적이며 열정적인 'ㅇㅇㅇ'에 지원하게 되었습니다. 하루를 살더라도 보람차고 알차게 보내기 위하여 하루, 일주일, 한 달 계획을 세워서 성실하게 실천하고, 자기가 잘못했던 일을 반성하면서 장점과 단점을 찾아내고 장점을 최대한 활용하여 단점을 보완하는 것에 노력을 하였고, 단점에 대하여 긍정적인 마인드를 가지고 원인을 찾고 그 원인의 피드백을 구해서 단점을 장점으로 바꾸도록 노력하였습니다.

또 어떠한 문제가 있을 때 정확한 답보다는 저만이 찾을 수 있는 창의적인 방법으로 찾고 그 답을 주변사람들에게 객관적인 대답을 들어서 문제를 해결합니다. 이렇게 도전적이며 열정적인 성향과 창의적인 방법으로 학교에서 배운 수학지식과 경영지식을 바탕으로 ○○○의 '멀티맨'으로 크게 성장하고 싶습니다.

입사 후 포부 — 회사의 4'P 가 되겠습니다.

'Product.'
저는 ○○○에 창조적이고 무한한 도전에 '정밀한 제품'이 되겠습니다.

'Place.'
저는 어떠한 장소에서도 항상 최선을 다하고 '책임감' 있는 사람이 되겠습니다.

'Price.'
저는 ○○○에 '값어치' 있는 사람이 되겠습니다.

'Promotion.'
저는 ○○○의 발전을 위해 항상 준비하고 노력하는 '성실한 사람'이 되겠습니다.

주위 친구들에게 보여준다면 썩 괜찮게 썼다는 평가를 받을 수도 있겠습니다

만, 어느 정도 자소서를 볼 줄 아는 사람이라면 그다지 좋은 평가를 드리기 어렵겠네요. 왜냐하면 자신의 경험을 억지로 갖다 붙인 흔적이 여러 곳 보이기 때문입니다. 그렇다 보니 표현이 과장되어 어떤 부분은 부자연스럽기도 하고, 혹은 '이건 거짓이로군!' 하고 느껴지는 부분도 있는 것이 사실입니다. 자신의 생각이나 경험을 부풀리는 것보다는 솔직하게 쓰길 바랍니다.

성장과정 — '따뜻한 카리스마의 리더십.'

대학생활 때 실생활에 사용되는 통계학이란 주제로 사회과학 학술대회에 참가하게 되었습니다. 5인 1팀으로 구성하여 선후배들과 한 팀을 이루며 다양한 아이디어를 냈습니다. 팀원들은 자신이 아는 부문의 생각과 개성이 강하여[1] 의견 충돌하는 경우가 많았는데. 해결방법으로 역할 바꾸기와 다면평가로 팀원들이 조장이 되어 자신의 의견을 제시하고, 제시한 의견을 다면적으로 평가하여 피드백을 구하는 방식으로 진행을 하게 되었습니다. 의견충돌은 적어지고 팀원들의 협동심은 향상되었으며, 학술대회에서 은상을 받았습니다. 이 계기로 저는 다른 사람들과 결정을 하고 진행을 할 때 서로 협력하고 협동하며 배려할 수 있는[2] 따뜻한 카리스마의 리더십을 얻었고, 이젠 이 재능으로 'ㅇㅇㅇ'에 필요한 인재가 되고 싶습니다.

[1] 생각이 강하다고 하지는 않죠. '서로 생각이 다른데다가 개성도 강해서' 정도로 바꿔 쓰면 어떨까요.

[2] 어디서 어떻게 끊어 읽어야 할지 모르겠어요. 문장 몇 개가 섞여 있는 것 같은데 구분이 필요합니다.
→ '공동으로 일을 진행할 때, 서로 협력하고 배려하는'이라고 바꿔보면 뜻도 명확하고 자연스럽습니다.

'협력하고 협동하며' 비슷한 단어가 중복되어 사용되었어요.

대체적으로 성장과정을 다룰 때는 좀 더 어릴 때의 사건을 다루는 것이 일반적입니다. 아무래도 성장과정이라는 자소서 항목에 맞는 얘기를 하자면 인격이 완성되기 전인 유년시절이라든가, 늦어도 청소년 시기 정도를 다루는 것이 일반적이지 않을까요?

통계학, 사회과학 학술대회, 다면평가 등 전문성이 느껴지는 용어를 사용한 것은 좋습니다. 그리고 은상을 받은 것도 자랑할 만한 일이겠죠. 그런데 여기서 첫 번째 거짓말로 생각되는 부분이 드러납니다. 상담에서는 첫해에는 우수상을, 그 다음 해에는 대상을 받은 것으로 알려주셨습니다. 그런데 정작 자소서에는 은상을 받은 내용을 쓰셨어요. 보통은 대상 받은 경험을 자랑스럽게 내세우지 않나요? 은상은 어디서 나온 건지 궁금하군요. 이 글을 읽는 사람이 오해를 하지 않도록 잘 보완하셔야겠어요.

글에 소제목을 붙인 것은 매우 잘한 일입니다. 그런데 바로 그 부분이 어색합니다. '따뜻한 카리스마'라는 표현이 어색하지 않나요? 따뜻하면서도 카리스마도 갖추는 것이 불가능하다고는 말하지 않겠습니다. 하지만 매우 상반된 이미지의 단어를 조합해서 사용함으로써 어색함이 느껴지는 것이 사실입니다. 적어도 따뜻한 리더십, 카리스마적인 리더십을 동시에 발휘한 사례를 적절하게 들어주기라도 했다면 이해가 쉬웠을 텐데 그런 부분이 부족하군요.

성격의 장단점 — '건설현장 공기 단축 7일.'

겨울방학 때 아르바이트로 건설현장 시공관리직을 수행할 때 주위사람들은 '책임감'이 저의 장점이라고 말했습니다. 건설현장은 정규직과 일용직으로 구성이 되어 있고, 연령층이 다양하게 이루어져 있는 환경에서 안전성을 유지하면서 협동심과 정확성을 가지고 신속하게 시공을 하는 것이 중요합니다. 그래서 팀원들의 쾌적한 근무요건을 조성해 주기 위해 팀원들의 직무능력에 따라 '배치'하였고, 하루 일정이 끝날 때 보완해야 할 점과 내일의 일정을 설명하여 팀원들의 부담을 줄여 주었습니다. 팀원들의 직무능력은 향상시키고 안전을 유지하며 신속하게 시공을 하였고, 공기 단축을 이루게 되었습니다. 이러한 장점으로 실제 업무과정에서 책임감을 가지고 업무에 충실한 모습을 보여줄 수 있습니다.

'어떠한 일을 진행함에 있어 자신이 가진 책임감이라는 성격 덕분에 성과를 만들어냈다'라는 형식으로 쓴 것은 매우 훌륭한 전개입니다. 아주 잘하셨어요. 그런데 글을 자세히 읽어보면 두 번째 거짓말로 추정되는 내용이 나옵니다.

글쓴이는 분명히 아르바이트죠? 편의점이나 패스트푸드점이 아닌 '건설현장 아르바이트'입니다. 그런데 한낱 아르바이트가 팀원을 관리하고, 업무를 배정하고, 현장의 근무여건을 조성할 수 있는 위치인가요? 전혀 납득이 되질 않아요. 그래서 짐작건대 둘 중 하나겠죠. 심하게 과장했거나 그냥 거짓말이든가. 어쨌든 중요한 사실은 대부분의 채용담당자들은 이 글을 보는 순간 딱 집어낼 거라는 거죠. 잘 보이려고 쓴 글이 오히려 독이 될 수 있음을 명심하셔야겠어요.

교내활동 – '감성교류 봉사활동.'

연합 봉사동아리에서 가정의 달 다문화 가족들과 함께 즐기며 놀 수 있도록 큰 행사가 진행되었습니다. 제가 맡은 다문화 가족은 이번 행사가 처음 참여하는 행사여서 접수하는 절차 및 다양한 체험을 하는 것에 대해 불편해하였습니다. 그래서 가족 같은 마음으로 친절하게 접수처에서 접수 확인 및 참여방법을 설명하였고, 시작 전에 필요한 것과 추가적인 내용이 없는지 확인 후 다문화 가족들에게 불편한 점이 없도록 책임감을 가지고 봉사에 임하였습니다. 행사가 끝나고 가족들은 저에게 감사하다고 말해 주었고, 그 말을 들은 저도 뿌듯하였습니다. 이 계기로 저는 사람과의 관계에서 도움을 주고 도움을 얻는 방법 등 감성교류를 배울 수 있었습니다.

좀 더 구체적인 표현을 써서 묘사하는 것이 좋겠습니다. '가족 같은 마음, 친절하게, 책임을 가지고' 등의 막연한 표현으로는 그게 어느 정도인지 도통 감이 오질 않습니다. 구체적인 생각과 행동을 넣어서 묘사하는 것이 좋겠어요. 그렇지 않으면 감성교류를 배웠다는 부분도 자칫하면 과장된 표현으로 받아들여질 수 있습니다.

지원동기 – '긍정의 힘.'

저는 도전적이고 책임감 있는 성실한 일꾼이 되고 싶습니다. 그래서 도전적이며 열정적인 '○○○'[1]에 지원하게 되었습니다. 하루를 살더라도 보람차고 알차게 보내기 위하여 하루, 일주일, 한 달 계획을 세워서 성실하게 실천하고, 자기가 잘못했던 일을 반성하면서 장점과 단점을 찾아내고 장점을 최대한 활용하여 단점을 보완하는 것에 노력을 하였고, 단점에 대하여 긍정적인 마인드를 가지고 원인을 찾고 그 원인의 피드백을 구해서 단점을 장점으로 바꾸도록 노력하였습니다. 또 어떠한 문제가 있을 때 정확한 답보다는 저만이 찾을 수 있는 창의적인 방법으로 찾고 그 답을 주변사람들에게 객관적인 대답을 들어서 문제를 해결합니다. 이렇게 도전적이며 열정적인 성향과 창의적인 방법으로 학교에서 배운 수학지식과 경영지식을 바탕으로 ○○○의 '멀티맨'으로 크게 성장하고 싶습니다.

[1] ○○○의 어떤 점이 도전적이며 열정적인가요? 지원하는 회사의 홈페이지, 인터넷 뉴스 등을 검색해서 자세한 내용을 쓰는 것이 보다 효과적입니다.

입사 후 포부 — 회사의 4'P 가 되겠습니다.

'Product.'

저는 ○○○에 창조적이고 무한한 도전에 '정밀한 제품'이 되겠습니다.

'Place.'

저는 어떠한 장소에서도 항상 최선을 다하고 '책임감'이 있는 사람이 되겠습니다.

'Price.'

저는 ○○○에 '값어치' 있는 사람이 되겠습니다.

'Promotion.'

저는 ○○○의 발전을 위해 항상 준비하고 노력하는 '성실한 사람'이 되겠습니다.

구성이 좋네요. 특히 4P라고 하는 전문용어를 자소서에 사용해서 자신의 전공과 특색을 드러내려 한 시도는 매우 칭찬할 만합니다. 그런데 입사 후 포부는 아직 완성이 되질 않은 모양이군요. 내용을 보완해서 살을 붙인다면 제법 괜찮은 글이 나오겠습니다.

채용담당자들이 뽑은 가장 식상한 단어 1위가 '저는'입니다. '저는, 제가, 저의'와 같은 단어를 문장 첫 머리에 쓰는 것은 절대 금기사항입니다. '저는'이라는 단어를 문장 첫 머리에 썼다는 사실 하나만으로도 글쓴이의 문장 구사력을 판단하는 기준이 될 수 있습니다.

지원동기를 쓰는 데 해당 직무, 기업명 등의 구체적인 단어가 전혀 없습니다. 그래서인지 막연하고 일반적인 내용만 들어가 있군요. 명확하게 자신이 지원하는 직무에 대해 언급해 주시길 바랍니다.

수정 후 자기소개서

영업지원에 필요한 4가지

필드 영업담당자들은 기업의 최전방에서 경쟁업체들과 치열한 전투를 벌이고 있습니다. 고객이 만족할 수 있는 좋은 제품과 서비스가 탄약이라면, 그 탄약을 원활히 공급하는 것이 영업지원이 해야 할 업무라고 생각합니다. 그리고 다음의 4가지가 영업지원자의 가장 중요한 역량일 것입니다.

- 정확성
- 소통능력
- 주인의식
- 전문지식

Mission 1. 오차를 허용하지 않는 정확성

먼저 취업한 선배의 직장생활 고민을 듣게 된 적이 있습니다. 그 선배는 매일 직장에서 혼나곤 하는데, 그 이유가 서류에 오탈자가 있거나 숫자가 틀리기 때문입니다. 자신도 어떻게든 고쳐보려 노력하는데 잘 되질 않는다며 세밀한 문서 작업은 자신의 적성이 아닌 것 같다고 합니다. 그런 선배의 고민을 들으면서 저는 그처럼 세심한 주의가 필요한 업무야 말로 제가 잘할 수 있는 업무임을 알 수 있었습니다.

숫자가 좋아 선택한 전공이 '수학'입니다. 고등학교 시절 주위의 친구들이 만화책을 읽거나 게임을 할 때 저는 수학문제를 풀었습니다. 걸어가면서도 문제를 풀고, 휴일에 혼자 집에 있을 때도 수학문제집을 뒤적이며 시간을 보내곤 했습니다. 그만큼 저는 숫자에 강합니다. 대학에서는 숫자를 활용한 보다 다양한 경험을 쌓을 수 있었습니다. '통계학'이라는 것을 주제로 학술대회에 참가하여 은상을 받기도 했는데, 그만큼 숫자를 활용하는 것에 능하고 좋아합니다.

최전방 영업담당자에게 정확한 자료를 제공하는 것이야 말로 제가 가장 잘할 수 있는 일입니다.

Mission 2. 명확하고 빠른 피드백

주요 직무는 지원하는 역할이므로, 영업담당자가 원하는 것을 정확하게 이해하고 빠르게 결과물을 내놓는 것은 영업지원자의 매우 중요한 역량입니다. 이러한 중간 가교로써의 업무는 건설현장에서 해본 경험이 있습니다.

아버지는 건설 관련 작은 하청업체를 운영하셨는데, 공사를 따내기 위해 큰 건설업체를 다니시며 영업하는 것만 해도 벅차하실 정도였습니다. 그런 아버지를 따라 건설현장에 나가 업무를 도와드리곤 했는데, 저의 역할이 바로 영업지원이었습니다. 아버지가 밖에서 뛰어다니시며 영업을 할 때 저는 안살림을 맡았습니다. 아버지가 요구하는 견적서를 작성하고, 세금계산서를 발행하고, 스케줄을 관리하였으며, 채권관리, 세금 납부, 은행 업무 등의 기본적인 경리까지 맡았습니다.

○○○에서의 영업지원 업무와는 다른 면이 있겠지만, 영업담당인 아버지의 상황을 이해하며 그에 맞는 지원을 해본 것은 영업지원자로서의 기본자세를 익

힐 수 있었던 경험이라고 생각합니다.

Mission 3. 나도 영업부다

필드에 직접 나가지 않는 영업지원 업무의 특성상 고생한 만큼의 성과가 잘 드러나지 않을 수 있고, 영업담당자로부터 요구받은 일 외에는 구태여 추가적인 업무를 해야 할 필요가 없을 수도 있습니다. 그러나 영업은 한 사람의 힘으로 성공할 수 있는 것이 아닙니다. 구성원 모두가 120%의 노력을 할 때 그 영업은 성공할 수 있습니다.

다문화 축제에 자원봉사자로 매년 참가하고 있습니다. 한번은 일본에서 오신 다문화 가족을 만난 적이 있는데, 그분들은 이번 행사가 처음이어서 접수에서부터 어려움을 겪었습니다. 비록 일개 자원봉사자였을 뿐이지만 그분들의 불편함을 확인하고는 최선을 다해 적극적으로 도와드렸습니다. 참가접수를 대행해 드리고, 같이 이동하면서 행사의 참여방법 및 교통편 안내, 식사 안내 등 다문화가족이 불편을 겪을 수 있는 사항을 미리 예상하며 도와드렸습니다. 그 결과 그런 적극적인 행동에 대한 보답으로 행사 내내 고맙다는 말을 들을 수 있었습니다.

많은 참가자들로 성황을 이룬 행사였지만, 저와 같은 봉사자들의 적극적인 노력이 모여 보다 성공적인 행사를 만들 수 있었다고 생각합니다. 영업도 마찬가지입니다. 모든 영업부 구성원들이 맡은 바 자리에서 최선을 다할 때 기대 이상의 결과를 만들 수 있을 것입니다.

Mission 4. 기본은 한다? 뭔가 좀 아는 녀석

급격한 사회변화에 대처하기 위해서는 순수 이론인 수학과 함께 실무적인 학문이 필요하다고 판단하였습니다. 그리고 그 해결방안으로써 '경영학'을 복수전공하였습니다.

경영학을 복수전공으로 택하면서 많은 어려움에 부딪혔습니다. 그 첫 번째가 사람입니다. 기존의 경영학과 학생들 사이에서 함께 수업을 듣고 프로젝트를 진행한다는 것은 생각처럼 쉽지 않았습니다. 보이지 않는 경계의 벽을 허물고 그 문화에 녹아들어 가야 했습니다. 두 번째는 지식이었습니다. 2년이라는 시간차가 존재하는 만큼 다른 학생들에 비해 기본지식이 부족했기 때문에 수업에서 쓰이는 기본용어조차도 이해하기 쉽지 않았습니다.

하지만 이러한 어려움들은 자신의 발전을 위해 스스로 선택한 결과 생겨난 것이었기 때문에 보다 열정적으로 대처해 나갔습니다. 먼저 수업시간의 모든 내용들을 녹음하고 복습을 하였습니다. 한 번 들어서 이해가 안 되면 두 번, 세 번 반복해서 들었습니다. 그리고 경영학 스터디에 가입해서 공부도 하고 인맥도 넓혔습니다.

이러한 저의 열정과 성실함을 인정받아 프로젝트 팀의 리더를 맡기까지 하였고, 경영학 과목 총 평점도 A 이상의 비교적 높은 점수를 받으며 경영학이라는 저의 도전을 성공적으로 마무리할 수 있었습니다.

숫자에 대한 강한 자신감, 명료한 의사소통 능력, 맡은 역할을 완벽하게 해내는 프로의식, 경영학의 튼튼한 기본기. 이러한 역량들을 바탕으로 ○○○ 영업부의 일원이 되어 함께 성과를 만들어가겠습니다.

취업에 성공한 자기소개서

Case 5

- 서울 소재 대 / 여자
- 관광학 · 중국어 전공 / 학점 3.63
- 어학 : 중국어 HSK 5급
- 자격증 : 1종 보통 운전면허, 중등교원자격증
- 외부활동 : 6개월 중국 어학연수, 다양한 아르바이트(테마마크, 병원, 의류매장, 패밀리레스토랑 등)
- 상담내용 : 여행기획자를 목표로 하고 있음. 그러나 문제는 전문 여행기획자를 채용하는 곳이 매우 드물다는 것. 여행과 관련된 채용은 대부분은 발권, 예약업무에서 이루어지고 있고, 근무여건도 열악한 경우가 많음. 그러나 본인이 강력하게 여행기획자가 되기를 희망하여 일단 몇몇 대규모 여행 전문업체에 지원해 보기로 하였으며, 부족한 스펙 대신에 다양한 경험을 내세워 자소서를 작성하는 것으로 전략을 세움.
- 성과 : 국내 굴지의 대형 여행사 공채에 합격함.

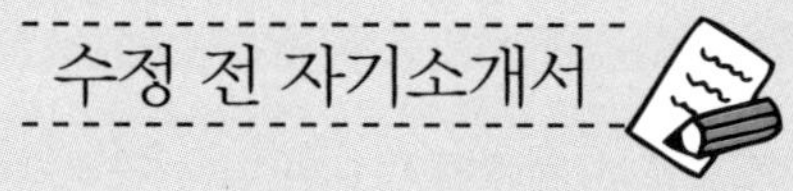

성장배경

저는 어릴 때부터 여행을 좋아하며 자랐습니다. 주말마다 부모님과 함께 국내 여행을 많이 다녔고, 그때마다 부모님과 함께 계획을 세우고 준비하는 것을 해왔습니다. 그러면서 자연스레 여행을 즐기게 되었고 좋아하게 되었습니다.

이러한 성장은 대학교 진학 때에 관광과를 지원하는 데 큰 동기부여가 되었고, 현재 졸업을 앞두고 있습니다. 다양한 국내외 여행지, 축제 이벤트 등을 배우면서 서비스와 관광에 대해 많이 배울 수 있었습니다.

중·고등학교 때부터 좋아하여 꾸준히 해왔던 중국어도 대학교에서 복수전공을 선택하여 꾸준히 심화학습을 하였고, 2011년에는 중국 베이징으로 교환학생을 다녀오기도 했습니다.

누군가를 가르치기 좋아해 교사가 되고 싶어 하였기에 교직 이수를 하여 대학 졸업 시 교원자격증을 획득할 수 있도록 하였습니다.

성격

저는 함께 다니는 친구들 및 여러 사람 사이에서 밝고 활발한 분위기를 이끌어 나가는 성격입니다. 조용히 있는 것보다 앞서서 행동하는 것을 좋아하기에 단체 활동을 하게 되면 일을 이끌어나가고 계획하는 것을 주로 맡아서 합니다.

사람들과 이야기하는 것을 좋아하여 때로는 수다쟁이가 되기도 하지만, 다른 사람의 말을 들어주고 상담해 주는 것 또한 좋아하여 주변 사람들의 상담사가 되는 것을 좋아합니다.

남의 단점이나 좋지 않은 행동이라고 판단될 시에는 확실하게 표현하여 직설적이라는 말을 듣기도 하나 제때에 필요한 말을 잘하기에 솔직하다는 말도 많이 듣습니다. 마지막으로 저는 한 가지에 머무르거나 일상화된 것보다는 변화하고 새로운 것에 도전하는 것을 좋아하여 가끔은 사서 고생한다, 편한 길로 갈 줄 모른다고 주위 사람들이 말하지만, 힘들어도 성공하고 났을 때의 성취감을 즐기기에 도전하는 성격을 가진 제 성격이 좋다고 생각합니다.

경력사항

저의 첫 아르바이트는 패밀리레스토랑이었습니다. 배우고 있는 전공과 성격에 맞는 일을 해보고 싶어서 서비스 일을 경험해 보고자 시작하였습니다.

두 번째는 교복판매장에서 일하였습니다. 단순히 서비스 제공을 넘어 판매해야 하다 보니 다소 어려움이 있었으나, 적극적이고 친절하게 고객에게 다가가는 방법을 알게 되는 계기가 되었습니다.

세 번째는 한의원에서 간호보조로 3개월간 일을 해보았습니다. 주로 연세가 많으신 분들께서 찾아오시는 곳이고, 어딘가 신체적으로 아프신 분들이 오시는 곳이라 처음에는 부담되었지만, 자주 오시는 환자분들을 기억해 두고 웃으면서 친절하게 행동하니 나중에는 환자분들께서 딸같이 생각해 주시고 더욱 챙겨주셔서 기분 좋게 일할 수 있었습니다.

마지막으로 일했던 곳은 리조트의 워터파크였습니다. 티켓팅이나 F&B 부서 등 다른 곳에서도 쉽게 할 수 있는 서비스직이 아닌 새로운 일을 해보고 싶어서 안전요원으로 지원하여 약 2개월 근무하였습니다. 안전요원으로 일하면서 손님의 안전을 관리하기도 하였고, 근무지에 따라서는 안내 서비스를 하기도 하였습니다. 사람의 생명과 관련된 일을 하다 보니 그 무엇보다 책임감이 아주 강해지게 되었고, 체력적, 정신적으로도 한층 성장하게 할 수 있는 경험이 되었다고 생각합니다.

지원동기 및 포부

저는 겸손과 아름다움, 천진난만함을 상징하는 데이지 꽃을 좋아합니다. 그래서 이 세 가지가 저의 좌우명이기도 합니다.

톨스토이는 "겸손한 사람은 모든 사람에게 호감을 준다. 그런데 왜 모두 겸손한 사람이 되려고 먼저 애쓰지 않는가"라는 말을 했습니다. 저는 타인에게 호감을 줄 수 있도록 항상 겸손하며, 스스로 교만해지지 않도록 노력하고 있습니다.

또한 사람들에게 꾸밈없이 순수하게 다가가 모든 사람과 진심으로 소통하고, 사랑하는 사람이 되고자 합니다.

잠깐 보면 밋밋하지만 꾸준히 보고 싶은 아름다움을 가진 데이지 같은 사람이 되는 것이 제 삶의 목표입니다.

저에게는 미래에 꼭 하고 싶은 일이 있습니다. 그것은 제가 기획한 축제를 개최하거나, 관광 루트를 개발하여 사람들의 이목과 발걸음을 집중시키는 일을 하는 것입니다.

항상 관심이 있고 개발 가능성도 많은 중국에 한국을 알릴 수 있는 일도 하고 싶습니다. 따라서 나중엔 제가 기획한 지역개발축제를 열거나, 아직 개발되지 않은 관광지를 개발하는 일을 하여 결과적으로는 한국을 알릴 수 있는 세계적으로 유명한 축제를 개발하는 것이 제 일의 꿈이자 목표입니다.

글을 깔끔하게 잘 쓰시네요. 자기가 하고 싶은 말이나 실제로 겪었던 다양한 경험을 조목조목 알아듣기 쉽게 설명하는 스타일처럼 느껴집니다. 다만, 전체적으로 좀 더 세련된 표현으로 바꾸어야 할 부분들이 보이는데, 조금만 다듬는다면 무척이나 좋은 글이 되리라 생각됩니다.

1 '저는' 이라고 글을 시작하지 않도록 주의하세요

2 간결하게 쓰세요.
→'준비해 왔습니다'

저는¹ 어릴 때부터 여행을 좋아하며 자랐습니다. 주말마다 부모님과 함께 국내여행을 많이 다녔고, 그때마다 부모님과 함께 계획을 세우고 준비하는 것을 해왔습니다². 그러면서 자연스레 여행을 즐기게 되었고 좋아하게 되었습니다.

이러한 성장은 대학교 진학 때에 관광과를 지원하는 데 큰 동기부여가 되었고, 현재 졸업을 앞두고 있습니다. 다양한 국내외 여행지, 축제 이벤트 등을 배우면서 서비스와 관광에 대해 많이 배울 수 있었습니다.

3 가르치길 좋아하는 사람이라고 하면 그다지 호감형은 아니지 않나요. 왠지 아는 척, 잘난 척하는 사람이라는 느낌이 듭니다.

좀 더 부드러운 표현을 써보세요.
→'평소 아이들을 좋아해서', '어릴 적 꿈이었던'

4 취득

중·고등학교 때부터 좋아하여 꾸준히 해왔던 중국어도 대학교에서 복수전공을 선택하여 꾸준히 심화학습을 하였고, 2011년에는 중국 베이징으로 교환학생을 다녀오기도 했습니다.

누군가를 가르치기 좋아해³ 교사가 되고 싶어 하였기에 교직이수를 하여 대학졸업 시 교원자격증을 획득⁴할 수 있도록 하였습니다.

여행기획자라는 자신의 희망직무에 맞추어 글을 전개한 것은 좋았어요. 그렇지만 희망직무와 관계없는 교원자격증과 관련된 내용이 들어 있는 것은 군더더

기처럼 느껴집니다.

　여행기획자라는 직무와 관계없는 교원자격증을 보유하고 있고, 게다가 교사를 하고 싶었다는 내용은 자칫하면 서류심사에서 불리하게 작용할 수 있습니다. 인사담당자 입장에서 보자면 채용을 하더라도 못 다 이룬 교사의 꿈을 이루기 위해 회사를 그만둘 가능성이 더 높을 것이라는 예상을 할 수 있기 때문이죠. 그러므로 희망직무와 관계없는 전문자격증이나 어릴 적 꿈을 적는 것에는 신중하셔야 합니다.

　저는[1] 함께 다니는 친구들 및 여러 사람 사이에서 밝고 활발한 분위기를 이끌어나가는 성격입니다. 조용히 있는 것보다 앞서서 행동하는 것을 좋아하기에 단체활동을 하게 되면 일을 이끌어나가고 계획하는 것을 주로 맡아서 합니다.

　사람들과 이야기하는 것을 좋아하여 때로는 수다쟁이가 되기도 하지만, 다른 사람의 말을 들어주고 상담해주는 것 또한 좋아하여[2] 주변 사람들의 상담사가 되는 것을 좋아합니다.

　남의 단점이나 좋지 않은 행동이라고 판단될 시에는 확실하게 표현하여 직설적이라는 말을 듣기도 하나 제때에 필요한 말을 잘하기에 솔직하다는 말도 많이 듣습니다. 마지막으로 저는 한 가지에 머무르거나 일상화된 것보다는 변화하고 새로운 것에 도전하는 것을 좋아하여 가끔은 사서 고생한다, 편한 길로 갈 줄 모른다고 주위 사람들이 말하지만 힘들었어도 성공하고 났을 때의 성취감을 즐기기에 도전하는 성격을 가진 제 성격이 좋다고 생각합니다.

　주위에서도 성격 좋다는 말을 많이 들어봤을 것 같군요. 적어도 저는 그렇게 믿고 싶습니다. 하지만 자소서로 사람을 평가해서 채용해야 하는 입장에서는 근

[1] '저는' 이라고 글을 시작하지 않도록 주의하세요 (2)

[2] '좋아하다'가 반복되었어요.

→ '~ 좋아하여 주변 사람들의 상담사가 되어주곤 합니다.'

뿐만 아니라 자소서를 전체적으로 훑어보면 '좋아하다'라는 단어가 상당히 많이 포함되어 있습니다. '좋아하다' 외의 다양한 표현을 사용한다면 매끄럽고 세련된 글이 될 겁니다.

거가 필요할 겁니다. 무슨 말인가 하면, 위에 쓴 내용들은 주관적인 생각들만 적었다는 거죠. 객관적인 사실, 구체적인 성과, 세부적인 상황제시 등이 없이 일방적으로 '나는 좋은 사람'이라고 얘기하고 있어요. 그게 진실인지 거짓인지 판단할 수 있는 근거는 전혀 없죠.

자신의 성격이 잘 드러난 실제 사례를 들어 설명해 주시길 바랍니다.

저의[1] 첫 아르바이트는 패밀리레스토랑이었습니다. 배우고 있는 전공과[2] 성격에 맞는 일을 해보고 싶어서 서비스 일을 경험해 보고자 시작하였습니다.

두 번째는 교복판매장에서 일하였습니다. 단순히 서비스 제공을 넘어 판매해야 하다 보니[3] 다소 어려움이 있었으나, 적극적이고 친절하게 고객에게 다가가는 방법을 알게 되는 계기가[4] 되었습니다.

세 번째는 한의원에서 간호보조로 3개월간 일을 해보았습니다. 주로 연세가 많으신 분들께서 찾아오시는 곳이고, 어딘가 신체적으로 아프신 분들이 오시는 곳이라[5] 처음에는 부담되었지만, 자주 오시는 환자분들을 기억해 두고 웃으면서 친절하게 행동하니 나중에는 환자분들께서 딸같이 생각해 주시고 더욱 챙겨주셔서 기분 좋게 일할 수 있었습니다.

마지막으로 일했던 곳은 리조트의 워터파크였습니다. 티켓팅이나 F&B 부서 등 다른 곳에서도 쉽게 할 수 있는 서비스직이 아닌 새로운 일을 해보고 싶어서 안전요원으로 지원하여 약 2개월 근무하였습니다. 안전요원으로 일하면서 손님의 안전을 관리하기도 하였고, 근무지에 따라서는 안내 서비스를 하기도 하였습니다. 사람의 생명과 관련된 일을 하다 보니 그 무엇보다 책임감이 아주 강해지게 되었고, 체력적, 정신적으로도 한층 성장하게 할 수 있는 경험이 되었다고 생각합니다.

각각의 경험들 간에 상호 관련성이 없어요. 그냥 시간 순서에 따라 '이거 해봤고, 저거 해봤고'라고 하는 것뿐입니다. 게다가 패밀리레스토랑 아르바이트의 경우에는 무엇을 배웠는지, 어떠한 성과가 있었는지 나타나 있지 않습니다.

원하는 직무인 여행기획자라는 주제에 맞게 자신의 경험들을 다시 정리해서 적어봐야겠습니다.

저는 겸손과 아름다움, 천진난만함을 상징하는 데이지 꽃을 좋아합니다. 그래서 이 세 가지가 저의 좌우명이기도 합니다.

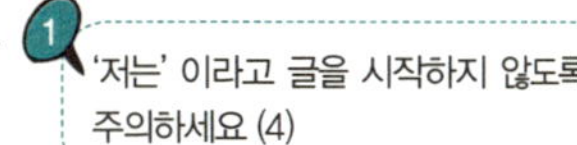

톨스토이는 "겸손한 사람은 모든 사람에게 호감을 준다. 그런데 왜 모두 겸손한 사람이 되려고 먼저 애쓰지 않는가"라는 말을 했습니다. 저는 타인에게 호감을 줄 수 있도록 항상 겸손하며, 스스로 교만해지지 않도록 노력하고 있습니다.

또한 사람들에게 꾸밈없이 순수하게 다가가 모든 사람과 진심으로 소통하고, 사랑하는 사람이 되고자 합니다.

잠깐 보면 밋밋하지만 꾸준히 보고 싶은 아름다움을 가진 데이지 같은 사람이 되는 것이 제 삶의 목표입니다.

저에게는 미래에 꼭 하고 싶은 일이 있습니다. 그것은 제가 기획한 축제를 개최하거나, 관광 루트를 개발하여 사람들의 이목과 발걸음을 집중시키는 일을 하는 것입니다.

항상 관심이 있고 개발 가능성도 많은 중국에 한국을 알릴 수 있는 일도 하고 싶습니다. 따라서 나중엔 제가 기획한 지역개발축제를 열거나, 아직 개발되지 않은 관광지를[4] 개발하는 일을 하여 결과적으로는 한국을 알릴 수 있는 세계적으로 유명한 축제를 개발하는 것이 제 일의 꿈이자 목표입니다.

꽤 많은 자소서에는 유명한 사람의 말, 격언, 영화대사 등을 인용하기도 하고, 잘만 쓰면 멋진 자소서가 나오는 것도 사실입니다. 그런데 위 글에서는 충분히 인용구를 살리지 못했습니다.

문제는 인용한 내용과 전체 문맥 간에 관련성을 찾기 어렵다는 건데요. 위의 인용에서 겸손, 아름다움, 천진난만함을 얘기하다가 밑에서는 관광루트를 개발하고 싶다는 포부가 뜬금없이 나와 버렸어요. 톨스토이나 데이지를 언급한 것은 좋지만 오히려 글 읽는 사람을 당황하게 만드는 결과를 만들어 버렸네요.

겸손, 아름다움, 천진난만이라는 각각의 항목과 어울리는 경험이나 포부를 적는 것이 좋겠습니다.

수정 후 자기소개서

성장과정

먼저 듣는다

여행을 좋아하시는 부모님 덕에 어릴 적부터 많은 여행을 다녔습니다. 미리 정보를 수집하고 계획한 만큼 그 여행이 즐거울 수 있다는 것을 알게 된 후에는 그 과정조차도 즐거워지게 되었습니다.

고등학생이 된 이후 친구들을 모아 일본으로 첫 자유여행을 다녀온 적이 있습니다. 그리고 이 여행이 저에게는 아주 특별한 경험이 되었습니다. 거의 반 년에 걸쳐 여행지 정보를 조사해서 준비한 여행이었지만 미처 같이 간 친구들의 Needs까지는 고려하지 못한 탓에 일행 중 일부는 불만을 이야기했고, 이 여행을 계기로 여행일정을 세울 때는 여행지의 특성과 더불어 여행자의 특성까지도 고려해야 한다는 것을 배웠습니다.

이러한 경험을 바탕으로 '관광'을 전공으로 선택하였으며, 좋아하는 여행에 대해 보다 심도 깊은 학문적인 지식과 경험을 쌓을 수 있었습니다. 특히 대학교 3학년 때는 제가 투어가이드가 되어 친구들과 중국 베이징 여행을 하게 되었는데, 일본 여행 때와는 다르게 확실한 사전조사는 물론이고, 친구들이 원하는 게 어떤 것인지 미리 들어보고 여행일정을 세웠습니다. 그 결과 친구들 모두가 만족스러운 여행을 하였고, 다음에 여행갈 때도 저에게 맡기겠다고 해주었습니다.

고객의 목소리를 소중히 귀담아듣고 모두가 만족할 수 있는 결과를 만들어내는 것이야 말로 여행기획자의 필수역량이라고 생각합니다. 이러한 역량을 바탕으로 ○○○○을 고객이 먼저 찾는 여행전문기업이 되는 일에 기여하겠습니다.

나의 강점

Energy + Synergy

활기차고 생동적인 것을 좋아하는 성격 덕에 '열정적이다', '에너지가 넘친다'라는 말을 자주 듣습니다. 원하는 것을 그저 지켜보기보다는 직접 체험하는 것을 더 좋아했는데, 이러한 넘치는 에너지는 다양한 분야에 도전할 수 있었던 원동력이 되었습니다. 어릴 적 꿈인 교사를 체험해 보기 위해 교직이수도 하고, 중국어를 복수전공하며 어학적인 부분에도 도전했습니다. 워터파크에서 라이프가드도 해보고, 한의원에서 간호보조, 패밀리레스트랑에서 서빙도 해보는 등 저의 도전은 계속되고 있습니다.

이러한 넘치는 에너지가 가진 또 하나의 장점은 파급효과입니다. 혼자 활동을 즐기기보다는 친구들과 함께 어울리기를 좋아하는 성격 덕분에 제가 가진 에너지가 조직을 움직이는 힘이 되곤 합니다. 이러한 저의 에너지를 통해 학교축제에서 뮤지컬 음악에 맞춰 무대를 꾸미며 축제 장기자랑에서 단체로 1등을 한다거나, 대학교 MT, 체육대회 응원전에서도 팀원들과 협동하여 무대를 연출하여 좋은 성적을 거두며 상금을 받는 결과를 만들기도 했습니다.

열정적인 에너지와 그것을 전파하여 성과물을 만들어내는 시너지 효과야 말로 ○○○○이 신입사원에게 요구하는 패기 넘치는 모습이라고 생각합니다.

경력사항

책임감을 배우다

가장 기억에 남은 활동은 ○○○ 워터파크에서 라이프가드로 근무했던 일입니다. 고객의 안전과 직결된 업무였던 만큼 훈련량도 많았고, 숙지해야 할 매뉴얼도 많았습니다. 근무 중에는 한 순간도 놓치지 않고 고객을 관찰해야 하면서도, 고객 가까이에서 서비스를 제공해야 했습니다. 한 달 남짓한 실습기간 동안 체력적, 정신적으로 많이 힘든 것은 사실이었지만, 인명구조에 필요한 갖은 사항들을 반복 숙달하는 동안 맡은 역할에 대한 중요성을 인식하게 되었고, 그에 따라 책임감을 확실하게 키울 수 있는 계기가 되었습니다.

친절을 경험하다

다음으로는 한의원에서 간호보조로 2개월 정도 근무한 경험이 있습니다. 그곳에는 오랜 근무 경력을 가진 선배님들이 계셨는데, 그분들은 병원을 찾는 고객분들의 얼굴, 이름, 사는 곳, 증상, 심지어 가족관계까지 알고 계셨습니다. 그리고 먼저 고객의 이름을 부르며 반갑게 인사를 건네는 것이 고객에게는 얼마나 큰 기쁨이 되는지를 배울 수 있었습니다. 그래서 저 또한 친절한 안내는 물론이고 성함과 치료받는 부분, 필요한 물리치료 등을 기억해 두었다가 챙겨드리곤 하였습니다. 그 결과 저를 '꼬마언니'라고 부르시며 찾아주시는 환자분들도 많이 생기게 되었습니다.

이러한 경험을 통해 친절이란 밝은 미소뿐만이 아니라 고객에 대한 적극적인 관심의 결과물이란 것을 배울 수 있었습니다.

글로벌 감각을 익히다

지난 2011년 6개월간 중국 베이징으로 교환학생을 다녀온 경험이 있습니다. 생활하면서 한국 친구들보다 중국인 친구들을 더 많이 사귀려고 했으며 중국인처럼 살아보려고 했습니다. 수업시간에 배우는 것보다 중국인 친구들과 서툴지만 한마디라도 나눠보는 것이 중국어 실력향상에 도움이 되었고, 책 속에서만 보던 회화표현이 아닌 실생활에서 의사소통하는 법을 배울 수 있었습니다. 한국을 궁금해 하는 친구들에게 한국문화와 관광지에 대해 설명해 주었더니 한국을 꼭 방문해 보고 싶다는 얘기를 들은 일도 기억에 남습니다. 중국 생활을 하면서 생각해 본 것은 훗날 이 친구들이 한국을 방문했을 때 좋은 기억으로 남을 수 있는 여행프로그램을 만들어야겠다는 것이었습니다.

지원동기 및 입사 후 포부

나의 꿈을 위해 다가가기

여행상품 기획이야 말로 제가 가장 좋아하면서도 잘할 수 있는 일입니다. 어렸을 때부터 직접 여행을 다니는 것도 좋아하지만, 주위 사람들에게 여행을 추천해 주는 것도 무척이나 즐기는 일입니다. 그래서 일찌감치 여행상품기획자라는 저의 꿈을 만들었고, 대학에서도 관광을 전공하며 기초를 다져왔습니다. 뿐만 아니라 각 지역 축제 등에 참가하고 행사를 기획, 운영하면서 실무적인 경험도 익혀왔습니다. 이렇듯 오랜 시간 동안 여행상품기획에 대한 관심을 갖고 활동하면서 다음과 같은 세 가지 목표를 만들었습니다.

첫째, 이야기가 있는 여행상품을 만들겠습니다.

남원의 춘향제나 소설 태백산맥으로 유명한 벌교 꼬막축제와 같이 이야기가 있는 여행지는 지역 특유의 볼거리, 먹거리와 결합하여 상품화함으로써, 여행을 체험하며 이야기 속으로 빠져드는 기분을 느낄 수 있게 합니다. 앞으로 제가 만드는 여행에서도 이야기를 고려하며 여행의 매력을 높이도록 하겠습니다.

둘째, 사람이 있는 여행상품을 만들겠습니다.

지역 특산물이나 관광명소만을 내세우지 않고, 지역 주민들과 교감할 수 있도록 하겠습니다. 여행상품이 지역 주민들의 삶의 질 향상에 도움이 될 수 있도록, 환경보존과 관광수입 증대를 동시에 충족시키도록 하겠습니다.

셋째, 문화가 있는 여행상품을 만들겠습니다.

중국인들은 한국의 문화에 대해 폭넓은 관심을 갖고 있습니다. 한류스타, 패션, 영화, 산업 등과 같은 최신의 문화뿐만 아니라 고궁, 박물관, 전통음식 같은 오래된 문화에도 열광하는 것을 제가 중국에 머물렀던 6개월 동안 확인할 수 있었습니다. 오랜 전통의 바탕 위에 쌓아올린 독특한 한국의 문화는 충분한 여행상품으로써의 가치가 있음을 확신합니다.

여행상품을 판매하는 데 그치지 않고 고객에게 감동과 희망을 선물하고자 하는 ○○○○은 이러한 저의 목표를 함께 실현시킬 수 있는 최고의 회사라 생각합니다.

취업에 성공한 자기소개서

Case 6

- 지방 사립대 / 남자
- 소재공학 전공 / 학점 3.97
- 어학 : 토익 910점, 중국어 HSK 5급
- 자격증 : 1종 보통 운전면허, Mos master
- 외부활동 : 6개월 중국 어학연수, 1년 미국 교환학생
- 상담내용 : 비교적 스펙이 좋은 편이고 취업에 대한 의지도 엿보임. 자신
  의 전공을 살려 품질관리 혹은 연구직으로 취업하길 희망하고 있음. 대기
  업 공채 위주로 넣어보기로 하였으며, 자소서 작성과 더불어 인적성 시험
  에 대비한 준비도 충분히 해두기로 함.
- 성과 : 국내 대기업 화학분야 계열사의 품질관리직에 취업.

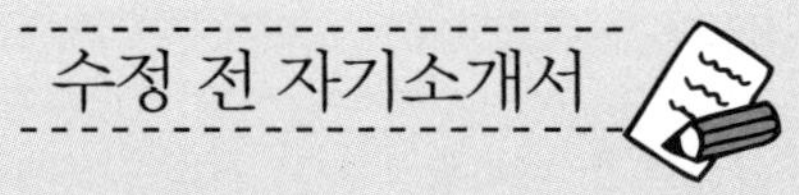

1. 자신의 성장과정 및 개인 특성, 장점 중심으로 기술해 주시기 바랍니다.

애사심이 부족했던 H사 치즈 생산라인의 직원

고등학교 졸업 후, 아버지의 개인사업 실패로 인하여 등록금과 경제적인 부분을 해결하기 위해 남들보다 조금 먼저 사회생활을 시작하였습니다. 저는 경기도 수원 소재의 'H사의 치즈 생산 라인'에서 sub—operator로의 1년 동안의 경험이 있습니다. 회사의 위치 상 오랜 시간 동안 일해 온 직원들은 대부분 인근에 거주하는 아주머니들이었기에 팀 내의 분위기는 마치 가족같이 매우 돈독했습니다. 하지만 이것이 화근이었습니다. 직원들은 서로 누가 먼저라 할 것 없이 최종생산품인 치즈와 음료를 잔뜩 챙겨 퇴근을 하기에 바빴습니다. 시작은 작은 양이었지만, 시간이 지날수록 양은 개인 자가용을 대기시킨 후에 옮길 정도로 커져 버리고 말았습니다. 여러 차례에 걸쳐 그들을 설득해 보려 노력했지만 개선의 여지가 보이지 않았습니다. 이를 해결하기 위한 효율적인 대안을 곰곰이 생각해 본 결과, 공장 입구 쪽에 개인사물함을 설치하고 이를 보호하기 위한 CCTV를 설치한다면, 큰 공간은 아니지만 직원들의 개인물품을 보관할 수 있는 개인공간의 생성과 최종생산품의 무단반출을 막는 데 효율적일 것이라는 생각을 하게 되었습니다. 이를 담당자에게 건의하니 흔쾌히 받아들였고, 실제로 이 방법을 적용하여 문제의 상황을 해결했던 경험이 있습니다. 이러한 저의 상황대처능력과 분석력은 크고 작은 변수들에 유연하게 대처할 수 있는 윤활유와 같은 역할을 해줄 것입니다.

국내 배낭여행이 예정되어 있던 군 전역 날, 아버지가 운영하시던 회사의 부도와 어머니의 건강 악화 등의 상황들은 저로 하여금 다듬어지지 않은 이력서를 들고 수원 소재 어학원들의 문을 힘겹게 두드리게 충분했습니다. 단순한 자금 마련의 목적이 아닌 제 자신을 발전시킬 수 있는 진취적인 일을 하고 싶었기 때문에 이 직무를 선택하게 되었습니다. 당시 해외체류의 경험도 없던 제가 중·고등학교 학생들에게 영어를 가르치는 일은 쉽지만은 않은 결정이었습니다. 또한 동료들 간의 수업 정보교류나 협력을 원하지 않는 자존감에 가득 찬 강사들의 특성상 차가운 기운으로 가득 찬 교무실의 분위기는 제가 개선해야 할 또 하나의 과제라는 생각이 들었습니다. 우선 저는 밤낮으로 노력하여 제가 맡은 수업의 질을 향상시키기 위해 노력하였습니다. 모든 변화는 저항을 받는 것처럼 때로는 포기하고 싶다는 생각이 하루에도 몇 번씩 들기도 했었지만, 인내심을 가지고 노력한 결과 처음 5명으로 시작했던 저희 반 학생들은 96명으로 늘어날 수 있었습니다. 또한 쉬는 시간에는 동료들에게 먼저 다가가 인사를 건네고 일상의 소소한 대화들로 굳게 닫힌 동료들의 마음의 문을 꾸준히 두드리는 노력을 하였습니다. 저의 노력의 시간들이 늘어갈수록 변하지 않을 것만 같았던 그들의 행동들이 조금씩 변화하는 것을 확인할 수 있었습니다. 저는 팀의 갈등과 분열은 회사의 이익과도 직접적으로 연결돼 있다고 생각합니다. 이러한 저의 소중한 경험들은 팀원 또는 팀장으로서 공동의 목표를 수행해 나아가는 데 '윤활유'와 같은 든든한 지원군이 되어줄 것입니다.

2. 기존과는 다른 방식을 시도하여 이전에 비해 조금이라도 개선했던 경험 중 가장 효과적이었던 것은 무엇입니까? 그 방식을 시도했던 이유, 기존 방식과의 차이점을 설명해 주세요.

○○○ 대학생 봉사단 3기 활동

2012년 3월부터 현재까지 ○○○ 대학생 봉사단 3기 활동을 해오고 있습니다. 일주일에 두 번, 팀원들과 함께 대전 소재의 열두 광주리 아동센터에서 가정형편이 어려운 학생들을 위한 봉사활동 프로젝트를 계획하고 수행합니다. 첫 봉사활동이 있던 날, 아이들의 거부반응이 너무 심해 계획했던 봉사활동을 절반도 수행하지 못하고 돌아와야만 했던 기억이 아직도 생생합니다. 그래서 저는 팀원들에게 "각각 두 명의 아이를 맡아 그들의 마음의 문을 두드려보자"라는 구체적인 제안을 하였고, 교육에 초점을 두었던 당초 활동계획과는 다르게 '송편 만들기, 팥빙수 제조' 등과 같은 실내외에서 아이들이 집적 참여하며 소통할 수 있는 아이디어를 제시하였습니다.

3. 지원 동기와 지원한 직무에 대하여 성공적으로 수행할 수 있다고 생각하는 이유를 개인의 강점과 개성을 바탕으로 서술해 주십시오.

끈기를 가진 악바리 : '다기능성공흡착제' 프로젝트

학부 졸업실험 중 이론을 바탕으로 유기염료 태양전지의 효율 향상을 위해 모든 조건을 최적화시켰음에도 이론과는 상이한 결과 값이 나왔습니다. 모든 조에서는 이론에 가까운 값을 도출할 수 있도록 결과 값을 정정해 나가기 시작하였습니다. 하지만 저는 근본적인 원인을 알아내는 것이 타당한 접근법이라 생각하였고, 팀원들에게 제 의견을 피력하였습니다. 팀원들도 동조하여 이상적인 값과 실험값을 비교하며 디버깅 작업을 통하여 원인 파악과 분석을 통해 프로젝트를 발표하니 교수님께서는 좋은 접근법이었다며 조원 모두가 좋은 성적을 결과물로 얻을 수 있었습니다. 열린 사고와 창조적인 마인드로 가시적인 결과를 위해서 꾀를 내기보다는 꾸준히 실력을 배양하여 ○○○에 부합하는 인재로 거듭나겠습니다.

자소서의 소재로 쓰기 좋은 다양한 경험을 갖고 있네요. 게다가 꼼꼼하고 자세하게 내용을 기재하려는 성실함도 엿보입니다. 그렇지만 자신이 의도한 바를 정확하게 글로 표현하는 데에는 부족한 면이 느껴집니다. 일단 어떤 주제를 어떤 의도로 표현할 것인지부터 명확하게 정리하고 글을 쓰는 것이 좋겠어요.

1. 자신의 성장과정 및 개인 특성, 장점 중심으로 기술해 주시기 바랍니다.

애사심이 부족했던 H사 치즈 생산라인의 직원

고등학교 졸업 후, 아버지의 개인사업 실패로 인하여 등록금과 경제적인 부분[1]을 해결하기 위해 남들보다 조금 먼저 사회생활을 시작하였습니다. 저는 경기도 수원 소재의 'H사의 치즈 생산 라인'에서 sub-operator로의 1년 동안의 경험이 있습니다[2]. 회사의 위치 상 오랜 시간 동안 일해 온 직원들은 대부분 인근에 거주하는 아주머니들이었기에 팀 내의 분위기는 마치 가족같이 매우 돈독했습니다. 하지만 이것이 화근이었습니다. 직원들은 서로 누가 먼저라 할 것 없이 최종생산품인 치즈와 음료를 잔뜩 챙겨 퇴근을 하기에 바빴습니다. 시작은 작은 양이었지만, 시간이 지날수록 양은 개인 자가용을 대기시킨 후에 옮길 정도로 커져 버리고 말았습니다. 여러 차례에 걸쳐 그들을 설득해 보려 노력했지만 개선의 여지가 보이지 않았습니다. 이를 해결하기 위한 효율적인 대안을 곰곰이 생각해 본 결과, 공장 입구 쪽에 개인사물함[3]을 설치하고 이를 보호하기 위한 CCTV를 설치한다면, 큰 공간은 아니지만 직원들의

---

[1] 유흥비? 어학연수비?

[2] 직관적으로 알아보기 쉽게 쓰도록 해요. 영어로 쓴다고 고급 업무가 되는 것도 아니잖아요.
→ '1년 간 생산보조로 근무하였습니다.'

[3] 무단반출과 개인사물함의 연관 관계를 모르겠군요. 그냥 CCTV만 설치하면 되는 것 아닌가요? 납득할 수 있는 이유를 적어주세요.

개인물품을 보관할 수 있는 개인공간의 생성과 최종생산품의 무단반출을 막는

데 효율적일 것이라는 생각을 하게 되었습니다. 이를 담당자에게

건의하니 흔쾌히 받아들였고, 실제로 이 방법을 적용하여 문제의

상황을 해결했던 경험이 있습니다. 이러한 저의 상황대처능력과 분석력은 크고

작은 변수들에 유연하게 대처할 수 있는 윤활유와 같은 역할을 해줄 것입니다.

4
무단반출을 효율적으로 방지할 수 있을

Ice Breaker & 영어 강사 되기 프로젝트

국내 배낭여행이 예정되어 있던 군 전역 날, 아버지가 운영하시던 회사의 부

도와 어머니의 건강 악화 등의 상황들은 저로 하여금 다듬어지지 않은 이력서

를 들고 수원 소재 어학원들의 문을 힘겹게 두드리게 충분했습니

다. 단순한 자금 마련의 목적이 아닌 제 자신을 발전시킬 수 있는

진취적인 일을 하고 싶었기 때문에 이 직무를 선택하게 되었습니

다. 당시 해외체류의 경험도 없던 제가 중 · 고등학교 학생들에게

영어를 가르치는 일은 쉽지만은 않은 결정이었습니다. 또한 동료

들 간의 수업 정보교류나 협력을 원하지 않는 자존감에 가득 찬

강사들의 특성상 차가운 기운으로 가득 찬 교무실의 분위기는 제

가 개선해야 할 또 하나의 과제라는 생각이 들었습니다. 우선 저

는 밤낮으로 노력하여 제가 맡은 수업의 질을 향상시키기 위해 노

력하였습니다. 모든 변화는 저항을 받는 것처럼 때로는 포기하고

싶다는 생각이 하루에도 몇 번씩 들기도 했었지만, 인내심을 가

지고 노력한 결과 처음 5명으로 시작했던 저희 반 학생들은 96명

으로 늘어날 수 있었습니다. 또한 쉬는 시간에는 동료들에게 먼

저 다가가 인사를 건네고 일상의 소소한 대화들로 굳게 닫힌 동료

들의 마음의 문을 꾸준히 두드리는 노력을 하였습니다. 저의 노력의 시간들이

5
문장의 처음부터 다시 읽어보세요. 주어는 '상황들'인데, 뭔가 표현이 어색하다고 느껴지지 않나요?

→ '두드리게 만들었습니다'

6
내용의 반전이 있는 문장이므로 '그렇지만', '하지만' 등의 접속부사를 넣어주는 것이 좋겠어요.

→ '그렇지만 단순한 자금마련의 목적이 아닌'

7
자존감이 강한 사람은 나와 남을 비교하지 않고, 상대방을 있는 그대로 존중합니다. 정확한 단어의 뜻을 찾아보시길 바랍니다.
여기에 적당한 단어는 '자존심'이나 '자만심' 정도가 되지 않을까요?

8
구체적인 수치를 들어가며 설명을 했군요. 매우 좋은 표현입니다.

늘어갈수록 변하지 않을 것만 같았던 그들의 행동들이 조금씩 변화하는 것을 확인할 수 있었습니다. 저는 팀의 갈등과 분열은 회사의 이익과도 직접적으로 연결돼 있다고 생각합니다. 이러한 저의 소중한 경험들은 팀원 또는 팀장으로서 공동의 목표를 수행해 나아가는 데 '윤활유'와 같은 든든한 지원군이 되어줄 것입니다.

가장 먼저 지적하고 싶은 부분은 자신의 강점이 잘 드러나지 않았다는 것입니다. 자소서 항목에도 분명히 자신의 특성, 장점을 위주로 기술하라고 했는데, 제목에서부터 애사심이 부족했던 어느 생산라인의 직원을 내세우고 있습니다. 그리고 본문을 살펴봐도 어떤 것이 글쓴이의 특징이고 장점인지 쉽게 찾아볼 수 없습니다. 제목에서부터 글의 첫머리에 핵심이 되는 단어를 먼저 쓰세요. 중심이 되는 주제를 먼저 내놓은 다음에 그것이 어떤 상황인지 세부적인 묘사를 하시길 바랍니다.

글자 수를 채우기 위해 두 가지 이야기를 쓴 것 같군요. 이왕이면 하나의 이야기로 요구하는 글자 수를 모두 채우는 것이 좋습니다. 그런데 그게 정 힘들다면 몇 가지 경험을 엮어서 쓸 수도 있죠. 하지만 각각의 경험들은 하나의 통일된 주제나 연관성을 가지고 엮여야 합니다.

2. 기존과는 다른 방식을 시도하여 이전에 비해 조금이라도 개선했던 경험 중 가장 효과적이었던 것은 무엇입니까? 그 방식을 시도했던 이유, 기존 방식과의 차이점을 설명해 주세요.

○○○ 대학생 봉사단 3기 활동

2012년 3월부터 현재까지 ○○○ 대학생 봉사단 3기 활동을 해오고 있습니다.

일주일에 두 번, 팀원들과 함께 대전 소재의 열두 광주리 아동센터에
서 가정형편이 어려운 학생들을 위한 봉사활동 프로젝트를 계획하고
수행합니다. 첫 봉사활동이 있던 날, 아이들의 거부반응이 너무 심해
계획했던 봉사활동을 절반도 수행하지 못하고, 돌아와야만 했던 기억
이 아직도 생생합니다. 그래서 저는 팀원들에게 "각각 두 명의 아이를
맡아 그들의 마음의 문을 두드려보자"라는 구체적인 제안을 하였고,
교육에 초점을 두었던 당초 활동계획과는 다르게 '송편 만들기, 팥빙
수 제조' 등과 같은 실내외에서 아이들이 집적 참여하며 소통할 수 있
는 아이디어를 제시하였습니다.

1. 구체적인 숫자, 지명, 고유명사 등을 사용함으로써 신빙성이 느껴지면서도 읽는 사람의 상상력을 자극합니다. 아주 잘했어요.

2. 어떤 거부반응이었는지 밝혀주면 더 좋겠네요. 난처하고 곤란했을 상황을 자세하게 묘사함으로써 글을 읽는 채용담당자가 감정이입할 수 있게 해주세요.

3. 실제로는 더 상세하고 많은 제안을 했겠죠. 하지만 자소서상에 쓰신 것만 봐서는 전혀 구체적이라고 느껴지지 않습니다.

4. 직접

자원봉사는 매우 좋은 경험입니다. 그런데 수많은 지원자
들이 봉사활동 경험을 자소서에 쓰다 보니 채용담당자 입장에서는 그게 그것
처럼 느껴지기 마련입니다. 특히 음식 만들기와 같은 활동을 하며 아이들과 친
해진 경험은 자소서에 자주 등장하는 단골 소재입니다. 그렇다고 이 좋은 경험
을 안 쓸 수도 없는 노릇이죠. 그러므로 똑같은 소재라도 뭔가 다른 느낌을 줄
수 있도록 쓰는 아이디어가 필요합니다.

한 가지 방법은 남다른 시선으로 경험을 재해석하는 것입니다. 봉사활동을
통해 아이들과 소통하며 친해졌다는, 누구나 예상할 수 있는 뻔한 내용을 쓰는
것이 아니라, '여성이 대부분인 자원봉사자들 가운데 청일점으로 함께 일을 하
며 겪은 에피소드'라든가, '사회복지기관의 경제적인 내실을 돕거나 아이들의
자립을 위한 프로그램 개발' 등에 초점을 맞춘다거나 하는 것들이죠. 같은 소재
라도 해석방법에 따라 전혀 다른 내용이 될 수 있음을 명심하세요.

3. 지원 동기와 지원한 직무에 대하여 성공적으로 수행할 수 있다고 생각하는 이유를 개인의 강점과 개성을 바탕으로 서술해 주십시오.

끈기를 가진 악바리 : '다기능성공흡착제' 프로젝트

학부 졸업실험 중 이론을 바탕으로 유기염료 태양전지의 효율 향상을 위해 모든 조건을 최적화시켰음에도 이론과는 상이한 결과 값이 나왔습니다. 모든 조에서는[1] 이론에 가까운 값을 도출할 수 있도록 결과 값을 정정해 나가기 시작하였습니다. 하지만 저는 근본적인 원인을 알아내는 것이 타당한 접근법이라 생각하였고, 팀원들에게 제 의견을 피력하였습니다. 팀원들도 동조하여 이상적인 값과 실험 값을 비교하며 디버깅 작업을[2] 통하여 원인 파악과 분석을 통해[3] 프로젝트를 발표하니 교수님께서는 좋은 접근법이었다며 조원 모두가 좋은 성적을 결과물로 얻을 수 있었습니다. 열린 사고와 창조적인 마인드로 가시적인 결과를 위해서 꾀를 내기보다는 꾸준히 실력을 배양하여 ○○○에 부합하는 인재로 거듭나겠습니다.

[1] 적절한 접속부사를 사용해 주는 것이 문장이 매끄러울 겁니다.

→'~ 나왔습니다. 그러자 모든 조에서는 ~'

[2] 문장이 좀 길군요. 6~7개의 문장이 섞여 있어요. 적당한 곳에서 한 번 자르는 것이 좋겠습니다.

[3] '통하여' 중복.

제목에서는 '끈기'를, 마지막에는 '열린 사고방식, 창의적인 마인드'를 얘기하고 있습니다. 일단 이야기의 앞뒤가 맞질 않죠. 그런데 글을 잘 읽어보면 전체적인 내용이 열린 사고방식에 집중되어 있음을 알 수 있습니다. 바로 창의성의 기본이 되는 요소라고 할 수 있습니다.

어느 초등학교 과학실험의 예를 들어드리죠. 선생님이 아이들에게 무색, 무미, 무취한 물의 특성에 대해 가르쳤습니다. 그리고 비커에 수돗물을 받게 하고는 각자 물을 관찰하고 그 결과를 발표하게 했죠. 그러자 모든 아이들은 비커에 담긴 물은 냄새도 안 나고, 아무 맛도 나지 않는다고 했습니다. 그러나 단한 아이만이 '물에서 비린 맛도 나고 약품 냄새도 난다'고 했습니다. 다른 아이들은 그 아이를 손가락질하며 비난했지만 선생님은 그 아이만이 올바른 실험을 했다며 칭찬해 주었다고 합니다. 어떤가요? 위의 글 내용과 비슷한 면이 있지 않나요?

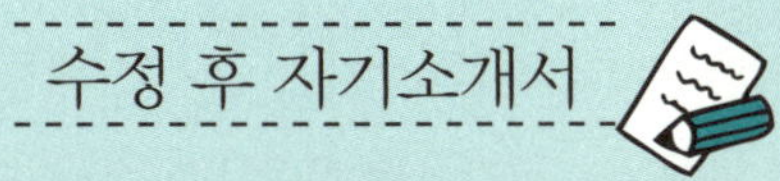

1. 자신의 성장과정 및 개인 특성, 장점 중심으로 기술해 주시기 바랍니다.

변화와 발전

조직의 발전을 이끌어내기 위해 과감한 변화를 시도하고 성과를 이루어낸 여러 경험이 있습니다.

변화와 발전의 첫 번째 경험은 치즈 생산라인의 문제점을 개선한 것입니다.

등록금 마련을 위해 1년간 경기도 소재의 H사 치즈 생산라인에서 근무하였습니다. 함께 일했던 분들 대부분이 인근에 거주하는 아주머니들이었기에 팀 내의 분위기는 가족처럼 매우 돈독했습니다. 하지만 아주머니들이 각자의 가방에 치즈와 음료를 잔뜩 챙겨 퇴근하는 모습은 저에게는 매우 충격적인 것이었습니다. 직장을 편하게 생각하는 것은 좋지만 매일 일상처럼 회사 물품을 가져다 쓸 정도라면 그것은 대단히 큰 문제라는 생각이 들었습니다. 그래서 여러 차례에 걸쳐 아주머니들을 설득해 보려 노력했지만 개선의 여지가 보이지 않았습니다. 결국 이를 해결하기 위해 공장 입구 쪽에 개인사물함을 설치하고 사물함을 비추는 CCTV를 생각해 냈습니다. 이는 실제로 담당자에게 건의를 한 후 시행되었는데, 사물함이 갖춰지자 개인 가방을 생산라인까지 가져올 명분이 없어져 물품반 출량이 극적으로 줄어든 동시에 직원들이 편하게 쓸 수 있는 개인 사물함이라는 공간도 확보할 수 있었습니다.

두 번째로 발전을 이끌어낸 경험은 영어강사로 근무하던 때였습니다.

해외 경험도 없던 제가 중·고등학교 학생들에게 영어를 가르치는 일은 쉽지 않은 결정이었습니다. 또한 동료들 간 수업에 대한 정보교류나 협력을 하지 않는 자만심에 가득 찬 강사들이 만들어내는 차가운 교무실의 분위기는 제가 개선해야 할 또 하나의 과제라는 생각이 들었습니다. 우선 저는 밤낮으로 영어실력을 키우며 제가 맡은 수업의 질을 향상시키기 위해 노력하였습니다. 단시간에 효과를 볼 수는 없었지만 인내심을 가지고 노력한 결과 처음 5명으로 시작했던 저의 반 학생들은 96명으로 늘어났습니다. 또한 쉬는 시간에는 동료 강사들에게 먼저 다가가 일상의 소소한 인사를 건네며 굳게 닫힌 동료들의 마음의 문을 두드리는 노력을 하였습니다. 저의 노력으로 현재까지 연락을 주고받을 정도로 동료들 간의 정을 쌓을 수 있었습니다.

조직의 변화와 발전은 한 사람의 노력으로부터 시작한다고 생각합니다. 제가 바로 그 변화의 시작이 되겠습니다.

2. 기존과는 다른 방식을 시도하여 이전에 비해 조금이라도 개선했던 경험 중 가장 효과적이었던 것은 무엇입니까? 그 방식을 시도했던 이유, 기존 방식과의 차이점을 설명해 주세요.

생각을 바꾸면 세상이 즐겁다

타인을 위해 봉사하거나, 남의 선행을 보기만 해도 기분이 좋아지고 몸이 건강해지는 호르몬이 분비되는 현상을 Helper's High라고 합니다. 저는 작년 3월부터 현재까지 약 1년간 자원봉사자로 참여한 프로그램에서 Helper's High를 경험했습니다.

○○○ 대학생 봉사단 3기 참가자로서 대전 소재의 열두 광주리 아동센터에서 가정형편이 어려운 학생들을 만나게 되었습니다. 졸업을 앞둔 4학년이 되어서야 봉사활동에 참가한 솔직한 심정은 텅 빈 이력서에 뭐라도 한 줄 추가해야겠다는 욕심 때문이었습니다. 그런 마음으로 참가한 봉사는 괴로웠습니다. 아이들도 자원봉사자들을 차가운 눈빛으로 바라보았고, 시설에 근무하고 계신 선생님들도 귀찮다는 듯이 저희를 대하셨습니다. 그렇지만 싫은 것을 차마 내색하지는 못했고, 일주일에 두 번씩 아이들과 레크리레이션, 영어 교육 등을 진행했습니다.

그런데 시간이 지날수록 제게 점점 변화가 일어났습니다. 함께 봉사에 참가하는 학생들과 아이들, 선생님들이 열심히 프로그램에 참가하고, 서로 눈을 마주치며 웃고 떠드는 것을 보면서 저 또한 어느새 그들과 함께 웃게 된 것입니다. 그리고 1년의 시간이 지날 무렵에는 저는 누구보다 잘 웃고, 누구보다 친근한 형, 오빠가 되어 있었습니다. 시설의 선생님들도, 봉사활동을 시작할 때만 해도 불안해하고 짜증내는 모습을 보여서 걱정 많이 했는데 잘 적응하고 적극적으로 활동해주어서 고맙다고 하실 정도였습니다.

이제 저는 '남을 위한 봉사가 아닌, 나를 위해 봉사를 한다'는 생각을 갖게 되었습니다. 이렇게 생각을 바꾸자 지하철에서 자리를 양보하는 것도, 할머니의 무거운 짐을 들어드리는 것도, 곤란을 겪는 친구를 돕는 것도 모두 즐겁게 할 수 있게 되었습니다. 생각을 바꾸는 것은 모든 것을 바꾸는 시작입니다. 새로운 생각, 열린 마음으로 ○○○의 변화를 이끌겠습니다.

4차원의 혁명

〈타임〉지에서 선정한 20세기 최고의 인물은 아인슈타인입니다. 그가 20세기를 대표하는 인물로 선정된 것은 과학적인 업적도 대단했지만, 무엇보다 과학의 틀 자체를 바꾸어 놓은 것이 높게 평가되었기 때문입니다. 모든 사람들이 가로, 세로, 높이의 3차원으로 세상을 바라볼 때, 아인슈타인은 시간이라는 개념을 더해서 세상을 4차원으로 바라보았습니다. 모두가 고전물리학이라는 강고한 이론의 틀에 갇혀 생각하고 행동할 때 아인슈타인만이 그 틀을 깨고 상대성 이론을 탄생시킨 것입니다. 그리고 저 또한 아인슈타인과 마찬가지로 기존의 이론과 사고의 틀을 깨는 노력을 해왔습니다.

유기염료 태양전지의 효율 향상을 위한 졸업실험 중의 일화입니다. 이론과 실험값이 상이하게 나와 실험에 참가한 동기들 모두가 당혹스러워한 적이 있습니다. 하지만 곧 사람들은 자신의 실험값이 잘못되었다고 생각하고는 이론과 같은 결론을 도출하기 위해 실험값들을 수정하기 시작했습니다. 하지만 저는 그렇게 하지 않았습니다. 이론 안에 갇혀 현실의 조건과 현상을 외면하기보다는 이론과 실제가 다른 원인에 대한 파악을 하였습니다. 그러고는 결국 이론과는 다른 결론을 도출해 내었습니다. 이러한 저의 접근법은 주위 사람들의 우려를 불러일으켰고, 걱정을 넘어 비웃음을 사기도 했습니다. 하지만 주위의 우려와는 달리 저의 실험이야말로 가장 독창적이며 뛰어난 실험이라는 교수님의 칭찬과 더불어 우수한 학점 또한 받을 수 있었습니다.

이렇듯 기존의 틀을 깨는 열린 사고방식은 주변의 반대에 부딪힐 수도 있지만, 누구보다 앞서나가기 위한 가장 필수적인 요소이기도 합니다. 이러한 사고방식은 기업에서도 마찬가지입니다. ○○○이 대한민국 최고의 기업이 되고, 나아가 세계 최고의 선도기업으로 발전하기 위해서는 기존의 틀을 깨는 혁신적인 사고를 하는 인재가 필요한 것입니다.

아인슈타인의 상대성이론이 발표된 지 100년이 넘었지만 아직도 대부분의 사람들은 3차원적인 사고의 틀을 벗어나지 못합니다. 하지만 저는 이미 시대를 뛰어넘는 혁신적인 사고방식을 가졌으며, 이러한 혁신은 ○○○ 발전의 기초가 될 것임을 확신합니다.

취업에 성공한 자기소개서

Case 7

- 지방 국공립대 / 여자
- 신문방송학 전공 / 학점 3.47
- 어학 : 토익 720점
- 자격증 : 컴활 2급
- 외부활동 : 교내 리포터 활동, 연기 학원 수료
- 상담내용 : 예능 PD라는 특수한 분야로 진출하기를 원하고 있음. 이와 관련된 많은 준비를 하였고, 명확한 비전도 갖고 있지만 비교적 스펙이 부족한 면이 있음. 자기소개서 작성에 어려움을 겪고 있고, 아직 미완성인 상태에서 상담을 요청함.
- 성과 : 지상파 방송국 서류 통과(본 방송국 서류전형에서는 순수하게 자소서의 완성도만으로 서류심사를 실시).

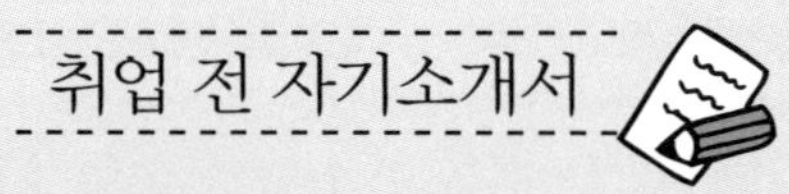

1. 입사지원 동기 — 1000자 제한

텅 빈 자기 소개서를 메우기 위해 곰곰이 제 인생을 돌아봅니다. 그런데 27년 조금 넘게 산 인생이 저를 당황스럽게 합니다. 스펙은 평균 이하에, 세계 일주를 하거나 국토를 횡단한다거나 하는 자랑할 만한 인생 경험도 썩 없습니다. 한숨 한번 크게 쉬고 모기장 밖 세상이 요구하는 수많은 조건들에 좌절하다가 '에라 모르겠다' 생각을 해봅니다. 어설픈 포장은 포기하고 '솔직함'으로 ○○○에 도전 하겠습니다. 저는 예능 PD가 되고 싶습니다.

봉사, 잘합니다.

SK배 휠체어 농구대회 봉사활동을 시작으로 1년간 노원시각장애인 복지관에 서 시각장애인들을 위한 도서제작 봉사활동을 해왔습니다. 학창시절에는 초 · 중 · 고 12년 중 10년을 학급의 반장 혹은 전교 임원으로 교내의 복지를 위해 노 력했습니다.

설득, 잘합니다.

전교학생회장이었던 중학교 시절 저는 교장선생님과 학부모 운영위원회 분들 을 부단히 설득해서 교내 최초 두발자율화를 이끌어냈습니다. 스물 둘에는 강남 의 한 화장품 업체에서 고객을 유치하는 전화상담 아르바이트를 하며 강남 아주 머니들을 부단히 설득한 결과 꽤 괜찮은 인센티브를 받기도 했습니다.

정보파악, 잘합니다.

저는 친구들 사이에 '매구'입니다. '매구'는 귀신이 무덤의 구석구석에 숨겨져 있는 패물을 찾아내듯 무엇이든 잘 찾아낸다는 뜻의 경상도 방언입니다. 최신 유행 아이템, 세일 정보 등의 실생활 정보를 잘 알고 있기 때문입니다. 얼마 전엔 엄마가 사고 싶어 하셨던 코트를 1/10 가격에 구입해 드리며 동시에 매구효녀로 등극하였습니다.

인맥, 잘 유지합니다.

한번 친해지면 관계를 끝까지 유지하고자 노력하기 때문에 주위에 오래된 지인이 많습니다. 작년 제 졸업식에는 초등학교 친구들이 와 주었고, 얼마 전에는 고등학교 친구의 결혼식을 위해 경남 진해에 다녀왔습니다. 남자친구도 한번 사귀면 오래 만나는 편입니다.

노력, 잘합니다.

한번 마음먹은 건 끝을 봅니다. 편입준비를 하던 시절에는 거의 매일을 아침부터 밤까지 책만 보았습니다. 기념일도 명절 연휴도 시험을 위해 사용했습니다. 학창시절 고3 때 급성장염으로 인한 두 번의 지각 외에는 모두 개근상을 받았습니다.

2. 자신에게 주어졌던 일 중 가장 도전적이고 어렵다고 느꼈던 경험에 대해 기술하여 주십시오.(일의 배경, 그때 느꼈던 감정, 어려웠던 점, 그것을 극복하기 위해 했던 행동, 일의 결과 등을 포함하여 구체적으로 작성해 주시고 제목을 붙여주시기 바랍니다.) — 1000자 제한

[   ]

　저는 고등학교 졸업 후에 바로 대학에 진학하지 않고 연기를 위해 상경하였습니다. 스무 살의 저는 연극·뮤지컬 배우가 되는 게 꿈이었습니다. 연기학원을 다니며 아크로바틱 등의 신체훈련과 발성 등의 연기수업을 받았습니다. 하지만 어느 순간 알게 되는 것들이 있었습니다. 늘 이야기하고 싶고 표현하고 싶어 했지만 그게 연기는 아니었다는 사실이었습니다. 친구와 같이 독백연습을 하다 보면 으레 서로의 연기를 봐주고 조언을 해주곤 하는데, 제가 친구들의 장·단점을 정확하게 짚어내고 있는 것이었습니다. 그리고 의외로 무뚝뚝하고 쑥스러움이 많은 '경상도 녀자'였던 저는 점점 직접 연기를 하는 저보다 친구의 연기를 봐주는 제가 더 편했습니다. 그냥 그렇게 자연스럽게 '나는 연기는 아니구나' 느끼게 되었던 것 같습니다. 그래서 저는 연기를 과감히 관두고 대학진학을 결심하게 되었습니다.

[   ]

　수능을 준비하려다 당시 편입을 준비 중이던 친한 친구가 학점은행제를 통한 편입을 추천하면서 같이 시험을 준비하게 되었습니다. 학점이 전혀 없었던 저는 독학사시험과 사이버대학 강의를 병행하고, 몇 가지 자격증을 취득하며 9개월 동안 학위를 취득했고, 동시에 편입영어를 공부했습니다.

　생각보다 공부할 양이 방대해 마음이 조급했고, 다시 공부하는 습관을 가지는 게 벅찼지만, 저는 어느 누구도 만나지 않고 4평 남짓 되는 고시원 쪽방에서 말 그대로 '열공'했습니다. 10시간 동안 한 번도 일어나지 않고 공부만 한 적도 있습니다. 매일매일 저와 타협하지 않으려, 저의 '귀찮음'에 지지 않으려 부단히 노력했습니다. 잘하고 싶은 욕심도 있었고, 저를 변함없이 믿어주시는 유일한 '제 편' 부모님을 실망시켜 드리고 싶지 않았습니다. 지금 이렇게 공부할 수 있는 것도 축복이라 여기고 감사한 마음을 가졌습니다.

혼자였으면 많이 외롭고 정말 많이 힘들었겠지만 힘이 되고 의지할 수 있는 친구가 함께여서 견딜 만했다고 생각합니다. 지금 생각하면 이것도 축복이었던 것 같습니다. 그렇게 11개월 후, 친구와 저는 둘 다 무사히 원하던 학교에 합격하게 되는 기쁨을 누리게 되었습니다.

사실 처음 공부를 시작할 때, 모든 사람들이 1년 안에 학위를 취득하고 편입시험까지 합격하긴 어려울 거라고 말했습니다. 하지만 저는 '할 수 있다'는 믿음을 가지고 제가 할 수 있는 최선의 노력을 다했습니다.

편입은 제게 어려워 보이지만, 막상 해보면 별 거 아닌 일들이 생각보다 많이 있고, 간절하다면 진심을 다해 노력할 수 있으며, 그 노력은 결코 배반하지 않는다는 것을 다시금 알게 해준 계기가 되었습니다.

3. 기존에 해오던 방식과는 다른 아이디어나 방식을 생각/제안하거나 직접 시도해본 경험에 대해 기술하여 주십시오.(일의 배경과 목표, 본인의 역할과 진행과정, 그때 느꼈던 감정, 어려웠던 점, 일의 결과 등을 포함하여 구체적으로 작성해 주시고 제목을 붙여주시기 바랍니다.)

[   ]

저의 모교에서는 국내 대학 최초로 IPTV 프로그램을 도입하였습니다. 학교 곳곳에 설치된 70여 대의 IPTV로 학생들이 제작한 다양한 프로그램들을 누구나 즐길 수 있게 된 것입니다. 교내 방송국을 비롯한 몇몇의 리더십 그룹들이 활동 영역을 나누어 프로그램을 제작하고 있습니다. 저는 각 학과의 주요 소식과 소소한 이야기들을 전하는 IPTV 리포터로 1년간 활동했습니다.

우리가 전해야 하는 것이 학과의 소식들이었기 때문에 이전의 리포터들은 주로 과내 행사나 이슈들을 취재하여 팩트만 나열하는 식으로 프로그램을 구성했습니다(기자적 마인드로 접근했을 터). 하지만 저는 학과의 이야기가 꼭 최근 학교에서 일어나고 있는 어떤 '사건'일 필요는 없다고 생각했습니다(전 PD 지망생이니까요).

(우리들의 관심사가 최고 핫이슈다.) 먼저 최근 학생들의 최대 관심사는 '취업'이라 생각했습니다. 과 특성상 기자를 꿈꾸는 친구들이 많았는데, 밖에서 볼 때의 '기자' 말고 실제 데스크 내의 '기자'의 모습을 아는 친구들은 많지 않을 것. 화려한 모습만 생각하고 어려운 문턱을 넘어 입사했다 얼마 못 가 그만두는 경우가 적지 않다 들었기에 우리에겐 더욱이 필요했던 현직 선배님과의 만남. 그래서 연합뉴스 기자로 계시는 선배님을 찾아가서 기자들의 리얼 24시를 엿보게 됨. 가기 전 설문 조사해 간 질문들을 인터뷰 형식으로 진행하며 진솔한 조언들도 듣고 옴. 당시 실제로 기자가 꿈인 친구와 같이 갔었음. 집에 가는 길에 '후배들과의 만남은 꿈을 이뤘기 때문에 자칫 나태해질 수 있는 자신을 반성하는 자리' 같다던 선배처럼 자기도 언젠가 반드시 저 자리에 있을 것이라 말했던 친구. 자신의 꿈에 한 발짝 더 다가간 듯 보였음. 이 프로그램을 본 다른 친구들도 그러했을 것이라 생각함.

어느 날 친구랑 학교를 가다 깜짝 놀랄 일이 벌어짐. 나는 늘 그랬듯 교문에서 강의실까지 통하는 지름길로 가려 했는데, 친구가 이런 방법이 있는 줄 전혀 몰랐다는 것. 그 친구는 그 당시 졸업반이었음. 강의실에 가서 다른 친구들과 얘기해 보니 거기도 금시초문인 이가 여럿 있었음. 그래, 이게 이번 'IPTV 주제다' 싶었음. 친구 한 명이 직접 지름길의 시작과 끝을 친절히 걸어가 주며 여기로 다니라며 적극 추천해 주는 영상을 제작함. 물론 캠퍼스가 작은 편이라 지름길을 모른다고 해도 크게 불편한 점은 없음. 하지만 능장부려 발바닥에 불이 나게 뛰어와야 하는 날에는 힘들게 언덕배기를 오르지 않아도 되니 생각보다 많은 도움이 될 것. — 역시 제작자든 시청자든 아는 것이 힘!

4. 다른 사람과 함께 공동목표 달성을 위해 노력했던 경험에 대해 기술하여 주십시오.(일의 배경과 목표, 본인의 역할과 진행과정, 그때 느꼈던 감정, 어려웠던 점, 일의 결과 등을 포함하여 구체적으로 작성해 주시고 제목을 붙여주시기 바랍니다.)

[   ]

고등학교 1학년 당시 나는 학년회장이었음. 학교축제 때 학생회 선배들과 함께 30분 정도의 콩트를 기획하고 직접 참여할 수 있는 기회가 주어짐. 처음 기획부터 대본 작성, 무대설치, 음향 등의 연출, 연기까지 모두 우리 몫이었음. 나는 대본 작성과 의상, 음향을 맡게 됨. 사실 역할은 나누었지만 그것에 조금 더 중점을 두고 한다는 거였지 12명 남짓 되는 많지 않은 인원수라 모든 파트를 조금씩 분담해야 했음. 대본도 서로 피드백해 주고 수정하고 하다 보니 다 같이 작성한 셈이고, 막판 1주일 동안은 무대 배경그림을 그리고, 세트를 만들고, 의상 수정하고 하느라 다 같이 밤을 새는 경우도 많았음.

우리는 예전 '봉숭아 학당' 포맷을 빌어 대본을 준비 중이어서 선생님 섭외가 무엇보다 절실했음. 당시에 학생들 사이에 인기가 많았던 미남 지리 선생님을 섭외하려 애썼지만 인기 관리하시느라? 출연을 거부하셨음. 우리의 숱한 구애에도 어쩔 수 없었음. 하는 수 없이 우리는 비교적 섭외가 쉬운? 비호감 선생님들로 섭외하기로 맘먹음. 평소 학생들이 싫어하는 비호감 선생님들의 포인트, 특징들을 웃음 포인트로 잡고 대본을 재 수정함. 당일 날 다행히 선생님들이 확실히 망가져 주셔서 학생들의 반응이 후끈했음.

보통 팀프로젝트에서는 얌체족들이 있기 마련. 당시에도 3학년 환경부장 언니가 그러했음. 그 언니는 원래도 자기가 해오기로 한 일을 다음까지 해오겠다며 미루는 경우가 많았음. 그러다보면 그 일은 그냥 마음 급한? 혹은 착하고 성실한? 누군가의 몫이 되었음. 그런데 축제 준비기간에 중간고사가 껴 있었음. 다들 공부하랴 축제 준비하랴 바빴는데 시험기간이 되니 몸이 좋지 않단 핑계로 우리(후배들)에게 다 떠넘기고 자기는 도서관에 공부를 하러감. 책임감도 없고 이기적인 모습에 정말 화가 났음. 하지만 총학생회장 언니가 현명했음. 상황파악을 잘했고 평소엔 쾌활하고 털털했지만 단호할 때는 또 단호해 버림. 중간에서 우리를 잘 중재해 줬음. 가장 많이 열심이었고. 회장 언니를 보며 조직에서 리더의 역할에 대해 진지하게 생각해 보게 되었음.

2년 전까지 인기코너였던 개콘의 '봉숭아 학당'을 보면서 나는 다시 열일곱으로 돌아가 있었음. 이젠 가물가물한 추억일 뿐인데 그때 느꼈던 감정들, 그때의 인연들, 그리고 그 인연들과의 추억을 다시 되돌려 놓았음. 피디는 프로그램을 통해서 자신의 추억도 만들어가지만 다른 사람의 추억도 함께 만들어주고 그 추억을 간직해 주는 것 같음. 아마 그래서 나는 이 일을 사랑하려나 봄.

5. 자신의 소신, 원칙이나 기준을 지키려 하지만 상황적으로 지키기 어려울 때가 있다. 이런 갈등을 겪었던 경험에 대해 구체적으로 기술하여 주십시오.(그때 상황, 느꼈던 생각과 감정, 일의 결과 등을 포함하여 구체적으로 작성해 주시고 제목을 붙여주시기 바랍니다.)

방송을 만드는 PD라면 이야기를 만들어내는 역량이 무엇보다 가장 요구되겠죠. 그리고 그러한 역량을 가장 잘 보여줄 수 있는 부분이 자소서입니다. 일반적인 기업에 제출하는 것보다 확연하게 높은 완성도가 요구됩니다.

다행히 자소서에 쓸 소재는 다양하게 갖고 있는 것으로 보입니다. 그리고 그 소재들이 조금은 특별하고, 호기심을 자극하기도 합니다. 그런데 막상 그것을 글로 써 내려가는 데에는 적잖은 어려움을 느끼고 계신 것 같군요. 재료는 충분히 갖추었는데 맛있는 요리로 만드는 방법을 모르고 있다고나 할까요. 이 문제를 해결하는 특별한 방법은 없어요. 많은 글을 읽고 여러 번 써보는 수밖에요.

1. 입사지원 동기 — 1000자 제한

텅 빈 자기 소개서를 메우기 위해 곰곰이 제 인생을 돌아봅니다. 그런데 27년 조금 넘게 산 인생이 저를 당황스럽게 합니다. 스펙은 평균 이하에, 세계 일주를 하거나 국토를 횡단한다거나 하는 자랑할 만한 인생 경험도 썩 없습니다. 한숨 한번 크게 쉬고 모기장 밖 세상이 요구하는 수많은 조건들에 좌절하다가 '에라 모르겠다' 생각을 해봅니다. 어설픈 포장은 포기하고 '솔직함'으로 ○○○에 도전하겠습니다. 저는 예능 PD가 되고 싶습니다.

봉사, 잘합니다.[1]

SK배 휠체어 농구대회 봉사활동을 시작으로 1년간 노원시각장애인 복지관에서 시각장애인들을 위한 도서제작 봉사활동을 해

[1] 소제목에 '잘 합니다'라는 문구를 반복적으로 넣으면서 리듬감을 살렸어요. 마치 랩을 하듯이 말이죠. 아주 잘하셨어요.

왔습니다. 학창시절에는 초·중·고 12년 중 10년을 학급의 반장 혹은 전교 임원으로 교내의 복지를 위해 노력했습니다.

설득, 잘합니다.

전교학생회장이었던 중학교 시절 저는 교장선생님과 학부모 운영위원회 분들을 부단히 설득해서 교내 최초 두발자율화를 이끌어냈습니다. 스물 둘에는 강남의 한 화장품 업체에서 고객을 유치하는 전화상담 아르바이트를 하며 강남 아주머니들을 부단히 설득한 결과 꽤 괜찮은 인센티브를 받기도 했습니다.

정보파악, 잘합니다.

저는 친구들 사이에 '매구'입니다. '매구'는 귀신이 무덤의 구석구석에 숨겨져 있는 패물을 찾아내듯 무엇이든 잘 찾아낸다는 뜻의 경상도 방언입니다. 최신 유행 아이템, 세일 정보 등의 실생활 정보를 잘 알고 있기 때문입니다. 얼마 전엔 엄마가 사고 싶어 하셨던 코트를 1/10 가격에 구입해 드리며 동시에 매구효녀로 등극하였습니다.

인맥, 잘 유지합니다.

한번 친해지면 관계를 끝까지 유지하고자 노력하기 때문에 주위에 오래된 지인이 많습니다. 작년 제 졸업식에는 초등학교 친구들이 와주었고, 얼마 전에는 고등학교 친구의 결혼식을 위해 경남 진해에 다녀왔습니다. 남자친구도 한번 사귀면 오래 만나는 편입니다.

노력, 잘합니다.

한번 마음먹은 건 끝을 봅니다. 편입준비를 하던 시절에는 거의 매일을 아침부터 밤까지 책만 보았습니다. 기념일도 명절 연휴도 시험을 위해 사용했습니다. 학창시절 고3 때 급성장염으로 인한 두 번의 지각 외에는 모두 개근상을 받았습니다.

솔직한 것도 좋고, 에라 모르겠다며 느낌을 살린 것도 나쁘진 않습니다. 하지만 지금 위에서 요구하는 항목은 입사지원 동기입니다. 우리 회사에 지원한 이유가 무엇인가를 묻고 있는데, 스펙이 부족하다며 하소연을 하고는 자신의 장점들을 열거하신 겁니다. 한마디로 동문서답하신 거죠. 솔직한 것도, 하소연하는 것도, 장점을 늘어놓는 것도 좋지만, 일단 자소서 항목에 맞는 내용을 쓰시길 바랍니다.

방송국 PD라는 평범하지 않은 직업, 그 중에서도 왜 예능 PD가 되기를 희망하게 됐는지, 게다가 글쓴이 스스로가 생각하듯 스펙이 부족함에도 적극적으로 지원하는 이유를 납득할 수 있게 설명해 주세요.

2. 자신에게 주어졌던 일 중 가장 도전적이고 어렵다고 느꼈던 경험에 대해 기술하여 주십시오.(일의 배경, 그때 느꼈던 감정, 어려웠던 점, 그것을 극복하기 위해 했던 행동, 일의 결과 등을 포함하여 구체적으로 작성해 주시고 제목을 붙여주시기 바랍니다.) — 1000자 제한

[   ]

저는 고등학교 졸업 후에 바로 대학에 진학하지 않고 연기를 위해 상경하였습니다. 스무 살의 저는 연극 · 뮤지컬 배우가 되는 게 꿈이었습니다. 연기학원을 다니며 아크로바틱 등의 신체훈련과 발성 등의 연기수업을 받았습니다. 하지만 어느 순간 알게 되는 것들이 있었습니다. 늘 이야기하고 싶고 표현하고 싶어 했지만 그게 연기는 아니었다는 사실이었습니다. 친구와 같이 독백연습을 하다 보면 으레 서로의 연기를 봐주고 조언을 해주곤 하는데, 제가 친구들의 장·단점을 정확하게 **짚어내고**[1] 있는 것이었습니다. 그리고 의외로 무뚝뚝하고 쑥스러움이 많은 **'경상도 녀자'**[2]였던 저는 점점 직접 연기를 하는 저보다 친구의 연기를 봐주는 제가 더 편했습니다. 그냥 그렇게 자연스럽게 '나는 연기는 아니구나' 느끼게 되었던 것 같습니다. 그래서 저는 연기를 과감히 관두고 대학진학을 결심하게 되었습니다.

> **1** 짚어내다

> **2** 물론 '경상도 여자'가 올바른 표기이겠지만, 글의 분위기상 이 정도의 비정규적인 표현은 허용될 수 있다고 봅니다.
> 다만, 지원하는 직무나 기업이 보수적인 성향이 강하다면 신중히 고려하시길 바랍니다.

[   ]

수능을 준비하려다 당시 편입을 준비 중이던 친한 친구가 학점은행제를 통한 편입을 추천하면서 같이 시험을 준비하게 되었습니다. 학점이 전혀 없었던 저는 독학사시험과 사이버대학 강의를 병행하고, 몇 가지 자격증을 취득하며 9개월 동안 학위를 취득했고, 동시에 편입영어를 공부했습니다.

생각보다 공부할 양이 방대해 마음이 조급했고, 다시 공부하는 습관을 가지는 게 벅찼지만, 저는 어느 누구도 만나지 않고 4평 남짓 되는 고시원 쪽방에서 말 그대로 **'열공'**[3]했습니다. 10시간 동안 한 번도 일어나지 않고 공부만 한 적도 있습니다. 매일매일 지외 타협하지 않으려, 저의 '귀찮음'에 지지 않으려 부단히 노력했습니다. 잘하고 싶은 욕심도 있었고, 저를 변함없이 믿어주시는 유일한 '제 편' 부모님을 실망시켜 드리고 싶지 않았습니다. 지금 이렇게 공부할 수 있는 것도 축복이라 여기고 감사한 마음을 가졌습니다.

혼자였으면 많이 외롭고 정말 많이 힘들었겠지만 힘이 되고 의지할 수 있는 친구가 함께여서 견딜 만했다고 생각합니다. 지금 생각하면 이것도 축복이었던 것

> **3** 위의 경상도 녀자와 마찬가지입니다. 비정규적인 표현을 사용할 때는 지원하는 직무, 기업의 성향을 고려하셔야 합니다.

같습니다. 그렇게 11개월 후, 친구와 저는 둘 다 무사히 원하던 학교에 합격하게 되는 기쁨을 누리게 되었습니다.

사실 처음 공부를 시작할 때, 모든 사람들이 1년 안에 학위를 취득하고 편입시험까지 합격하긴 어려울 거라고 말했습니다. 하지만 저는 '할 수 있다'는 믿음을 가지고 제가 할 수 있는 최선의 노력을 다했습니다.

편입은 제게 어려워 보이지만, 막상 해보면 별 거 아닌 일들이 생각보다 많이 있고, 간절하다면 진심을 다해 노력할 수 있으며, 그 노력은 결코 배반하지 않는다는 것을 다시금 알게 해준 계기가 되었습니다.

제목 넣기 힘드시죠? 많은 사람들이 글은 쉽게 써 내려가도 제목은 잘 붙이지 못하곤 합니다. 그만큼 제목을 붙인다는 게 쉬운 일은 아니에요. 일단 약간의 요령을 알려드릴 테니 참고해 보세요.

먼저 자소서의 제목은 너무 직관적이어서는 안 됩니다. '창의적인 인재', '성실함으로 똘똘 뭉친 신입사원' 등처럼 굳이 본문을 읽지 않아도 내용이 짐작될 만한 제목을 적는 것은 피하길 바랍니다. 워낙 많은 자소서를 읽어야 하는 채용담당자들 중에는 제목만 읽고 넘기는 경우도 있기 때문에 식상하고 뻔해 보이는 제목을 쓴다면 열심히 쓴 자소서가 제대로 읽혀지지 않고 버려질 가능성이 있습니다.

때문에 제목은 어느 정도 호기심을 자극해야 하는데, 그 정도가 지나치면 전혀 생뚱맞은 제목이 나오게 됩니다. 그러므로 본문에 등장하는 내용이나 단어를 이용하면 호기심을 자극하면서도 본문과 연결 짓기가 좋습니다. 위 글에 나오는 문구를 이용해 제목을 지어보자면 '4평에서 자란 꿈'이라든가, '결코 배반하지 않는 것', '별 것 아니었네' 등으로 쓰는 거죠. 이런 제목들은 처음 보는 순간 궁금함을 유발시키고, 글을 읽다 보면 그 문구가 글 속에 들어 있기 때문에

'아, 그래서 이런 제목을 지었구나'라고 느낄 수 있거든요.

글의 주제가 두 가지예요. '친구와 함께여서 견딜 만했다'와 '노력은 배신하지 않는다'는 것. 물론 둘 다 사실이겠죠. 하지만 글의 주제를 선명하게 나타내기 위해서는 둘 중 하나의 주제만 가져가는 것이 좋습니다. 우정, 동료애를 강조하고 싶다면 노력 부분을 빼버리시고, 성실함을 강조하고 싶다면 친구 이야기를 빼도록 하세요. 글의 주제나 구조는 단순해야 이해하기 쉽습니다.

그리고 소재에 대한 지적을 하고 싶네요. 학생이 공부를 열심히 한 것이나 자식이 부모에게 효도한 것, 아르바이트를 하면서 성실하게 일한 것 등은 너무도 당연한 것들이죠. 물론 글쓴이가 어려운 상황에서 열심히 공부한 것은 알겠습니다만, 다들 공부할 때 공부 안 하고 다른 길로 갔다가 나중에 공부를 한 것뿐이잖아요. 먼저 하든 나중에 하든 누구나 원하는 대학에 가기 위해서는 피땀나는 공부를 해야 하는 건 마찬가지입니다. 그러므로 공부를 한 것이 도전적인 경험이었다고 말하기는 어렵습니다. 다른 소재를 찾길 바랍니다.

3. 기존에 해오던 방식과는 다른 아이디어나 방식을 생각/제안하거나 직접 시도해 본 경험에 대해 기술하여 주십시오.(일의 배경과 목표, 본인의 역할과 진행과정, 그때 느꼈던 감정, 어려웠던 점, 일의 결과 등을 포함하여 구체적으로 작성해 주시고 제목을 붙여주시기 바랍니다.)

[   ]

저의 모교에서는 국내 대학 최초로 IPTV 프로그램을 도입하였습니다. 학교 곳곳에 설치된 70여 대의 IPTV로 학생들이 제작한 다양한 프로그램들을 누구나

253

즐길 수 있게 된 것입니다. 교내 방송국을 비롯한 몇몇의 리더십 그룹들이 활동 영역을 나누어 프로그램을 제작하고 있습니다. 저는 각 학과의 주요 소식과 소소한 이야기들을 전하는 IPTV 리포터로 1년간 활동했습니다.

우리가 전해야 하는 것이 학과의 소식들이었기 때문에 이전의 리포터들은 주로 과내 행사나 이슈들을 취재하여 팩트만 나열하는 식으로 프로그램을 구성했습니다(기자적 마인드로 접근했을 터). 하지만 저는 학과의 이야기가 꼭 최근 학교에서 일어나고 있는 어떤 '사건'일 필요는 없다고 생각했습니다(전 PD 지망생이니까요).

(우리들의 관심사가 최고 핫이슈다.) 먼저 최근 학생들의 최대 관심사는 '취업'이라 생각했습니다. 과 특성상 기자를 꿈꾸는 친구들이 많았는데, 밖에서 볼 때의 '기자' 말고 실제 데스크 내의 '기자'의 모습을 아는 친구들은 많지 않을 것. 화려한 모습만 생각하고 어려운 문턱을 넘어 입사했다 얼마 못 가 그만두는 경우가 적지 않다 들었기에[1] 우리에겐 더욱이 필요했던 현직 선배님과의 만남. 그래서 연합뉴스 기자로 계시는 선배님을 찾아가서 기자들의 리얼 24시를 엿보게 됨. 가기 전 설문 조사해 간 질문들을 인터뷰 형식으로 진행하며[2] 진솔한 조언들도 듣고 옴. 당시 실제로 기자가 꿈인 친구와 같이 갔었음. 집에 가는 길에 '후배들과의 만남은 꿈을 이뤘기 때문에 자칫 나태해질 수 있는 자신을 반성하는 자리'[3] 같다던 선배처럼 자기도 언젠가 반드시 저 자리에 있을 것이라 말했던 친구. 자신의 꿈에 한 발짝 더 다가간 듯 보였음. 이 프로그램을 본 다른 친구들도 그러했을 것이라 생각함.

갑자기 중간부터 '음슴체'가 나와서 깜짝 놀랐지만 괜찮습니다. 아직 완성본이 아니고, 한번 대략적으로 써보는 단계니까요. 오히려 다른 분들께도 권장하고 싶은 좋은 방법입니다. 자소서라고 해서 처음부터 완성된 글을 쓰려는 것은 어찌 보면 비효율적인 방법입니다. 브레인스토밍을 하면서 이런저런 소재를 발굴하고, 그것들을 가볍게 한번 연습 삼아 써보는 건 훌륭한 자소서를 완성하는 데 틀림없이 도움이 될 겁니다.

그런데 정작 문제는 주제가 명확하게 드러나지 않았다는 겁니다. 내용이나 구성 의도는 알겠는데, 읽는 사람이 쉽게 파악할 수 있는 상태는 아니에요. 자소서는 두괄식입니다. 자소서 항목에서 기존의 방식과 다른 아이디어 등을 묻고 있으므로 글의 첫머리, 혹은 제목에서 무엇을 다르게 한 것인지 명확하게 밝히고 글을 시작하는 것이 좋습니다. 뿐만 아니라 글의 곳곳에 '다른 방식, 남다른 생각' 등의 표현을 하면서 무엇이 어떻게 다른 건지 핵심을 직접 콕 집어서 명확하게 설명해 주어야겠습니다.

4. 다른 사람과 함께 공동목표 달성을 위해 노력했던 경험에 대해 기술하여 주십시오.(일의 배경과 목표, 본인의 역할과 진행과정, 그때 느꼈던 감정, 어려웠던 점, 일의 결과 등을 포함하여 구체적으로 작성해 주시고 제목을 붙여주시기 바랍니다.)

[   ]

고등학교 1학년 당시 나는 학년회장이었음. 학교축제 때 학생회 선배들과 함께 30분 정도의 콩트를 기획하고 직접 참여할 수 있는 기회가 주어짐. 처음 기획부터 대본 작성, 무대설치, 음향 등의 연출, 연기까지 모두 우리 몫이었음. 나는 대본 작성과 의상, 음향을 맡게 됨. 사실 역할은 나누었지만 그것에 조금 더 중점을 두고 한다는 거였지 12명 남짓 되는 많지 않은 인원수라 모든 파트를 조금씩 분담해야 했음. 대본도 서로 피드백해 주고 수정하고 하다 보니 다 같이 작성한 셈이고, 막판 1주일 동안은 무대 배경그림을 그리고, 세트를 만들고, 의상 수정하고 하느라 다 같이 밤을 새는 경우도 많았음.

우리는 예전 '봉숭아 학당' 포맷을 빌어 대본을 준비 중이어서 선생님 섭외가 무엇보다 절실했음. 당시에 학생들 사이에 인기가 많았던 미남 지리 선생님을 섭외하려 애썼지만 인기 관리하시느라? 출연을 거부하셨음. 우리의 숱한 구애에도 어쩔 수 없었음. 하는 수 없이 우리는 비교적 섭외가 쉬운? 비호감 선생님들로 섭외하기로 맘먹음. 평소 학생들이 싫어하는 비호감 선생님들의 포인트, 특징들을 웃음 포인트로 잡고 대본을 재 수정함. 당일 날 다행히 선생님들이 확실히 망가져 주셔서 학생들의 반응이 후끈했음.

보통 팀프로젝트에서는 얌체족들이 있기 마련. 당시에도 3학년 환경부장 언니가 그러했음. 그 언니는 원래도 자기가 해오기로 한 일을 다음까지 해오겠다며 미루는 경우가 많았음. 그러다보면 그 일은 그냥 마음 급한? 혹은 착하고 성실한? 누군가의 몫이 되었음. 그런데 축제 준비기간에 중간고사가 껴 있었음. 다들 공부하랴 축제 준비하랴 바빴는데 시험기간이 되니 몸이 좋지 않단 핑계로 우리(후배들)에게 다 떠넘기고 자기는 도서관에 공부를 하러감. 책임감도 없고 이기적인 모습에 정말 화가 났음. 하지만 총학생회장 언니가 현명했음. 상황파악을 잘 했고 평소엔 쾌활하고 털털했지만 단호할 때는 또 단호해 버림. 중간에서 우리를 잘 중재해 줬음.[2] 가장 많이 열심이었고. 회장 언니를 보며 조직에서 리더의 역할에 대해 진지하게 생각해 보게 되었음.

2년 전까지 인기코너였던 개콘의 '봉숭아 학당'을 보면서 나는 다시 열일곱으로 돌아가 있었음. 이젠 가물가물한 추억일 뿐인데 그때 느꼈던 감정들, 그때의 인연들, 그리고 그 인연들과의 추억을 다시 되돌려

놓았음. 피디는 프로그램을 통해서 자신의 추억도 만들어가지만 다른 사람의 추억도 함께 만들어주고 그 추억을 간직해 주는 것 같음. 아마 그래서 나는 이 일을 사랑하려나 봄.

좋네요. 아주 잘 썼어요. 특정한 사건에서 드러난 여러 사람의 생각들, 행동들은 물론이고 주위의 상황에 대해서도 자세하게 묘사를 잘했어요. 조금만 더 욕심을 내자면 등장인물의 성격을 드러내는 대사나 행동을 좀 더 구체적으로 넣고, 반전이 있는 극적인 요소도 첨가하면 아주 재미있는 이야기가 나오겠어요.

그런데 이 '콩트 공연'이라는 소재로 리더십을 이야기하는 것도 좋겠지만, 공연 자체의 이야기에 집중해서 묘사하는 것이 좀 더 극적이고 흥미진진할 것 같군요. 총학생회장 언니, 얌체 같은 선배 언니 이야기는 생략하고, 성공적인 공연을 만들어내기 위한 노력을 위주로 이야기로 풀어나가는 것이 좀 더 재미있는 글이 될 것 같습니다.

5. 자신의 소신, 원칙이나 기준을 지키려 하지만 상황적으로 지키기 어려울 때가 있다. 이런 갈등을 겪었던 경험에 대해 구체적으로 기술하여 주십시오.(그때 상황, 느꼈던 생각과 감정, 일의 결과 등을 포함하여 구체적으로 작성해 주시고 제목을 붙여주시기 바랍니다.)

상당히 까다로운 자소서 항목이네요. 뭘 써야 할지 몰라 빈 공간으로 남겨둔 심정을 이해합니다. 아무리 생각해도 소신이나 원칙을 지키려 했던 상황, 갈등했던 경험이 떠오르지 않겠죠. 하지만 아이러니한 것은 어떠한 소재를 끌어들이더라도 약간의 각색을 통해 그럴 듯하게 꾸밀 수 있다는 거죠. 예를

들면, 지금 당장 자소서에 보기 좋은 거짓말을 넣어야 하는지 말아야 하는지도
원칙과 기준의 갈등상황이 될 테죠. 아니면 커닝과 관련된 경험, 부모님께 거
짓말로 용돈을 탔던 경험, 지하철에서 노약자, 임산부를 앞에 두고도 모른 척
그냥 앉아 있었던 경험들 모두가 소재가 될 수 있는 겁니다. 누구나 갖고 있을
법한 이런 소재들이 생명력을 갖고 좋은 글이 되느냐, 그렇지 못하느냐는 그때
의 상황을 얼마나 자세하게 묘사하고, 자신의 생각과 행동을 솔직하게 표현하
느냐가 될 겁니다.

수정 후 자기소개서

1. 입사지원 동기 – 1000자 제한

17살 소녀의 꿈

대학에 진학하는 대신 연기자의 길을 선택했습니다. 연기학원에서 아크로바틱
등의 신체훈련과 발성 등의 연기수업을 받았습니다. 그런데 친구들과 독백연습
을 하다 보면 으레 서로의 연기를 봐주고 조언을 해주곤 하는데, 무뚝뚝하고 쑥
스러움이 많은 '경상도 여자'였던 저는 직접 연기를 하는 저보다 친구의 연기를
봐주는 것이 더 편했습니다. 게다가 저의 지적은 꽤나 날카롭고 정확하다는 평가
를 받곤 했습니다. 이러한 경험들이 쌓이면서 자연스럽게 '나는 연기보다는 연출
이 적성에 맞겠구나'라는 생각을 갖게 되었던 것 같습니다. 그래서 저는 연기자
에서 연출가로 새로운 저의 꿈을 만들게 되었습니다.

학점은행과 독학사 등으로 학점을 취득하며 편입하는 과정은 순탄치 않았습
니다. 하지만 이루고자 하는 목표가 있었기에 주어진 조건에서 최선을 다하였습

니다. 공부할 양도 방대하고 오랜 만에 공부하는 것이 낯설기도 했지만 4평 남짓 되는 고시원 쪽방에서 누구도 만나지 않고 말 그대로 '열공'을 했습니다. 때로는 10시간 동안 한 번도 일어나지 않고 공부만 한 적도 있습니다. 매일매일 저와 타협하지 않으려, 저의 '귀찮음'에 지지 않으려 부단히 노력했습니다. 그 결과 저는 ○○○의 당당한 예비 연출가가 되기 위한 발판을 마련할 수 있었습니다.

이런 과정을 거치며 제가 그려보는 연출가의 모습은 '17살 소녀'입니다. 비록 현재 저의 모습이 힘들고 고통스러워도 제가 만들어야 할 프로그램은 많은 사람들에게 웃음과 감동을 주는 작품일 것입니다. 그런데 제 자신이 고통과 번민에 휩싸여 있다면 결코 사람들에게 행복한 웃음과 감동을 전달할 수는 없을 것입니다. 그렇기에 먼저 제 자신이 순수한 눈으로 세상을 바라보며 작은 일에도 기쁨과 감동을 느끼던 17살 소녀의 감성을 갖고자 합니다. 그리고 저의 감성이 그대로 시청자들에게 전달될 수 있는 행복한 프로그램을 제작하도록 하겠습니다.

2. 자신에게 주어졌던 일 중 가장 도전적이고, 어렵다고 느꼈던 경험에 대해 기술하여 주십시오.(일의 배경, 그때 느꼈던 감정, 어려웠던 점, 그것을 극복하기 위해 했던 행동, 일의 결과 등을 포함하여 구체적으로 작성해 주시고 제목을 붙여주시기 바랍니다.) – 1000자 제한

안회와 능구

공자의 제자 중 안회는 그 어떤 가르침이라도 스승이 명하면 아무리 어려운 상황 속에서도 능히 석 달을 지속했다고 합니다. 그러한 안회의 덕성을 이르는 말이 능구(能久, 능히 오래 지속한다)입니다. 저는 이 말을 화장품 텔레마케팅 업무를 하며 실천해 본 적이 있습니다.

화장품 회사에서는 신규 고객을 유치하기 위해 무료 스킨케어 서비스를 제공한다며 고객의 매장 방문을 유도합니다. 그렇지만 텔레마케팅에 호의적인 사람은 많지 않았습니다. 첫마디에 더 듣지도 않고 그냥 전화를 끊어버리는 일이 다반사였고, 텔레마케터를 경계하는 사람들을 붙잡고 대화를 계속 이어나가는 것 또한 쉬운 일이 아니었습니다. 어떤 날엔 허위로 기재된 전화번호로 전화했다가 험한 욕설을 듣고 정신적으로 크게 상처받기도 하고, 같은 내용을 하루에도 60~70번 반복해서 말하며 체력적인 한계를 느끼기도 하였습니다.

이렇듯 텔레마케팅은 저에게는 꽤나 어려운 일이었고, 어차피 아르바이트일 뿐이라는 생각도 있어 그만둘 것을 몇 번이나 고민했습니다. 하지만 이렇게 어려운 일을 언제 또 해볼까 싶기도 하고, 남들도 하는데 나라고 못할 것이 없다는 오기도 생겨 딱 석 달만 열심히 해보자는 목표를 세웠습니다.

그런데 망설임을 없애고 석 달이라는 목표를 세우고 나니 일에 의욕이 생겼습니다. 의욕이 생기니 고객에게 살가운 멘트도 나오고 실제로 체험한 제 경험을 살려 구체적으로 설명하며 고객의 반응을 유도해 내기도 하였습니다. 그렇게 의욕을 갖고 전화를 하게 되자 스킨케어를 받으러 직접 방문하시는 고객도 늘었습니다. 같이 일하는 동료들은 보통 50~60여 통의 전화를 해도 실제로 방문하는 고객은 한두 명 정도인데 비해, 제 전화로 방문하시는 고객은 6~7명 정도여서 담당 실장님의 칭찬과 함께 친구들에 비해 두 배나 많은 인센티브를 받기도 하였습니다.

○○○의 연출가로서도 많은 어려움을 극복해야 합니다. 하지만 저는 최고의 예능프로그램을 만들겠다는 목표를 이룰 때까지 흔들림 없는 전진을 계속할 것입니다.

3. 기존에 해오던 방식과는 다른 아이디어나 방식을 생각/제안하거나 직접 시도해 본 경험에 대해 기술하여 주십시오.(일의 배경과 목표, 본인의 역할과 진행과정, 그때

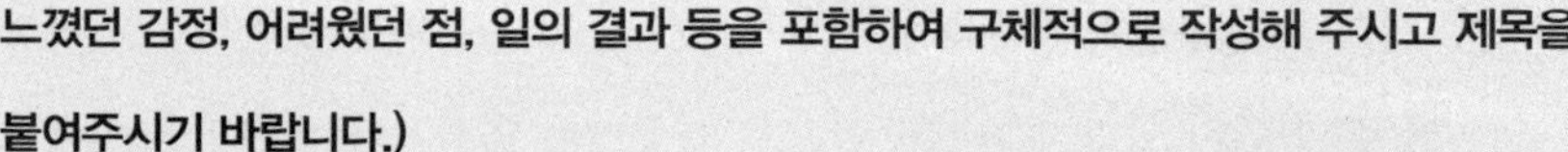

느꼈던 감정, 어려웠던 점, 일의 결과 등을 포함하여 구체적으로 작성해 주시고 제목을 붙여주시기 바랍니다.)

공급자? 수요재!!

○○○대학교에서는 국내 대학 최초로 IPTV 프로그램을 도입하여 학교 곳곳에 설치된 70여 대의 IPTV로 학생들이 직접 제작한 다양한 프로그램들을 방송하였습니다. 그리고 저는 각 학과의 주요 소식과 학생들 사이에서 벌어지는 사건 소식을 전하는 IPTV 리포터로 1년간 활동한 경험이 있습니다.

그런데 학과의 소식들을 중점적으로 다루다 보니 주된 내용은 학교 홈페이지의 공지사항에서나 볼 법한 초청강사의 특별강연이라든가 외부 경연대회의 수상, 교내 공연 등에 대한 소식과 같은 딱딱한 사건들뿐이고, 리포팅을 하는 방식도 단순한 사건의 나열에 불과했습니다. 이런 내용들만 다루고 있으니 IPTV를 주의 깊게 바라보는 학생들은 드물었고, 주로 학교 홍보수단으로만 이용되는 것이 현실이었습니다.

하지만 저는 생각을 바꾸었습니다. 그것은 바로 학교에서 일어난 '사건'이 아닌, 시청자의 '관심'에 초점을 맞춘 프로그램을 제작하는 것입니다. 학교 소식을 일방적으로 학생들에게 전달하는 기존의 방식이 공급자 중심의 방송이라면, 학생들의 관심을 기초로 제작하는 방식은 수요자 중심의 방송이 될 것이고, 이러한 방송이야 말로 학생들의 호응을 이끌어낼 수 있다는 확신이 있었습니다. 그리고 학생들의 최대 관심사는 다름 아닌 '취업'이라는 것을 확인한 후에는 곧바로 프로그램 제작회의를 거쳐 현직에 계신 선배님들을 찾아가 생생한 실제 직업 이야기를 들어보는 프로그램을 제작하였습니다. 실제로 연합뉴스 기자로 계시는 선배님을 찾아가 기자들의 생생한 24시를 엿보며 사전 설문 조사를 통해 선정한 질문들로 인터뷰를 할 수 있었고, 또한 선배님의 진솔한 조언도 들을 수 있었습니다.

　방송 제작의 관점을 공급자 중심에서 수요자 중심으로 바꾼 것만으로도 학생들의 반응은 확연히 달라졌습니다. 앞으로 ○○○의 연출가가 되어서도 이러한 수요자 중심의 방송을 제작할 것이며, 나아가 좋은 프로그램을 만들기 위해 필요하다면 그 어떠한 기존의 생각도 넘어서도록 하겠습니다.

**　4. 다른 사람과 함께 공동목표 달성을 위해 노력했던 경험에 대해 기술하여 주십시오.(일의 배경과 목표, 본인의 역할과 진행과정, 그때 느꼈던 감정, 어려웠던 점, 일의 결과 등을 포함하여 구체적으로 작성해 주시고 제목을 붙여주시기 바랍니다.)**

나가와 뻗어

　고등학교 축제 때 학생회 선배들과 함께 30분 정도의 콩트를 공연할 수 있는 기회가 주어졌습니다. 주위의 도움 없이 기획부터 대본 작성, 무대설치, 음향 등의 연출, 연기까지 모두 우리 몫이었습니다. 12명 남짓한 인원이 진행하는 공연이었기에 각자 맡은 파트 외에도 어려운 일이 생기면 다 함께 밤을 새며 공연 준비를 하였는데, 그 중에서도 제가 맡은 파트는 대본과 의상, 음향이었습니다.

　그렇게 준비한 공연은 개그콘서트의 '봉숭아 학당' 패러디였습니다. 그리고 보다 실감나는 공연을 위해 공연에 진짜 선생님을 등장시키기로 했습니다. 섭외 1순위는 잘생긴 외모와 매너로 교내 여학생들의 짝사랑 대상인 지리 선생님이었습니다. 하지만 지리 선생님은 저희 공연 팀의 갖은 섭외 시도에도 불구하고 출연을 고사하셨고, 애써 준비한 공연은 많은 부분, 특히 제가 맡은 대본은 전면적으로 수정되어야 할 상황에 놓였습니다. 하지만 저는 한 가지 묘안을 내놓았습니다. 선생님의 잘생긴 외모로 공연의 분위기를 살리는 것 대신 학생들이 싫어하는 선생님의 행동을 웃음 포인트로 삼는 것이었습니다. 그 중에서도 수학 선생님은 학생들의 기피 대상 1호였는데, 특유의 단골 멘트인 '나가'를 살리기로 했습니다.

실제 수업시간에도 '나가'라는 말이 나오면 그대로 일어나 교실 뒤로 나가야 했고, 정도가 심하면 '뻗어'라고 해서 '엎드려뻗쳐'를 해야 했습니다. 다행히 수학 선생님은 순순히 출연을 허락해 주셨고, 선생님의 살아 있는 육성이 담긴 '나가'와 '뻗어'가 나올 때마다 공연장의 학생들은 비명 반, 환호 반을 지르며 뜨거운 반응을 보였습니다.

사실 나가와 뻗어의 대본을 쓰는 역할을 맡은 것은 저였지만, 대본에 대한 수많은 사람들의 피드백, 그러한 대사를 거리낌 없이 해주신 수학 선생님의 연기, 열광적인 반응을 보여준 관객들의 호응 등이 없었다면 결코 나가와 뻗어는 생명력을 갖지 못했을 것입니다. ㅇㅇㅇ의 연출가가 되어서도 '함께'라는 단어를 항상 기억하도록 하겠습니다.

5. 자신의 소신, 원칙이나 기준을 지키려 하지만 상황적으로 지키기 어려울 때가 있다. 이런 갈등을 겪었던 경험에 대해 구체적으로 기술하여 주십시오.(그때 상황, 느꼈던 생각과 감정, 일의 결과 등을 포함하여 구체적으로 작성해 주시고 제목을 붙여주시기 바랍니다.)

나누다 = divide or share

어머니는 다리 한 쪽이 불편하신 지체장애인이십니다. 그런데 어머니는 당신의 몸이 불편하시면서도 참으로 많은 봉사활동에 참여하고 계십니다. 이런 어머니를 따라 저 또한 어려서부터 자연스럽게 다양한 봉사활동을 하게 되었는데, 대학생이 되자 사정이 달라졌습니다.

대학에서는 학업뿐만 아니라 영어, 자격증과 같은 스펙도 쌓아야 하고, 스스로 용돈도 벌어야 했습니다. 이러한 상황이 되자 혼자 쓰기에도 모자란 내 시간을 봉사활동에 쪼개어 쓴다는 것에 회의가 들기 시작했습니다. 게다가 주위 친구들로부터는 당장 취업스펙 쌓는 데 집중하고 나중에 좋은 회사 가서 돈 많이 벌면 그때 하라는 얘기를 종종 듣기도 했습니다. 하지만 저는 오랜 기간 해온 봉사활동을 포기할 수 없었습니다. 자원봉사는 이미 저에게서 빼놓을 수 없는 생활이기 때문이었습니다. 그래서 몇 번을 고민한 끝에 선택한 것이 시각장애인들을 위한 점자도서 작성 봉사활동이었습니다. 이 봉사활동은 집에서도 할 수 있는 것이어서 시간을 효율적으로 사용할 수 있었고, 저는 학생으로서의 본분과 자원봉사자로서의 신념을 모두 지킬 수 있었습니다.

어쩌면 나 자신을 위한 시간도 모자란다는 친구의 말이 옳을지도 모릅니다. 그리고 자신을 위해서 한 시간의 노력을 기울인다면 그 한 시간만큼의 행복을 느낄 수도 있을 것입니다. 그러나 그 한 시간을 타인을 위해 사용한다면 저와 타인 모두가 동시에 한 시간만큼의 행복과 기쁨을 누릴 수 있습니다. 더욱이 제가 시간을 들여 만든 점자책을 읽는 사람들이 수백, 수천 명이라고 생각한다면 그러한 행복은 한없이 커질 것입니다. 앞으로도 이와 비슷한 선택의 고민들이 많이 있겠지만, 그때마다 저는 주위의 더불어 함께 사는 사람들 입장에서 생각하고 행동할 것입니다.

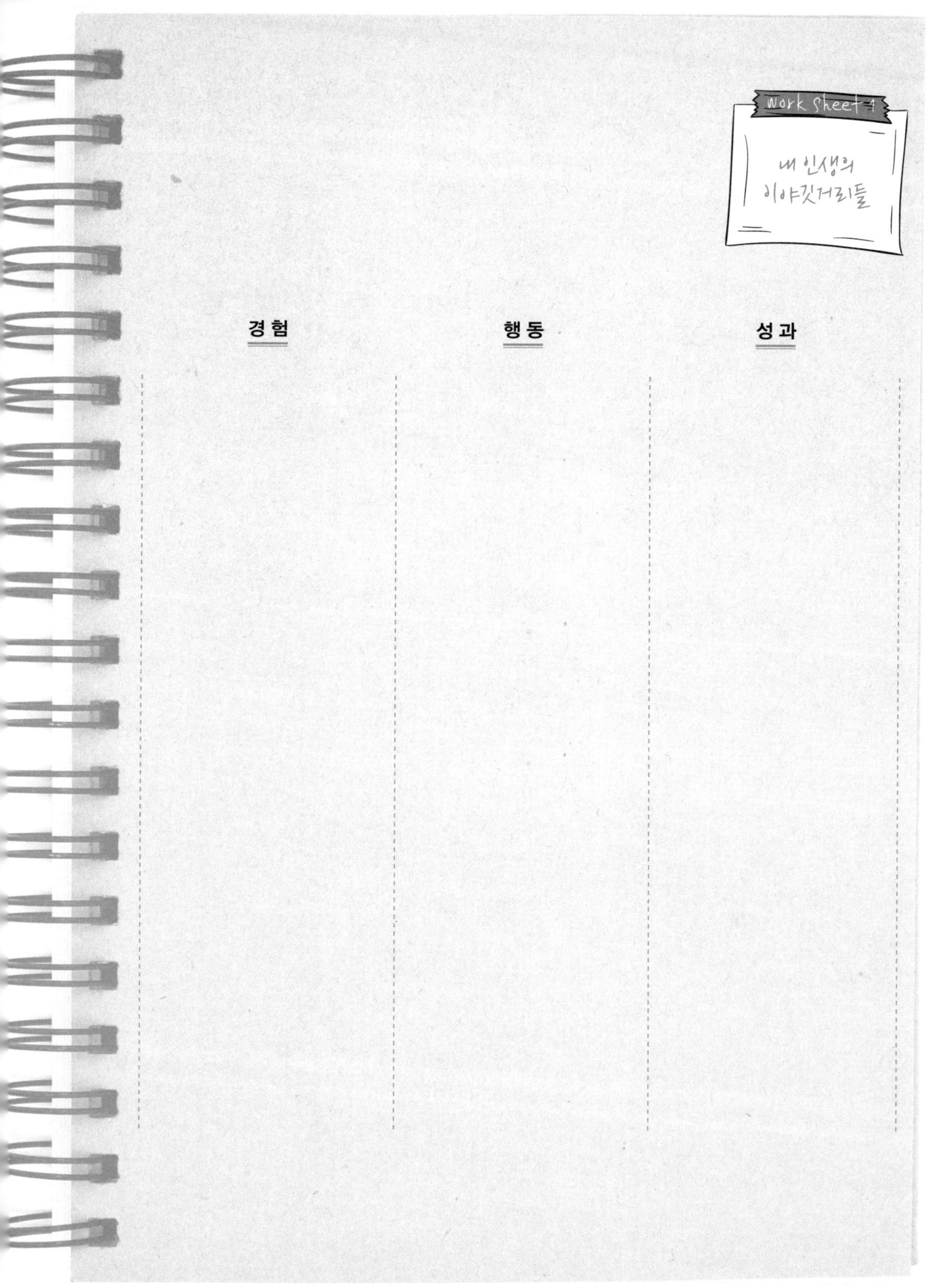

경험	행동	성과

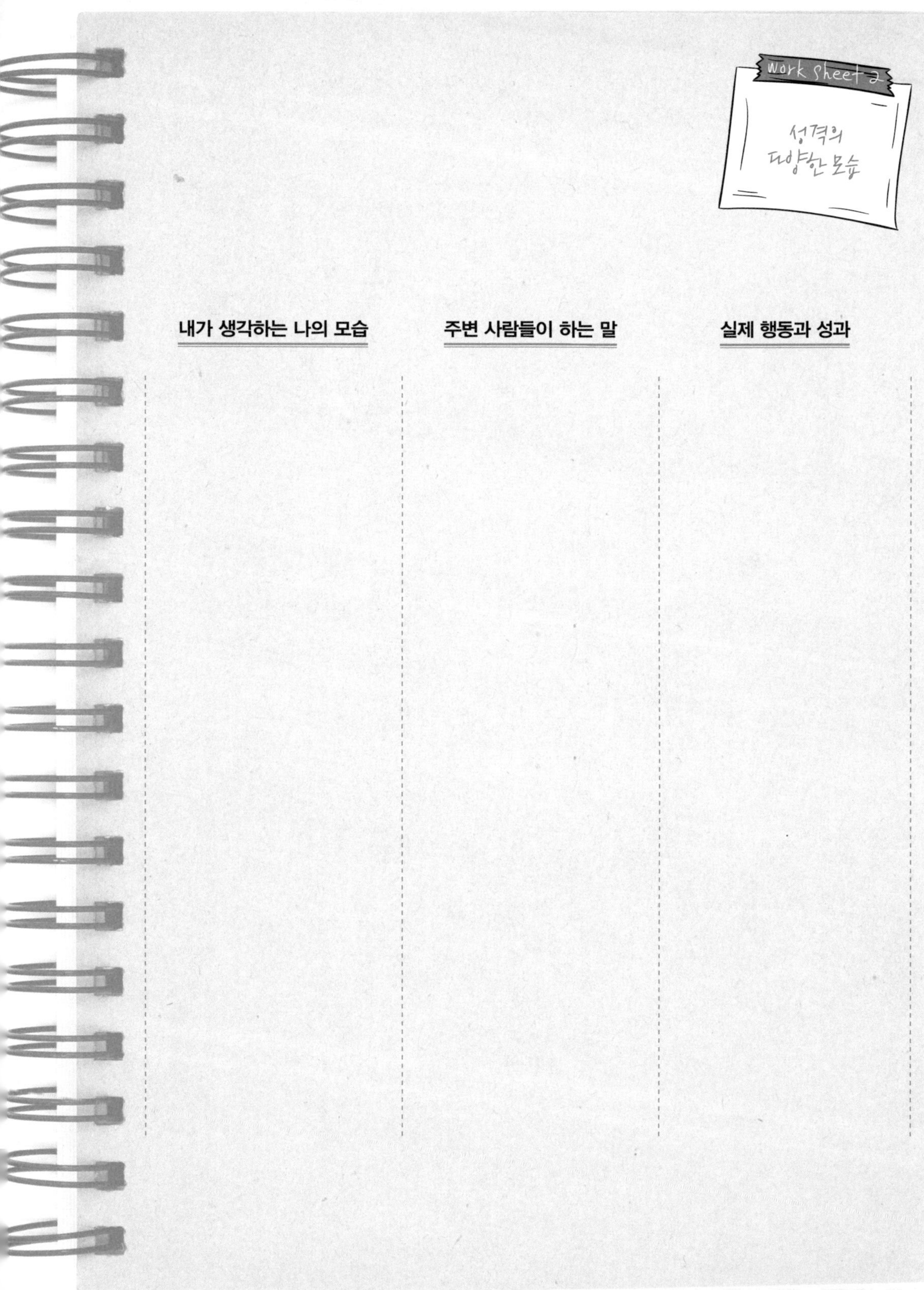

내가 생각하는 나의 모습

주변 사람들이 하는 말

실제 행동과 성과

성장 배경

제목:

기:

승:

전:

결:

성격의 장단점

제목:

기:

승:

전:

결:

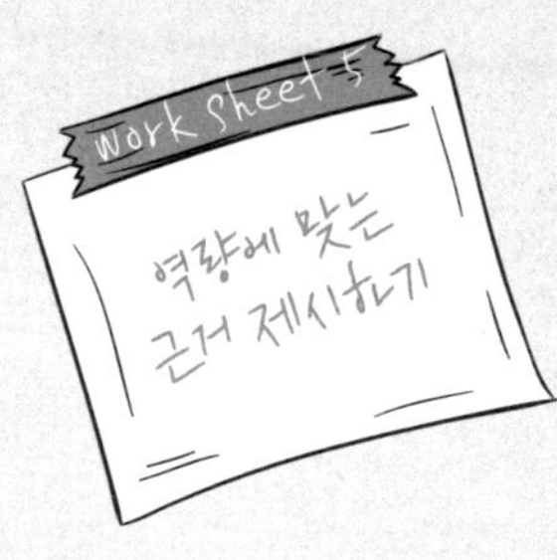

외부활동 / 학창시절

역량 1: - - - - - - - - - -   근거 -

- -

- -

- -

역량 2: - - - - - - - - - -   근거 -

- -

- -

- -

역량 3: - - - - - - - - - -   근거 -

- -

- -

- -

Work Sheet 6

직무 중심의
인사 수 포부

직무: ------------------------------   실제 하는 일 : --

	주어질 업무	실제 경험	찾아서 할 일
신입사원			
중견사원			
관리자